J・メレール＋E・デュプー
加藤晴久・増茂和男訳

赤ちゃんは知っている

新版

認知科学のフロンティア

藤原書店

Jacques MEHLER et Emmanuel DUPOUX
NAÎTRE HUMAIN

This book is published in Japan by arrangement
with les Editions Odile Jacob, Paris,
through le Bureau des Copyrights Français, Tokyo.

新版によせて

訳者を代表して
加藤晴久

本書のフランス語原書は一九九〇年に、邦訳は一九九七年に刊行された（ペーパーバックは二〇〇三年刊）。

このたび新版が出るに際して、いくつかのことを付言しておきたい。

東京大学医学部名誉教授、日本赤ちゃん学会の創始者・初代会長であられた小林登先生（一九二七―二〇一九）は、本書は「画期的な意義を持つ重要な書である」と、藤原良雄社主に絶賛してくださったそうである。

また、お茶の水女子大学名誉教授、日本子ども学会理事長の榊原洋一先生は、訳書刊行当時、東京大学医学部小児科に勤務しておられたのだが、『チャイルドヘルス』誌（Vol.1, No.1）に寄せた書評で次のように述べてくださった。

「気軽なタイトルに誘われて読み始めたが、数ページも読まないうちに、これはたいへんな本だと気がついた。それもそのはず著者のメレールは、フランスの国立認知科学研究所の所長であり、MITのチョムスキーなどとともに、現在の認知科学、神経科学の第一線にいる学者なのである。本書には〔…〕一九九〇年における最先端の知見が詰め込まれている。〔…〕乳児の発達についての明快な語り口に引き込まれて、まさに眼からうろこが落ちる思いで一気に読んでしまった」

「フランス語でのタイトルはNaître humainであり直訳すれば『人間の本性について』ということになる。好みの問題であろうが、内容の奥行きの深さを考えれば、直訳の方がよかったかもしれない」

本書が持つ先駆的な意義、認知科学の基礎的な文献としての意義が日本の代表的な「子ども学者」お二人によって保証されている。

そのことを示す新たな事柄に触れておきたい。

『AI vs.教科書が読めない子どもたち』『AIに負けない子どもを育てる』（ともに東洋経済新報社刊）という二冊の本を読んだ。

著者である新井紀子氏の、子どもたちに対する心底からの行き届いた愛情と、迸《ほとばし》るような憂国の情念に深く心を動かされた。

この二著が本書とどんな関連があるのか？

新井先生は二〇一一年に「ロボットは東大に入れるか」というテーマの研究プロジェクトを立ち上げられた。通称「東ロボ」という人工知能（ＡＩ）にセンター入試模試と東大模試を受験させる実験である。次第に成績が向上し、二〇一六年にはＭＡＲＣＨ（明治・青山学院・立教・中央・法政）クラス、関関同立（関西・関西学院・同志社・立命館）クラスの大学に合格可能性八〇％以上というレベルに達したという。しかしながら、新井先生は、東ロボには東大合格は無理と結論付けた。それは、端的に言うと、ＡＩは論理と確率・統計で機能する計算機であって「意味」を読み取ることができないからである、という。つまり、ＡＩには、人間に生来備わっている諸認知能力がないからである、ということである。視覚、聴覚、空間と物体の認知、自己および他者の認知、そして言語獲得・処理などの能力で、ＡＩは人間に代わることはできないからである、ということである。

このことを新井先生は二〇一〇年代に数理科学的に実証されたわけであるが、それより二〇年前に、メレールが主導する認知科学は、新生児・乳児はＡＩが駆使することができない諸認知能力を備えており、生育に伴って発達させていくことを、厳密な実験手続きを活用して実証していたのである。

メレールは本書のなかで、すでにＡＩの限界を指摘している。

「コンピュータの出現によって、一九六〇年代にエンジニアの間に楽観主義の機運が高まった。人工知能の研究者は心的現象が単純でアクセス可能なものだと確信し［…］、考える存在である人間のように振る舞う機械がやがて作られるようになるだろうと予言する研究者もいた。この機械には、見たり、話したり、考えたりすることができるはずだった。演算能力次第ということだった。［…］。しかし〔この〕予想は依然として予言にとどまっている」（三六～三七頁）。

この言の正しさは、例えば、ソフトバンクが売り出したロボット・ペッパーの例によって証明されている。

他方、新井先生は、子どもはＡＩには獲得できない認知能力を備えて生まれてくることを認めておられる。

「子どもは、言葉と論理の『タネ』を宿して生まれてきます。数量感覚も相当早くからもっていることが認知心理学の実験から分かっています」（『ＡＩに負けない子どもを育てる』二七六頁）。

人間はＡＩを作った。そしてＡＩは、自分を作った人間の社会・経済・行動にプラス・マイナスの甚大な変動をもたらした。それにどう対処するか、人類にとって喫緊の課題である。しかし新井先生は、シンギュラリティ、「〈真の意味でのＡＩ〉が人間の能力を超える地点」は来ないと断言しておられる。

この言説は本書のアクテュアリテ、すなわち本書は依然として認知科学の先駆的・基礎的な文献であることを保証している、と言ったら牽強付会にすぎるだろうか？

ジャック・メレールは二〇二〇年二月一一日に死去した。享年八三。

メレールを自分のメンター（恩師）と慕う、コレージュ・ド・フランス教授スタニスラス・ドゥアンヌ（注）（「実験認知心理学」講座）が『ル・モンド』紙（二月二三／二四日付）に懇篤な追悼文を寄せている。

ポイントを二つ、拾っておく。

ひとつ目。メレールは、早くも一九七二年、自分らの研究成果を公表する場として学術誌*Cognition*を発刊し、二〇〇七年まで三五年間、その主幹を務めた。彼自身は四ヵ国語で論文を書いたポリグロット（複数言語話者）だが、あえて英語のタイトルにし、主として英語論文を載せることにしたのは、その方が広く読まれるからである。ネットで検索すればわかるが、この学術誌はいまや実験心理学の分野で第一級の世界的権威を享受している。

二つ目。メレールは一九八六年、認知科学・言語心理学研究所を創り、定年の二〇〇一年まで主導したが、フランスの現役の認知科学者の半数以上はこの研究所で養成されたものたちなのである。他の半数の多くはこの人たちの教え子、つまりメレールの孫弟子である。

一つ気がついて驚いた。

スタニスラス・ドゥアンヌと本書の共著者エマニュエル・デュプーはエコル・ノルマルの理科に一九八四年に同時に入学しているではないか！　五〇人足らずの理科同期生の二人が同じメレールに師事して認知科学者になっている！

因みに、デュプーはいまは、社会科学高等研究院で認知科学・言語心理学研究室の主任教授を務めている。

長らく眠っていた本書の新版を出すことを決められた藤原良雄氏と、製作に際してお世話になった刈屋琢氏に感謝する。

二〇二〇年七月一日

（注）スタニスラス・ドゥアンヌ Stanislas Dehaenne の著作のうち、次の二著が邦訳されている。
『数覚とは何か？――心が数を創り、操る仕組み』（長谷川真理子・小川哲生訳、早川書房）
『意識と脳――思考はいかにコード化されるか』（高橋洋訳、紀伊國屋書店）

日本の読者へ

本書には英訳版が存在しますが、日本語訳の刊行によって、本書が日本の認知科学の研究者諸氏、また学生諸君に、より広く読まれることになったことを私どもは心から喜んでおります。

人間精神はどんな形をも取りうるものなのでしょうか？　それとも、人間精神は生物学的に束縛されているのでしょうか？　動物種のうち、人類は生物学的決定に制約されることがもっとも少ない種である、ということがよく言われてきました。われわれ人間の感覚・運動機構、言語の構造、世界を理解する仕方、倫理的決断など、これらはすべて、自由な選択から、あるいは同一の文化に所属する成員相互の、恣意的《アルビトレール》な取り決めから結果するのだとされてきました。

本書で私たちは、人間の認知装置がたしかに非常に柔軟なものであることを認めています。しかし同時に私たちは、この柔軟性《フレクシビリテ》は決して無制限のものではなく、人類に固有のかなり限られた可能性の枠内のことであることを明らかにしました。

本書の中心的なテーゼは、新生児は一連の専門化した心的能力を装備されてこの世に生まれてくる、ということです。それは、あるいは言語を獲得する能力であり、あるいは知覚世界を諸々のモノ（オブジェ）として組織する能力であり、あるいは自分と同じ種に属する者を生物的・心的特性にもとづいて認識する能力です。言い換えれば、私たちのテーゼは種の成員全員が共有する、そして乳幼児が諸能力を獲得する過程を導く nature humaine（人間性・人間の本性・人間の自然）が存在する、ということです。

　本書は認知科学の内部で大きな変動が進行している時期に出版されました。心（le mental）を研究する諸科学は長い間、行動主義《ビヘイビアリズム》の諸学派に支配されてきましたが、六〇年代に合理主義的《ラシオナリスト》潮流が出現して、その基盤が一新されました。この潮流は推論や言語のような能力が種に固有なものであることを強調します。ところが、今日、行動主義に近い立場がふたたび力を持ちはじめ、行動の柔軟性と人間の学習能力の一般性を主張しています。

　学問的論争は常に豊かな成果と進歩の源泉でした。ですから私たちは、行動主義と合理主義を巡る論争が今日たたかわされることを大いに良しとしているものです。しかしながらこの論争が生産的であるためには、両派の立場が明確に提示され論拠づけられていなければなりません。私たちが本書を可能な限り明快な言語で書こうとしたのはそのためです。私たちはまた、一方的独断的な議論を排して、自分たちの主張を検証可能な実験や観察にもとづかせるように努めました。そのため、今後、本書のいくつかの箇所は見直すべきであるということになるかもしれません。しかしながら私たちのテーゼ、すなわち人間が諸能力を獲得する過程は生得的な専門化した一連の機制《メカニスム》によって導かれている、というテーゼは将来的にも妥当性を失わないと確信しています。

ジャック・メレール

〈新版〉

赤ちゃんは知っている

目次

V 言語の生物学的基礎

〈新版〉

赤ちゃんは知っている

——認知科学のフロンティア

凡例

一　原文の《　》、" "などは「　」に置きかえた。

一　原文のイタリック表記には傍点を付したが、傍点にかえて原語の読みをルビで付した場合もある。

一　原書の脚注は、各部ごとの通し番号（1）（2）…を付して対応する場所を指示し、巻末に一括した。

謝辞

本書を書き上げるためにお世話になった人々や機関は大変な数にのぼる。ここですべてのお名前を挙げてお礼を申し上げることは不可能である。しかしながら、世紀が改まろうしているこの時期に認知科学を学問研究の最先端に導いた輝かしい先駆者からわたしたちが受けた知的な恩恵には言及しておかなければならない。

本書で展開されている多くの知見は、ノーム・チョムスキーの著作と彼と交わした議論からその着想を得ている。ジョン・モートンは情報処理モデルの重要性をわたしたちに理解させてくれた。エリック・レネバーグは心的能力の生物学的基盤を探求することの意義を明らかにしてくれた。ジャン=ピエール・シャンジューとアンドレ=ロッシュ・ルクールはわたしたちが立脚する唯物論の立場を一貫して支持し、心身二元論の一切の痕跡に目を光らせ警告してくれた。ジェリー・フォーダーは「心的なもの《メンタル》」の重要性と機能的説明の固有の役割を教えてくれた。ピーター・アイマス、ディック・ヘルド、そのほか多くの人々は、新生児研究における実験の基準を精密科学にふさわしい水準まで高めた人々である。

アミエル゠ティゾン夫人には特別に御礼を申し上げたい。夫人は新生児について多くのことを教えてくださった。また、ボードロック産科病院にわたしたちを迎え入れてくださった。

本書で使用されている経験的データはフランス科学研究機構（ＣＮＲＳ）の認知科学・心理言語学研究所でわたしたちが行った実験研究やセミナー、討論の成果である。同研究所の所員の皆さんから、特にスザナ・フランクさんから得た援助と、われわれの休職期間に得た理解に深く感謝する。

本書はまた、美しく魅惑的な場所の恩恵を受けている。レ・シャピア・ド・ラ・フェリヌ・スュル・アリエ、ル・ムーラン・ド・ラ・ヴィレット、コスミニョン・ド・ルーピアック、そしてアリゾナ大学である。これらの場所は考え書くために必要な静謐を確保してくれた。

ジャン゠リュック・フィデル、アベル・ジェルシェンフェルド、ジェルメーヌ・リュカの三氏にも感謝する。

まえがき

人間は子どもの歯を抜くより子どもにキャンデーを与えることを好む。拷問シーンよりテニスの試合を好んで見る。殺人や復讐は、たいていは自暴自棄の行為である。本物のサディストや殺人者や拷問を加える者など、人の苦しみを喜ぶような輩は、ひどく病的な人間なのではないだろうか。

肉食の動物は多い。ライオンはレイヨウやガゼルをむさぼり食らう。ネコはネズミやスズメで満足する。人間も肉や魚を、ときには生のまま食べるし、生きたままの貝類を食べることもある。しかし、人食いの風習は、いずれの場合も例外的で特殊で儀式化され、象徴的意味合いを帯びた行為である。われわれの知っているいかなる社会においても、人肉は常食ではない。

肉屋で買う肉と違い、人間という同類の血や肉に、われわれ人間はなぜそれほど嫌悪感を持つのだろうか。おそらく、ほかの人間と特別な関係を持っているからなのだろう。やはり、われわれは皆互いに、似たものとして、また、安定したいくつかの特徴によって定義される同一の種のメンバーとして認め合っているにちがいない。

人間どうし何から何まで同一ということはあり得ないが、互いにかなり似通っている。目が細くつり上がっているかどうか、皮膚の色が白いか黒っぽいか、毛深いかどうかといった違いがあっても、われわれを結びつける類似点のほうが、相違点よりも勝っている。たとえば、われわれは皆、口を一つ、目を二つ、鼻を一つ、顎を一つ持ち、二本足で歩き、腕を二本、手を二つ、そして一〇本の指を持っている。そのため、馬などの身体的特徴とは別の、典型的な人間らしい外観を帯びる。とはいえ、たまたま町中で手足のない人を見かけたり、映画でエレファントマンを見て、そうした人に哀れみや時には嫌悪感を持ったとしても、やはり彼らを人間と見なす。グレヴァン蠟人形館の人形に感嘆することはあっても、人形に話しかけたりはしない。したがって、人間を相互に結びつけている類似点は単に肉体的なものではない。ほかの人を同類と認めるということは、人体の生理面の主要部分と同様に、人類すべてに共通で、いわゆる人間性すなわち人間の本性を構成しているいくつかの心理的特徴をほかの人に認めるということだ。

昔から、人間諸科学や哲学の教えるところに従って、人間は肉体面では決定論に支配されていても、精神は永久に不変の「本質」や「自然（本性）」に制約されることはない、と考えることにわれわれは慣れてきた。精神が決定論に支配されるようなことにでもなれば、精神は、すべての自由を排除してしまう、ある「運命」に従属していることになってしまう。今や遺伝形質の概念は受け入れられている。しかしそれは生物学や生理学の領域だけのことである。精神は抵抗する、人間はまず第一に考える存在なのだから、人間が「自然（本性）」を持つことはない、すべて、いやほとんどすべてのことが人間には可能である、私はたしかに育ちや自分の個人史に捕らわれているが、しかしその私と向き合うのは「他者」のみである、というわけだ。これは、現代の相対主義や差異崇拝の立場にとって好都合な人間観である。

人間存在の無限の多様性を称揚する議論にはことかかない。人間はそれぞれけっして互いに同一ではないのだから、どうして唯一かつ普遍の人間性（人間的自然）のイメージを持ち出すのかというわけである。確かにその通りだ。しかし、科学的認識が進歩するには、直接的な自明の理を否定して単純化や理念化を行う必要がある。

認知科学、少なくともわれわれのイメージする認知科学は、きちんとした実験的研究をつうじて、文化的差異や個別的差異を超えて、人類に共通の心理的特性を探究することを目ざしている。認知科学は、記憶、言語、注意力、他者との相互交渉、知覚などの機能をそれぞれ記述するとともに、こうした記憶などの機能をつかさどる神経組織を解明しようとする。したがって行動の研究には、言語学から情報科学、また神経生理学に至る、多くの学問の協力、いやむしろ統合が必要になる。

約三〇年前に始まった認知科学の研究から、すでに有望な結果が生まれている。新しい発見が行われて、かつて偉大な思想家たちが人間性について発した数々の問いに答えられるようになった。われわれの精神《メンタル》生活はどんな性質のものなのか。言語と思考にはどんな関係があり、また、思考と物質にはどんな関係があるのか。知能は単一の精神的能力に基づくものなのか、それとも複数の分化した能力の総体に基づくものなのか。ピエールの知能はポールの知能と同じようなものなのか、それとも人間は個々に独自の存在なのか。われわれの精神生活はわれわれの文化や個人史の反映にすぎないのか、それともわれわれは遺伝子によって決定されているのか。新たな状況にわれわれが適応する能力は無限なのか。われわれはどの程度外部から影響され、操作されるのか。新生児の精神はまったくの白紙なのか。新生児の精神は水差しが満ちるように、成人の知識で満たされていくのか。成人の精神生活と、子どもや精神病者や動物の精神生活の間にはどんな関係があるのか。

以上の問いは特に目新しいものではない。しかし、こうした問いに厳密かつ正確に実験的アプローチを行える方法やモデルを、いまやわれわれは手にしている。一般論やアプリオリの憶見を葬って、人間の精神装置を経験科学的に研究する道を切り拓く新しい時代が訪れつつある。たとえば、成人や新生児や動物の実験データを詳しく調べると、確かに人間の認知能力はきわめて柔軟ではあるが、同時にきわめて人間という種に特有のものだということが判明する。ほかの動物と同様、人間は新たな状況や新たな必要に驚くほどうまく適応する能力を持っている。しかしそれは特定の領域や特定の範囲に限られている。人間は新しい知識を絶えず獲得できる。しかしそれは決まった枠内においてでしかない。したがって、人間の認知能力は無限ではない。認知能力の発達は可能である。しかしそれは比較的窮屈な遺伝的枠組みの範囲内においてでしかない。そして、この遺伝的枠組みが、人類全員が共通に持っている恒常的な中核的諸能力を個々人に付与している。本書で探究しようともくろんでいるのは、まさにこれら中核的能力の総体である。この探究により、人間性《ヽヽヽ》

〈人間の自然〉という概念の精密化と刷新を行い、この概念を人間諸科学のなかに再び位置づけることをわれわれは目指している。

I　人間の行動を説明する

行動の説明に無関心でいられる人はいない。誰もがみごとな能力を備えていて、自分の精神の中身を内観し、また、計画や欲望や信念という用語を用いて、自分の行動の説明と称するたくさんの解釈（熱烈な、あるいは理性的な、説得力のある、あるいは疑わしい、いずれにしても実に多様な解釈）を生み出す。しかもそれだけでなく、各自がこの能力をほかの人についても行使する。他方、実際に観察や測定が可能なのは、われわれの回りにいる人たちの行動と、彼らが外界から受け取る刺激だけである。要するに、二通りの別々な方法を用いて人間の行動を説明することができる。すなわち、主観的な精神状態《メンタル》に頼るか、または、外的環境に重要性を置いて刺激と反応の作用を記述するかのどちらかになる。

この二つの方法は、心理装置の研究にきわめて大きな影響を及ぼした二つのアプローチに相当する。すなわち、一つはアカデミックな形にまとめられた素朴心理学《プシコロジー・スポンタネ》で、もう一つは行動主義《ビヘイビアリズム》である。

1　素朴心理学

素朴心理学は、「意志」とか「意識」とか「欲望」といった用語を無条件で用いて人間の心的《メンタル》機能の理論を根拠づけようとする。とはいえ、確かに単純だが、素朴心理学にはかなり目ざましい予知能力がある。たとえば、あなたがデモ行進で声を張り上げ、プラカードを振りかざして公務員の賃上げ要求をしているデュポン氏を見かけたとしよう。一ヵ月後の地方選挙に、公務員の賃上げ賛成のXと緊縮政策を支持するYの二人の政治家が立候補することになっている。あなたはデュポン氏に面識がなくても、彼がXに投票することはほぼ確実に予想できるだろう。わからないのは、彼がいつ、どこで投票するかということだ。デュポン氏が投票用紙を投票箱に入れる瞬間と現在との間に起こる、それぞれ何百万回もの粒子間の衝突、化学反応、生理面、ホルモン面、そして神経面の変化については見当もつかないだろう。しかし、彼がXを選び、Yを選ばないことは確かである。最先端の生物科学理論も、進化した生物の行動を予測するとなると、この素朴心理学の足元にも及ばないのである。

したがって、ほかの人の行動を説明し予測するために、自分自身のそれに似た精神状態や精神の内容をその人も持っていると考えるのが自然なように思われる。そうしないと社会で生きていくこともできないだろう。自分の行為の波及効果を予想することも、他人の行為を予測することもできないし、周囲に適応することもできないだろう。このように、素朴心理学が有益なことは異論の余地がないが、誤りがないわけではない。われわれの直観は間違いをおかすこともある。自分の子どもの行動について考えてみると、このことがよくわかる。たとえば子どもが学校でどんな問題を持っているのか知ろうとするとき、学校の先生、カウンセラー、小児科医、神経科医……または近所の理容師のうちの誰に相談するかによってかなり違った回答を得る。各人が各様の意見を持っている。しかし、単なる意見でことが済まないときもある。次のエピソードからそのことがわかる。

ピエールは元気で利発な六歳の男の子だ。生まれつき好奇心が強く、前から早く学校に行きたいと言っていた。両親は地域の非常に評判のいい小学校に入学させた。授業が始まって一週間後、ピエールの行動が変わった。はっきりした理由もなく一日に何度も泣くようになった。だんだん怒りっぽくなってきて、ついに登校拒否を起こすようになった。両親は心配したが、ピエールの反応を一時的な拒絶反応としか考えなかった。ピエールの兄たちも学校に行きたがらないでだだをこねたことがあった。そのときの経験から、ピエールに言い聞かせようとした。しかし無駄だった。相変わらず学校に行きたくないと言って、再びおねしょをするようになってしまった。

ある日、同じ階に住む神経心理学者のアルベールが、「ピエールの障害は左半球の脳回に異型・逸所・異所細胞があるためだ」とピエールの両親に説明した。この説明に両親は気を悪くした。たしかに脳のある箇所の異型細胞が増殖したために行動に障害が起きたということはあるかもしれない。しかし、ピエールの行動と学校嫌いの相関関係からすれば、ピエールのかかえている問題は神経学よりは学校への不適応の問題だと思えたのである。

ピエールの両親の推測が正しいことがすぐにわかった。しばらく学校を休ませるだけで十分だった。事実、すぐに元気になった。ちょっと調べてみると、担任の先生とうまくいっていないことがわかった。

ピエールは新しい学校で、ポールという、巻き毛の金髪で青い目をした、少し内気なとても可愛らしい六歳の男の子と友達になった。ポールはしばしば一過性の頭痛を訴え、アレルギー症状が出やすかったが、非常に活発で勉強好きだった。両手利きで、四歳からピアノを弾き、楽譜が読めた。しかし、本を読むのは非常に苦手だった。また読むことほどではないが、書くのも苦手だった。例の神経心理学者のアルベールが、共通の友人の家に夕食に招かれた折に、ポールの両親に、今回もまた、「ポールが本を読むのに支障があるのは、おそらく大脳半球の脳回の一つに異型・逸所・異所細胞が無秩序に増殖したためだろう」と説明した。実際、最近の研究で、この種の細胞の異常が、金髪で、アレルギーにかかりやすく、両手利きで、非常に天分が豊かで、難読症の……等々の特徴のある子どもの大脳の左半球に見られることが立証されている(1)。ポールの両親もこの指摘にきわめて気分を害した。というのも、ピエールの場合とまったく同じように、ポールの障害は学校に行くようになってから現れたからだ。ポールは学校をいやがった。特に本を読むのをいやがった。ピエールと同じように、入学して数週間後に再びおねしょをするようになった。「これは誰が見ても学校嫌いの兆候だ。それなら学校を替えさえすれば直るだろう」と両親は考えた。しかし、アルベールの指摘を認めざるを得なかった。ポールはずっと重い病気にかかっていたのだった。学校を替えてもまったく役に立たなかった。難読症のある症例は、妊娠中に大脳皮質の特定の箇所が病的に発達することが原因だということが今日ではわかっている。

行動に関するわれわれの直観は大ざっぱな因果関係に基づいているが、それなりの予知力を持っているので、直観を軽視することはできない。ピエールのエピソードはそのことを示している。その限りでは、われわれの直観はほかの人間との関係に不可欠なものである。しかし、ポールの例ではっきりわかるように、直観に基づくこうしたアプローチはすぐに限界に達してしまう。直観が有効なのは見かけ上だけだ。ある行動の真の原因は見かけよりも不透明なことが多い。仮説の妥当性は、仮説自体が説明しようとしている現象が理解されてはじめて明らかになるものであることを科学者はよく知っている。したがって、あらゆる種類の仮説に対して常に精神を開いておかなくてはならない。さもないと、間違った結論に導かれることになる。

以下で、精神の働きについてわれわれの抱いている暗黙の理解、すなわち、ほかの人の行動を予言するためにしばしば用いられる素朴心理学は科学的説明の厳密なモデルを生み出し得るのかどう

か、すなわち、素朴心理学は科学的理論の基礎たり得るのかどうかについて検討するのは、そのためである

われわれを操るホムンクルス

われわれは皆、自分の行動は二つの要素の相互作用で説明できると多かれ少なかれ考えている。一方には、唯一の、それ以上分解できない中枢的な知能があってわれわれが行うことを常に監視し計画している。他方には、知能を持たない機械的システムがあって決定されたことを実行する役目を担っている、と考えている。

素朴心理学の基礎にあるこの「二元論」的考え方は、あるメタファーで表現できる。われわれの脳のなかに、知能を持った小人《こびと》、すなわちホムンクルスがいると想像するのである。このホムンクルスがわれわれの目を通してものを見、われわれの耳を通して音を聞き、われわれの体がまるでロボットであるかのように、ギヤやレバーやペダルやボタンでわれわれの器官を操っている。このホムンクルスが、われわれをあちこち歩き回らせたり、右の方のカップルやバスの後部の広告にわれわれの注意を向けるように決定する。そばを通り過ぎる若い女性の香水の匂いをかぐように仕向けるのもこのホムンクルスだ。もっとも基本的なわれわれの行為を管理しているのも、数学的推論やラテン語の語尾変化の学習のような高等な働きを管理しているのも、この全能的な知能であると想

定するのである。

　われわれが考え、実行することをこうしたホムンクルスがつかさどっていると仮定してみよう。では、誰がこのホムンクルスを制御しているのだろうか。ホムンクルスのなかに別のホムンクルスがいるのだろうか。しかし、誰がこの二番目のホムンクルスを制御するのだろうか。二番目のホムンクルスのなかに、さらに別のホムンクルスが入っているのだろうか。このような際限のないホムンクルスの連鎖は、どこで停止するのだろうか（図1参照）。このメタファーには、メタファー自身が説明しようとしているもの、つまり、人間を操る中心的な「知能」の存在が前提になっているという重大な欠陥があるのがわかる。これは、証明すべきことを証明せずに前提に用いる一種の論点先取りであり、「知能を持った」行動の本当の原因が何なのかわれわれがまったく知らないことを示している。

　こうしてホムンクルスのメタファーではわれわれの心的機能はよく説明できない。それでは少なくとも心的機能の記述としては十分なものなのだろうか。ホムンクルスのメタファーに従うと、われわれの精神生活にはまとまりがあるような感じがする。暗い部屋のあちこちを懐中電灯で照らすのと同じように、さまざまな心的現象にわれわれの意識を向けることができるような感じがする。われわれは推論や知覚や想像力が制御できると信じている。ところが実際は、こうした印象は誤りである。もの忘れや「失錯行為（しくじり）」の例を見ればわかるように、ホムンクルスのメタファーではもっとも基本的な行動の説明さえ不可能だ。

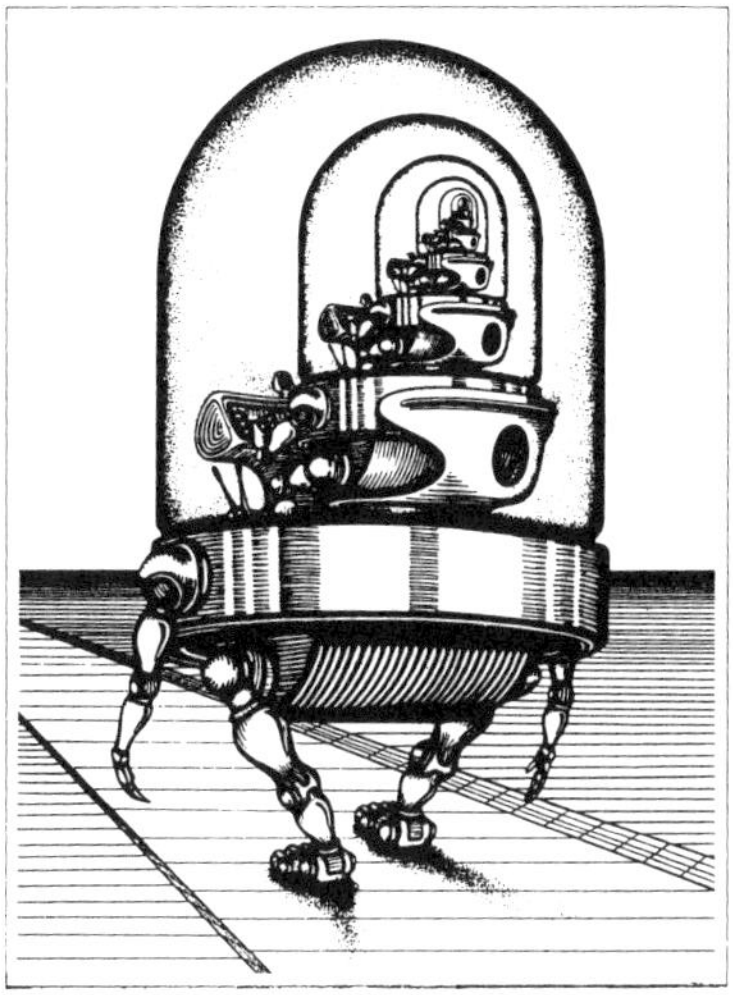

図１　ホムンクルスと無限の入れ子状態。心理学者のRoger Shepard のアイディアによるもの。

時間にせきたてられ、的確な決断を下すのに必要な情報のないまま、予期せぬ事態に直面することが誰にもある。こういう場合なら、ホムンクルスが過ちを犯してもしかたがない。できないことまでできる必要はないからだ。しかし、たいていの場合、われわれは状況に対処するのに十分な情報を持っている。それでも間違いをおかすのだ。ヘマをやったことのない人が一体いるだろうか。イスがないのに座ってしまったことのない人がいるだろうか。他人の車にキーを差し込んでドアが開かないのにいまいましい思いをしたことのない人がいるだろうか。大切な約束や誰かの誕生日を忘れてしまったことのない人がいるだろうか。こんなうっかり者の、あるいはドジなホムンクルスは、一体何の役に立つのだろうか。

「こうしたミスはあまりに馬鹿げているので、ホムンクルスのせいにできない。ホムンクルスは頭がいいのだから、こんなミスを自分から望んだはずがない」と言う人がいるかもしれない。とはいうものの、これらのミスはきわめて抽象的で系統的なので、ホムンクルスの下す命令の実行手段であるロボットが機械的に故障しただけだとは言えない。実際、よく検討してみると、こうしたミスは法則に従っていることが明らかになる。たとえばオレンジジュースをコーヒーカップに注いでしまう「プログラミング」ミスのような場合、「当たった」ターゲットは「ねらった」ターゲットと類似性を持っていることが多い。言い間違いの場合、間違うのはいつも同じ性質の言語単位だ。たとえば、基本的音声である「音素」が入れ替わって「ラーウィンとダマルク」のようになる。あるいは音節や単語がそっくり入れ替わったりする。しかし、単語や文といった言語構造はきちんと保たれている。どうしてこうしたことが起こるのだろうか。言い間違いがホムンクルスに仕えるロボットの責任だとすると、ロボットは命令に従うだけではなくそれ以上のことをしているのではないだろうか。ロボットには言語の知識があることにならないだろうか。

しくじりのなかには「操縦」ミスによるものがある。たとえば、習慣になった一連の行為が、あまりなじみのない、ほかの行為の流れを変えてしまうことがある。たとえばディナーに出かけるため着替えをしようと服を脱ぐ。だが、うっかりしていて気づいたときはパジャマを着てベッドにいた、といった具合だ。服を脱ぐという一連の行為がひとたび始まると、タキシードに着替えて出かけようとはっきり決めているのに習慣になっている終点まで行ってしまう。演奏家は、ある曲を演奏し始めて、やがて、その曲に似ている、そしてもっとなじみのある曲を演奏してしまうミスをよく知っている。ある行為をいったん開始すると中断するのは難しい。ことが定まると、変えようとしても融通がきかない。この結果、滑稽で取るに足らない事態が起きることもあるが、惨事が起きることもある。

一九七七年、カナリア諸島のテネリフェ島。離陸準備に入ったボーイング７４７型機が、同じ滑走路を走っていた別の飛行機と衝突した。死者、五八三名。離陸しようとしていた７４７型機はコントロールタワーから許可を得ていなかった。また、相手の飛行機はこの滑走路にいてはいけなかった。「異常あり」とコントロールタワーがはっきり警告を出したのに、双方のパイロットはそのまま進み続けた。[2] どちらのパイロットにも相手の機体が見えていた。衝突をさける時間もあったと思われる。

日常的な繰り返しがあまりに体にしみついてしまったために起こる重大なミスもある。たとえば数年前、アメリカのある航空会社の飛行機がメキシコ空港の修理中の滑走路に激突した。パイロットはコントロールタワーから指示を受けて平行した別の滑走路に誘導されていた。だが、いざ着陸というときになって、進行方向を元に戻し修理中の滑走路に着陸しようとして、トラックにぶつかり機体が粉々になった。ベテランのパイロットだったが、何年も同じ滑走路に着陸していた。それが今回は修理中だったのだ。

同じような例として、イギリス人カーディガン卿の言い間違いによって、悲劇的な最期をとげた軽騎兵隊の話がある。退却を命じるところを「突撃」と言ってしまったのである。徹底的に訓練されていた騎兵たちは、カーディガン卿が命令を取り消しても突撃をやめず、そのまま、皆一丸となって前進して粉砕されてしまった(3)。

われわれが話題にしていたホムンクルスが、こうしたしくじりの張本人なのだろうか。しくじりはわれわれの意向に反して起こったのだから、そうではあり得ない。では、ホムンクルスに仕えるロボットに責任があるのだろうか。だが、知能のないロボットにこれほど重要で複雑な決定が下せるだろうか。知能のないロボットを制御する知能を持ったホムンクルスという素朴なメタファーでは、われわれのしくじり行為は説明できないのである。

では、もう少し頭のいいロボットと少し知能の劣ったホムンクルスを想定すべきではないのだろうか。言語や、予測したり新たな状況に順応したりする能力といった、もっとも洗練された人間の能力の一部が、中枢的知能の制御を免れ、半ば「自動的」に働くと仮定すべきなのだろうか。だとすると、ホムンクルスはもっぱら、推論、判断、記憶といった主要な心的操作を監督し、他方ロボットは、これまで述べてきた最初の仮説よりやや洗練された心的任務を引き受けることになる。だがそうなると、もの忘れはどう説明したらいいのだろうか。

われわれは皆、自分の意志でものが思い出せるという幻想を持って生活している。しかし、現在と同様、過去もわれわれに捕まえられない。もの忘れにはさまざまな形態と程度がある。鮮やかではっきりした記憶と「ポッカリ穴が開いたようなもの忘れ」の中間で、われわれの記憶はわれわれに断片的な情報をもたらすことが多い。たとえば、知っている人の名前が思い出せないことがある。

また、単語の意味は思い出せるし、あれこれ説明できるのに、単語そのものが思い出せないこともある。また、考えていたことや意図していたことを忘れることもある。たとえば、ドライバーを持って台所にいるのだが、台所で一体何をしようとしていたのかわからなくなることがある。しばらくしてようやく、電灯を直さなくてはならなかったのを思い出す。たとえば大切な約束を忘れたり、車のなかにキーを置き忘れたりする。重要な情報が必要なときに思い出せないこともある。記憶を完全に失うこともある。たとえば車を運転していて突然「目が醒めて」、しばらく前から何が起こったか思い出せないというケースだ。

このように、われわれの記憶力は不完全である。きちんと機能しているときでも大ざっぱなものだ。たとえば四日前の朝食がどんなものだったか思い出せるだろうか。朝食を取ったという事実や、何を食べたか、何を飲んだかはおそらくわかっているかもしれない。しかし、カップの配置とか、空の色とか、自分が言ったり聞いたり見たりしたことなどの細部はすべて忘れてしまっているだろう。覚えているのは、一般に朝食と考えられているもの、すなわち、角砂糖二つを入れたコーヒー、タルティーヌひと切れ、ラジオのニュースといった朝食の類型である。三ヵ月前に自分も加わった家族の特別なディナーは、ずっとはっきり心に刻みこまれている。われわれの記憶力は、日常的な出来事のステレオタイプ的側面を貯蔵し、非日常的な出来事のみを細部まで記憶するのである。

われわれの記憶が大ざっぱなものにすぎなくても、日常生活ではまったく問題がない。しかし、記憶が大ざっぱであることが重大な結果を招くこともある。たとえば、ある人が有罪か無罪か判断する場合だ。面通しだけで殺人の罪を着せられてしまった裁判の例がいくつかあるのが、その良い例だ。(4)あるケースでは、二〇分以上殺人犯を見ていたという目撃者が二人いた。ほかのケースでは、警察官八人を含む一五人以上の目撃者がはっきりと犯人と断定した。目撃者の一人は、「犯人の人相は私の心に刻みこまれています」と断言さえした。だが、実は被告は罪を犯していなかった。

いずれの場合も、目撃者の一部は、面通しの前に被告の写真を見る機会があったのだった。だから面通しの際に、ほかの容疑者に比べて被告の顔は目撃者には見慣れたものになっていた。このため、目撃者に悪気はないのに、無実の人を見て「犯人と認める」結果になったのである。このようにわれわれの記憶内容は、どんな状況で人の顔を見たのかより、その顔を知っているかどうかに影響を受けやすい。

同じように、ある出来事に関する質問のしかたが、われわれの答え方に影響を与える、それどころかその出来事の記憶にも影響を及ぼすことがある。自動車事故の映画を上映した後で何人かの学生に、「接触・衝突・激突の瞬間」の車のスピードはどれくらいだったかと質問した。使われた語に応じて、被験者の評価が時速五〇キロから六五キロまでいろいろ分かれた。(5)質問で使われた表現に影響されたかどうかを被験者に尋ねると、そんなことはないと否定した。

基本的な知覚判断をねじまげてしまうこともある。二本の棒の長さが同じかどうか尋ねる簡単な視覚テストがある。実は、このテストの被験者は一人だけで、残りの人はサクラである。実際には棒はどう見ても片方が長いのだが、二本とも同じ長さだと言い張る役である。被験者は自分自身の知覚内容に反して、ほかの全員の意見に服従してしまう。実験の後でどうしてそう答えたのかと聞かれると、自分の視覚のせいだと言って、他人の判断にはまったく影響されなかったと言い張る。(6)このように、実際に判断に用いられる基準は必ずしも意識的なものではないことがわかる。

われわれがしようと思っていることと実際に達成することの間には、そのつもりがなくても食い違いが生じる。われわれの記憶は自律的システムであり、そこから大切な情報を取り出そうとしてもなかなか言うことを聞いてくれないし、このシステム自体がこんがらがることもある。個々の記憶内容に信頼がおけると確信できるのなら、記憶のこうした弱点はたいして重大ではないかもしれない。しかし残念ながらそうではない。われわれは自分の精神の限界について直接的な情報をまったく持っていない。今まで挙げたような記憶の図式化やねじまげやもの忘れの例のほとんどは、われわれの知らないうちに起きるのである。

つまり、ホムンクルスはわれわれの精神活動の支配者というより、むしろ、その無意識なおもちゃなのである。われわれの判断の源とみなされているホムンクルスは、判断の出どころを知らないことがよくある。問題はホムンクルスが自らを検討できないことにあると考える人もあるかもしれない。しかしホムンクルスは、ほかの人間の頭のなかにいる、自分の同類のホムンクルスを検討することもできないのである。

実際、われわれは自分自身の行動にきちんと判断を下すことができないばかりか、他人の心的過程《メンタル・プロセス》については単純化した観念を作り上げ、自分の精神自体の限界を考えようとしない。行動のある側面を過度に重視し、ほかの側面を過小評価する。その結果、他人の行動について評価ミスが起きることがある。たとえば、陪審員は、目撃者の視力が悪くても実際に目で見たという証言にきわめて影響を受けやすい。目撃者の客観的能力よりも目撃者の落ち着き払った様子や人格に重きを置いているようだ。[7]

結局のところ、ホムンクルスのメタファーは根拠がない。現に、ある判断を下すとき、どうしてそういう判断をするのかホムンクルスが必ずしもわかっていないのをどう説明したらいいのだろうか。せめて自分の選択を導くものが何なのか知っているべきではないか。しかし、後になって合理化できるだけだ。となると、支配しているのはどうやらホムンクルスではないようだ……。

われわれの精神生活のかなりの部分はわれわれに制御できない。そのためひどい目に遭うこともあるが、無意識的過程が非常に役立つこともある。一晩ぐっすり寝た後の起きがけに、ある問題の答えがわかったという経験のない人がいるだろうか。自分のもっとも重要な発見はまったく思いがけないときに生まれたと言う数学者も多い。[8] こうなると、真の知能は、われわれが意識的に制御できる過程にあるのではなく、むしろ舞台裏で展開する「受け身的」過程の総体のなかにあると言いたくなる。先ほど述べたホムンクルスとともに、われわれ自身のもっとも深いところで、知能を持った小さな霊的存在《デーモン》が、われわれの動作、記憶、注意を陰で導く役割を担っていると考えたくなる。

写真1を注意深く見ていただきたい。誰の顔だかお分かりかと思う。この二枚の写真はサッチャー夫人の写真を逆さまにしたものだ。実は、一方の写真は口と目が上下逆さまになっている。皆さ

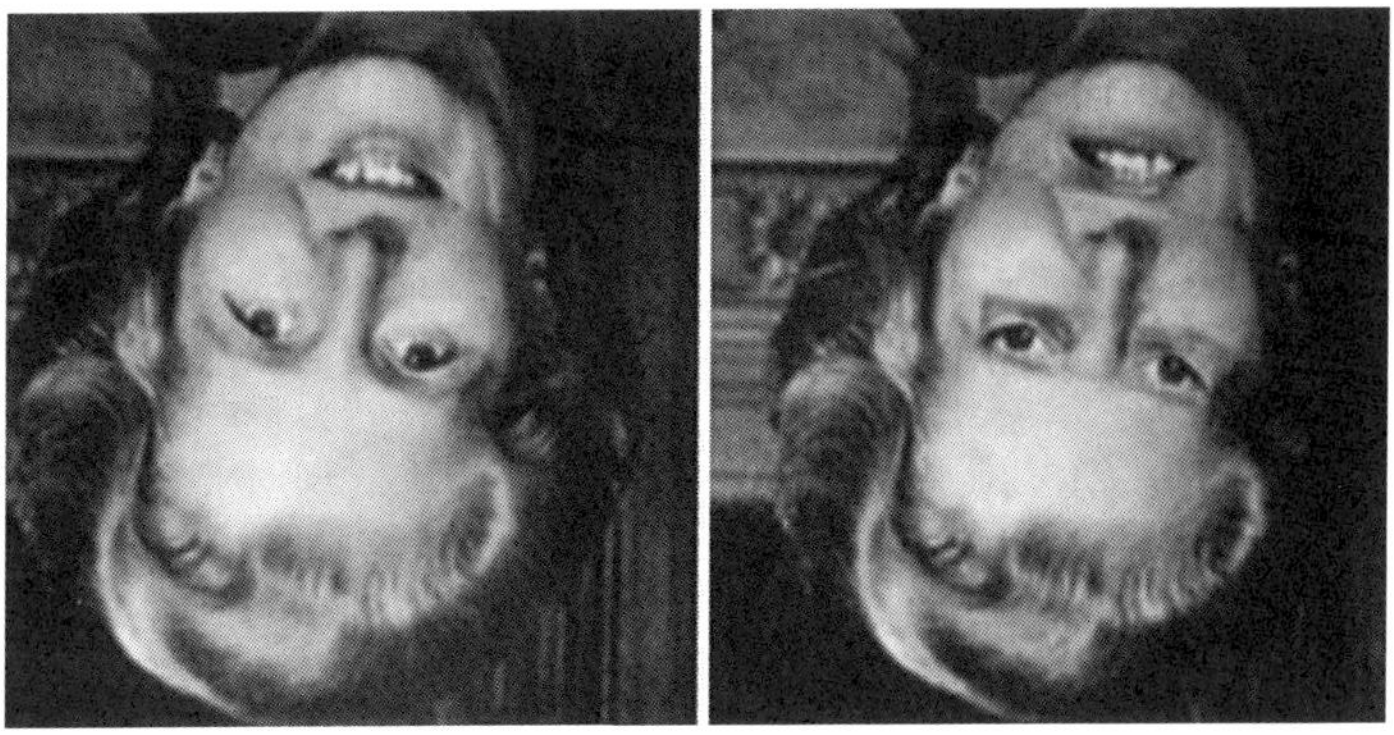

写真１　知覚と理解のコントラスト。一方の顔が怪物じみていることに気づくには，このページの上下を逆さまにする必要がある（Thompson, 1980）。

んの知能、皆さんのホムンクルスは、二つの顔のうち一方が尋常ではないという考えを受け入れることができる。しかし二つの顔を上下正しい位置で見たときどんな感じがするのかあらかじめ説明することはできない。

　フロイトは、われわれの心理現象の隠れた側面がきわめて重要な役割を果たしていることを立証するのに非常に貢献した。彼はこう述べている。「意図的でないように見える行為も、精神分析で検査すると、意識で捉えられない理由で完全に動機づけられ、決定されていることが明らかになる」[9]。フロイトによると、われわれの欲望に作用し、われわれの行動の動機に影響を与える無意識が存在することを、無意志的行為は示しているのだという。

　実はフロイトの理論でも、ホムンクルスのようなものが前提になっている。ただフロイトの理論では、ホムンクルスは闇のなかで作用する。そこで、最初に用いたメタファーと同じ問題が生じる。誰がこの「デーモン」を操るのか、このデーモンはどのようにして知能が持てるようになるのかといった問題である。フロイトの着想に欠陥があるのは、意識で捉えられない心的過程が存在すると言っているからではない。心的実体の存在を前提にしているからである。その心的実体が実際にどのように機能するのか記述するために、一つ奥にまた一つといった風に、次々に新しい知能を介在させざるを得ないからである。

ピエールとポールのエピソードでもわかるように、自分自身や他人の行動に対するわれわれの直観はまったく信用できない。しかも、実際に直観で特定の行動が予測可能なときでも、ホムンクルスのメタファーと同じくわれわれの直観は堂堂巡りになる。つまり普通の状況のほとんどすべてにおいて、われわれの直観だけを土台にして科学的心理学を築こうとするのは非常に危険だと思われる。しかし、「人間精神は単純で透明である、十分努力すれば、意識的内観でわれわれはすべての心理現象を解明できる」といった考え方は、かつて大きな影響力を持っていたし、今でも持っている。内観を用いて思考の本質を解明しようという課題に取り組んだ心理学者もいる。

自分自身を知ることは可能か

単純な知的作業がどう展開するのか研究するため、十九世紀末のドイツのヴュルツブルグ学派のような内観心理学者は、一見かなり直接的な方法を開発した。(10) この方法のポイントは、各人が自分の思考の様子を観察し、ある作業を行うときに生じる心理現象を口頭で報告するというものだった。観察すべき現象のスピードがきわめて早いので、分割した手続きをとらなくてはならなかった。たとえば、ある語からほかの語への観念連合について、準備段階、単語の提示段階、探究段階、回答の単語の出現段階という四段階に分けて観察することにした。最初の観察者は第一段階に集中し、次の者が第二段階に集中し、そして次のものがその次の段階に注意するというように、四つの段階すべてをカバーするようにした。こうすれば、精神で起きていることをもっと完全に記述できるだろうと考えたのだ。

このように慎重にことを運んだにもかかわらず、結果はむしろ期待はずれだった。興味深い現象がいくつか発見されたが、心理メカニズムに関して重要な情報はなにも得られなかった。内観主義者の実験で確認されたのは、心理装置を研究するには内観データだけを用いるのでは不十分だということである。たとえばある単語を提示すると、連合ですぐにほかの単語が思い浮かんだが、どのようにしてそういう答えが可能であったのか観察者は報告できない。実際、われわれの意識は結果にしか到達できない。そうした結果を可能にする複合的過程は、「見えないところ」で自動的に、またきわめて高速に進行する。見慣れた顔を確認したり、フランスの地図を思い浮かべたり、自分の電話番号を思い出したりするには、何分の一秒しかかからない。では、ある文を理解したり、ある問題を解いたり、即興でスピーチをするような複雑な行為についてはどうだろうか。自分の内部の無意識的で自動的な無数の過程を観察することが、そもそも可能だろうか。これらの過程は相互に作用して、一度にたくさんの情報の交換と処理を行っているのである。われわれの精神生活の重要な部分は、われわれの知らないうちに展開しているのであり、内観では捉えられないのだ。

にもかかわらず、心的過程は透明だという考え方が、最近、特に人工知能の分野で再浮上してきている。たとえば、人工知能の創始者の一人で、ノーベル賞受賞者であるアメリカの数理社会科学者のサイモンは次のように述べている。「人間は自分の遂行しつつある認知作業と同時に、その作業と無関係なことばを発する精神分裂的な生物ではない。それどころか、声を出しながら考える様子や、事後に作業について行う報告を検討してみれば、作業を行うときにどんな情報に注意を払っているのか、きわめて詳細に明らかにすることができる。こうした情報を明らかにすることによって、作業が達成される正確なプロセスについて首尾一貫したイメージ（どんなストラテジーが用いられるのか、情報からどんな推論を引き出しているのか、再認によって記憶にどうアクセスするのか）を示すことができる」[11]。コンピュータの出現によって、一九六〇年代にエンジニアの間に楽観主義の機運が高まった[12]。人工知能の研究者は心的現象が単純でアクセス可能なものだと確信して、数学者やチェス・プレイヤーとのインタビューを利用したのである。インタビューをよく注意して検討して、数学やチェスの専門家《エキスパート》の用いる知識やストラテジーや発見的《ヒューリスティック》方法を引き出して、コンピュータ・プログラムに組み込もうとした[13]。考える存在である人間のように振る舞う機械がやがて作られるようになるだろうと予言する研究者もいた。この機械には、見たり、話したり、考えたりすることができるはずだった。演算能力次第ということだった。

現在では、われわれは情報科学の初期に比べて限りなく大きな演算能力のコンピュータを持っている。しかし、前述の予想は依然として予言にとどまっている。視覚関連の多くの基本的問題が、模擬実験《シミュレーション》では解決できずに残されている。うまく行かないのは、どうやら単に現在のわれわれのコンピュータに十分な能力がないためではないようだ。知能は単一で透明な能力ではない。話は逆で、認知作用には、情報を同時に処理する、そして内観で捉えることのできない、きわめて多くの専門化した自動システムが含まれているのである。

この専門化した自動システムのシミュレーションを行うに先だって、このシステムに何が遂行でき、このシステムがどう機能するのか研究し理解しなければならない。したがって、もっぱら内観に頼った素朴心理学を利用して、科学的な心理学のセオリーを作り上げようというのは無鉄砲な話である。まさにこのことこそ、行動主義心理学者が心理学全体に加えた批判である。行動主義心理学者に言わせると、大げさな抽象的実体を持ち出すのは無意味である。こうした抽象的実体は、自らが説明しているつもりのものを前提にしているのだから。いやしくも科学的な心理学理論は、知能というあいまいな概念を拠り所にしないで、また素朴心理学の用語を使わないで、ひたすら堅固な実験技法だけに基づいて、「知能的」な行動を説明するように努めるべきだ、というのである。

2 人間機械論

知能の概念を一連の基本的なメカニズム——それらの共同作用と組織化によって、ちょうど生命のない分子から生物を誕生せしめたのと同じように、複雑な行動を生み出す一連の基本的なメカニズム——に還元するにはどうすればよいか。心理学研究の複雑な対象を、厳密な観察に適した単純なデータに還元するにはどうすればよいか。これが昔から心理学者が問うてきた問題である。行動主義心理学者はラディカルな解決策を提案した。行動のみを研究対象としよう。そうすれば知能のような諸概念は自然消滅するというのである。事実、彼らによると、動物は、知能という概念を持ち出さなくても説明できると考えられる複雑な行動を発達させている。これに対して、人間の行動と、イヌやネズミ、ましてやナメクジウオの行動の間にはまったく共通点がないという反論が可能だろう。しかしながら、人間と動物が種として明白に異なっていても、動物で得られる理論的記述が、人間のある種の心的過程の記述にまったく無関係だとは必ずしも言い切れない[14]。

ヒキガエルから人間へ

■無知な機械から……

ヒキガエルを例にしてみよう。ヒキガエルの行動はかなり限られているが、非常に「合理的」だ。たで食う虫も好き好きなので、ミミズやムカデやそのほかの小型の無脊椎動物がヒキガエルは好物である。獲物を狙って何時間でも待ち伏せできる。獲物が視野に現れると獲物のほうに向きを変えて、近づいてじっとしている。それから舌でパクリと捕まえる。もちろん、食べられないと判断した、あるいは脅威になりそうな生き物には接近しない。

素朴心理学の用語を使えば、ヒキガエルは空腹なんだとか、ミミズや自分を捕まえるかもしれない敵についてなにがしかのことを知っているのだとか、また獲物をパクリと食べるという目標を持っているとかいうことになるだろう。つまり、ヒキガエルは接近作戦をとり、自分の目的に合った攻撃計画を立てているということになる。しかし、こうした素朴心理学のコンセプトで、実際にヒキガエルの行動が説明できるのだろうか。ヒキガエル本来の生活環境の外に置かれた行動が、素朴心理学のコンセプトで予見できるだろうか。神経動物行動学の研究はそれを否定している。[15]

ヒキガエルをガラスの容器に閉じ込めてみよう。容器の外側で生きたミミズを提示する。カエルは獲物のほうに向きを変え、近づいてパクリと食べようとする。しかし、ガラスの壁面にぶつかってしまう。だが、こうした失敗をものともしない。一〇回、二〇回、一〇〇回とガラスの外側でミミズを提示する。すると、はじめての時とまったく同じく貪欲に跳びかかる。ミミズの代わりに何でもよい、たとえばエンピツのような長い物体を提示し、水平方向に動かしてみる。カエルはまるでミミズであるかのように、こうした食べられない図式的刺激に反応する。ヒキガエルの行動は、愚かというだけでは済まされない、きわめて種に特有のものだ。「反ミミズ」とでも言うべき、長さに対して垂直に動くモノには、たとえ食べられるものであっても、まったく反応しないのである。また、獲物になりそうなものが数匹視野のなかで移動する場合も、カエルの行動は抑制され、じっとしたままである。

こうした現象はどう説明すべきなのだろうか。こうした行動はまったく柔軟性を欠いていて外部の刺激にすっかり依存しているので、ロボットの行動を連想させる。さらに、カエル一匹だけ隔離して飼育しても、「野生」のカエルとまったく同じ反応を示す。ヒキガエルの行動が柔軟性や適応力を欠いているのを見ると、ヒキガエルは学習よりもむしろ遺伝形質によって決定されていると思わずにはいられない。

動物行動学者は生得的解発機構という用語を用いて、このタイプの行動を記述している。この機構《メカニズム》によって、きわめて特種な刺激に対する反応として、決まりきった一連の作用が触発される、というのである。ヒキガエルの場合、(a) 方向づけ、(b) 接近、(c) 注視、(d) 捕捉という四つの作用のレパートリーがある。ある形状が視野に現れるとそれぞれの作用が開始する。細長い形の刺激が背景の横軸に平行の方向に移動すると、その刺激がいかなるモノであれ、潜在的に獲物として処理される。視野の隅にこうした刺激が現れると方向づけが始動し、刺激を視野の中央に位置させる。刺激が遠方にあると接近反応が始動する。近ければ、注視は獲物を両眼の視野のなかに置く働きをする。獲物が近く、しかも両眼の視野の中央に置かれると捕捉が引き起こされる。

以上の四つの始動のメカニズムは互いに依存している。というのも、たしかに自然条件では、ヒキガエルは（a）、（b）、（c）、（d）の流れに従う。しかし獲物との距離が短いと、行動の流れは（a）、（c）、（d）になるからである。また、もし獲物が目の前にあると、すぐに捕捉反応が行われる。獲物が逃げると、捕捉の条件が実現するまで、方向づけと接近が交互に繰り返される多様な行動が展開する。獲物を常に一定の距離に保つようにすると、カエルはぐるぐる回る。ある行動が始動すると、きっかけになった刺激を取り除いてもその行動は最後まで遂行される。たとえば注視の段階の直後に獲物を隠すと、ヒキガエルは獲物がいた場所を正確にパクリとくわえ、当然のことのようにごくりと飲み込み、「舌なめずり」をする。

ステレオタイプ化したこうした行動は、実は種にきわめて特有な神経細胞《ニューロン》のメカニズムに基づいている。ある獲物に選択的に反応するニューロンのあることが明らかになっている。たとえば、「ミミズ探知ニューロン」は網膜から情報を取り込み、刺激の特定の空間的・時間的特性だけに反応する。ニューロンのこうした配線はヒキガエルの運動システムに接続されている。かなり複雑な行動も実は、単純で硬直したメカニズムの総体によって始動し、制御されているのである。

ある種の魚に見られる求愛行動や、営巣行動やクモの巣作りなどの、より複雑な行動がこれと同じタイプのメカニズムで説明できる。さらに別の例を挙げると、オーストラリア・スズメバチは寄生生物から巣を守るために漏斗状の穴をつくる。この操作にはいくつかの段階が含まれている。それぞれの段階の最終部分が、次の段階を始動させ、その結果さまざまな行動が決まった順序で連鎖するようになっている。ヒキガエルの場合のように、ハチのこの行動はある種の「プログラム」の、すなわち、階層化された柔軟性のない作用の連鎖の産物である。

ヒキガエルやクモやスズメバチにも心理ありとし、欲望や意図や目標といった、人間の精神生活の実質をなすものを当てはめようとするのは無駄なことである。これらの動物は柔軟性を欠いた専門化した機械である。この機械の内部では、意図や戦略や知識などといったものは、直接「配線」されているのである。知識は視覚システムと運動システムがどのように組織化されているかに由来しているし、意図は始動メカニズムの存在に還元されてしまう。戦略といっても、こうしたメカニズムの時間的連鎖でしかない。テレビは映像を伝えるようにできているし、ヒキガエルはミミズを捕まえるようにできている。自分のテレビに心理ありと考える人が一体いるだろうか。

■……パヴロフのイヌまで

かつてはイギリスの経験主義者のように、高等生物の行動の豊かさや適応力を説明するのに、生得的解発機構のような硬直した反射作用では不十分だと主張する哲学者もいた。生物は進化すればするほど、経験を基にして学習できるようになると彼らは考えた。彼らが「連合」と呼んでいた作用を介して、基本的な行動から複雑な行動が形作れるのだという。生物は、ある刺激に対して新しい反応を連合させることによって行動のレパートリーをひろげていくことができるというのだ。

ロシアの偉大な心理学者のパヴロフは、空腹状態のイヌに肉片を示すと唾液の分泌など、いくつかの行動が引き起こされることに気づいた。肉片は、ヒキガエルのミミズの働きをする。肉片は無条件反射を自動的に引き起こすのである。肉片と同時にほかの刺激（パヴロフの実験ではベルの音）を何回か提示すると、イヌの反応に変化が起きる。イヌはベルの音に最初は無関心だったが、やがてベルだけで唾液の分泌が生じるようになる。[16] こうして条件反射が発生するのだが、これは無条件反射と違って可逆的である。ベルの音を提示し続けて肉片を示さないと、条件づけによってできあがった連合が少しずつ弱まって最終的に消去されてしまう。

パヴロフは、以上のメカニズムは学習の基本的要素の一つだと考えていた。たしかに、動物の行動はその動物の歴史と、それが置かれている環境の諸特性に依存していることを条件づけで説明できるのかもしれない。しかし、パヴロフの条件づけは、まったく知能を欠いた、完全に盲目的なものである。こうした条件づけによって可能になるのは、ある刺激に随伴させて別の刺激を与えることによって、せいぜい反応の頻度を増すことだけだ。いったん条件反射が安定すると、ほかの条件づけの基礎になる。これがいわゆる二次的条件づけと呼ばれるものである。たとえば、唾液を分泌させるようになったベルの音を点灯する電灯と連合すると、電灯だけでも唾液の分泌を引き起こすようになる。

いずれにせよ、パヴロフの条件反射が一般的な学習メカニズムであるとするにはあまりにも限られたものであることが明らかになっている。事実、この方法では、ほんのわずかでも複雑な行動を引き起こすのはかなり困難だ。また、意志的行動はこのタイプの条件づけに還元されない。こうした条件づけが知能的行動の根拠としてどう役立つのか不明である。このため、科学者たちは別の方法を探求し始めた。

■無知な機械からパヴロフのイヌの間——訓練を受けたハト

動物はどんなメカニズムによって複雑な行動が獲得できるのだろうか。これが、かの有名な心理学者のスキナーが抱いた疑問だった[17]。彼は、調教師が昔から動物に用いている方法にヒントを得て、オペラント条件づけという概念を作り上げた。オペラント条件づけの原理はきわめて単純かつ強力なので、この概念が幾世代もの間、研究者を引きつけ、現在でも影響力を持っているのは当然と言えよう。オペラント条件づけは、強化《リインフォースメント》という主要な考え方に基づいている。

ハトを捕まえてスキナー箱に入れてみよう。スキナー箱とはボタンのついたカゴで、なかに入れられたハトがくちばしでボタンを押せるようになっている。カゴのなかで信号が一定時間、光の点滅を繰り返す。最後にフタが開いて、エサにありつける。ただしエサをもらえるのは、信号がついている最中にボタンを押したときだけだ。ボタンが押せないとフタは開かず、エサはおあずけにな

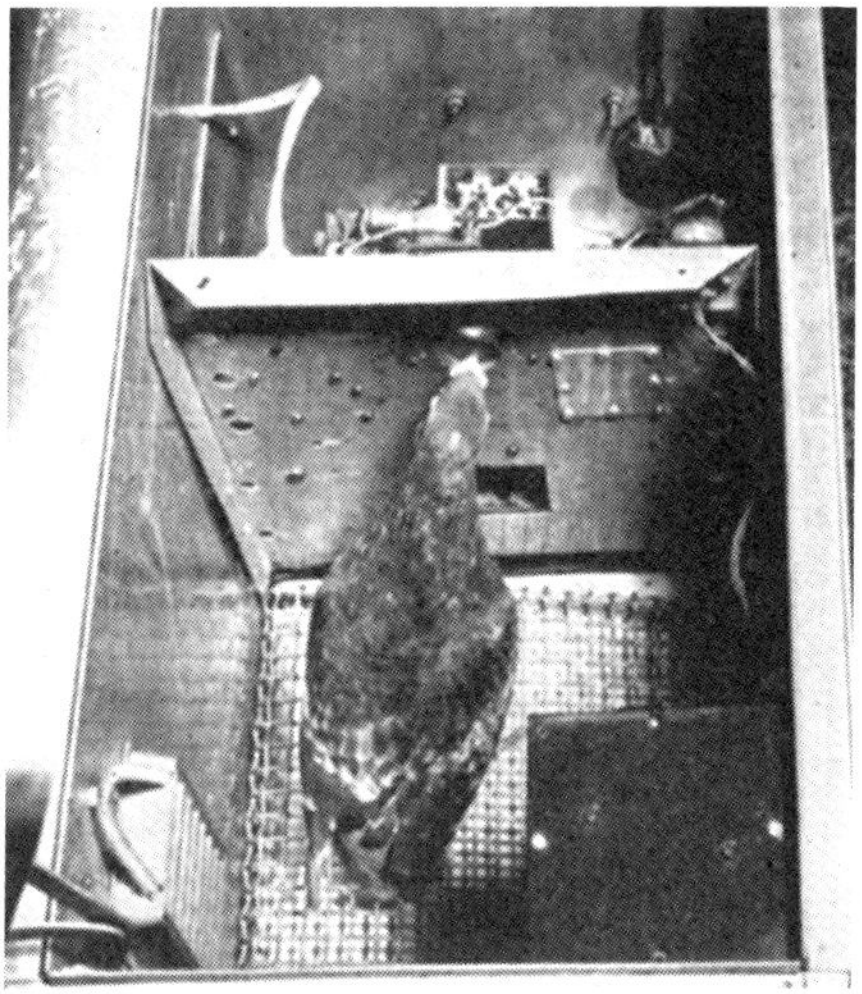

写真2　スキナー箱で実験中のハト（Skinner, 1972）。

る。ハトはある回数試した後、信号がついているとき頻繁にボタンを押し、消えている間はあまり押さなくなる傾向があるのがわかる。この行動は状況に非常にマッチしている。より少ないエネルギーの消費で、より多くの食べ物にありつけるからだ（写真2参照）。

これはもはやパヴロフ式の条件づけではない。無条件刺激があって、それに条件刺激がつけ加わる、というのではないからだ。ボタン、信号、エサの関係をハトが「理解」して、ちょうどうまいタイミングでボタンを押すとフタが開くと「考えている」と言えないだろうか。しかし実際は、ハトにこうした豊かな内面生活があるとするのは無駄である。ハトの行動は簡単なメカニズムで説明できる。学習段階でハトはカゴのなかをあちこちつつき回る。信号が消えているときボタンを押すこともあるし、信号がついているときボタンを押すこともある。エサをもらえるようになる場合もあるし、もらえない場合もある。エサはハトにとって喜ばしいので、エサのもらえる行為は「強化」されるようになるが、そうでない行為は消去されるようになる。こうして、一定時間が経過すると、「信号―ボタン」という連合だけが残る。

実験の設定を自由に複雑にすることができる。たとえば、赤と緑の二つのボタンに取り組ませてみる。エサにありつくには、信号がついたらすぐに緑のボタンを押し、消えたらすぐに赤のボタンを押さなくてはならない。前の場合より多くなるが、ある回数のテストの後で、ハトは「強化」をもたらす一連の行為を選ぶようになる。このようにして、非常に複雑な連続した行為をハトに教えこむことができる。ハトは驚くべきスピードでこうした行為を行うようになる。

また、このオペラント条件づけのメカニズムによって、ハトは新たな状況にも適応できるようになる。たとえば、赤いボタンを形の違うオレンジ色のボタンと交換すると、すぐにこの新しい状況に慣れる。ゼロからやり直す必要はなく、経験を利用して自分の行動を一般化し、関連のあるまとまった刺激に適用するのである。

だからといって、こうしたタイプの行動から、ハトに知能があるとか、ハトは自分に何が起きているのか理解しているとかいうことにはならない。刺激とエサを繰り返して提示することによって、「強化」を生み出す行動が選択されるにすぎない。それに学習中に何か余計な動作をすることがある。正しい反応をしながら同時に、羽を軽くばたつかせたり、片足でぴょんぴょん跳ねたりする。するると、その行動全体が強化される。その結果、次にテストすると、ハトは先ほどと同じ、無駄で、ときには邪魔な、迷信行動と呼ばれる動作をそっくりそのまま繰り返す。[18] 強化の獲得に役立とうが立つまいが、ハトはすべてを選択してしまったのである。

行動主義の誘惑

動物では複雑な行動が、刺激と反応を直接的に関連づけることによって説明できる。この関連は先天的なこともあるし(ヒキガエルの例)、オペラント条件づけでできあがることもある(ハトの例)。しかもどちらの場合も、欲望や信念や目的、まして意識といった概念を持ち出さなくても済む。人間の場合も同じように説明できるのではないだろうか。

まさにこうした考え方に端を発して、欲望などの心的観念は循環論理的で非科学的だとしてこれを排除し、「客観的」心理学を作りだそうとする運動が生まれた。このいわゆる行動主義心理学の擁護者は、言語、推論、知覚、記憶といった人間行動の総体は、基本的刺激と基本的作用だけが働く「心的化学」で説明可能だと考えた。さらに、彼らは基本的刺激は強度や波長などの計測可能な物理的量に還元可能だと考えた。彼らによれば、たとえば言語は、オペラント条件づけで獲得された「刺激―反応」の関係の集合である。単語は、視覚的イメージか、または基本的感覚と連合した反応である。「赤」という単語の学習は、赤の視覚的刺激との連合であるというのだ。連合法則そのものはきわめて単純で一般的なものであり、この法則の使用にあたって知能はまったく不必要だと考えた。パヴロフのイヌの場合と同様、連合の基本原理は、二つの事象の空間的ないし時間的隣接性、事象の強度、あるいは事象の出現頻度に基づいていると考えた。ハトの例のように、個々の単語が次に来る単語を引き出す刺激となって、連合の連鎖から文が生じると考えたのである。

実際、「観念」という概念さえも「観察可能」な用語で置き換えられなくてはならないとされた。このため、思考は「声以前の言語行為《サブヴォーカル》」にほかならないと公準化した。われわれの頭にひらめくほんのわずかな考えも、実際は調音に用いられる筋肉の微妙な動きと相関しているというのだ。

単純で均一なメカニズムによって人間精神の複雑な現象にアプローチしようとする行動主義の着想は確かに魅力的だった。さらにこの着想では、人間とほかの動物の連続性が示唆されていた。にもかかわらず、行動主義運動は失敗に終わった。ナメクジウオと人間のアナロジーによって、言語や推論といった心的能力を説明することはできなかった。そればかりか、「刺激―反応」の関係で行動を説明をすることは、きわめて下等な動物についてさえうまくいかなかったのだ。単純な行動を説明するのにも、動物の内面状態を無視することはできない。直接的に観察できなくても、こうした内面状態はきわめて重要な役割を果たしているからだ。刺激とは何なのか、そして、反応とは何なのかきちんと定義しようとすると、そのことがはっきりしてくる。

■刺激の曖昧さ

「刺激」というものはどのように定義したらいいのだろうか。行動主義者は、刺激を光の波長や体温などのような物理的量に還元すべしと考えた。しかし、こうした定義はあまりに狭いことが明らかになった。基本的刺激を一つ一つ切り離して検討するだけでなく、刺激相互の関係も考慮に入れなくてはならない。

実際に行われている実験からヒントを得て、次のような仮想実験を想定してみよう。濃淡二種類のグレーに色分けしたパネルが取りつけてある迷路にネズミを入れる。パネルの上のほうが濃いグレーで、下のほうが薄いグレーのときは左に曲がり、反対の色の組み合わせの場合は右に曲がることをネズミは学習しなくてはならない。一度この行動が学習されると、組み合わせる色調が変わっても、ネズミはすべての刺激に対してこの行動を一般化して反応する。つまりネズミが反応する刺激は絶対的な物理的量ではなく、色調の相対的な関係で定義されるのである。(19)

かなり一般的な特性に敏感な動物がいること、これらの動物は、ある刺激の物理的組成よりも、(丸とか四角、三角といった)大まかな形に反応することが、ほかの実験で明らかになった。たとえばハトは、かなりちがいのある刺激を複雑なカテゴリーに分類することを学習できる。具体的に言うと、クローズアップしたものであれ、空から俯瞰して撮ったものであれ、カシやブナの写真や、場合によってはモミの木の写真であっても、木という同一のカテゴリーに分類できる。ベトナム戦争のとき、アメリカ軍はハトのこの能力を研究して、ジャングルのなかにいる人間が見分けられるように訓練した。まずはじめに写真を見せて訓練したが、驚くべきことに、ハトは顔や全身の像《イメージ》から一般化することができたのだった。つまり、一度仕込まれると、ハトは写真では学習しなかった

図2　Boringの曖昧さ。左下を向いている老婆か、半ば後ろを振り返った若い女性が見える（Gregory, 1970）。

姿勢をしていても、しかも鬱蒼としたジャングルのただなかにいても、人間を探知した。さらに人数を評定し、足につけた小型の発信装置で離れたところに伝えることを学習させることもできたのである。

同様に、チンパンジーが抽象的特性を組み合わせることを学習できることをプレマックが証明した。モノのカテゴリーだけでなく、数量や割合も認識できるかどうか測定するために、「リンゴ二分の一」と「リンゴ四分の一」をチンパンジーに示した。するとチンパンジーがこの二つを足し算するのがわかった。そのことを確認するため、いま示した比率の合計に相当する別のモノを選ばせたのである。すると、「リンゴ二分の一＋（プラス）リンゴ四分の一」は、「中身が四分の三入ったビン」に等しいという意味の反応をした。モノの種類が違っても、こうしたパフォーマンスを驚

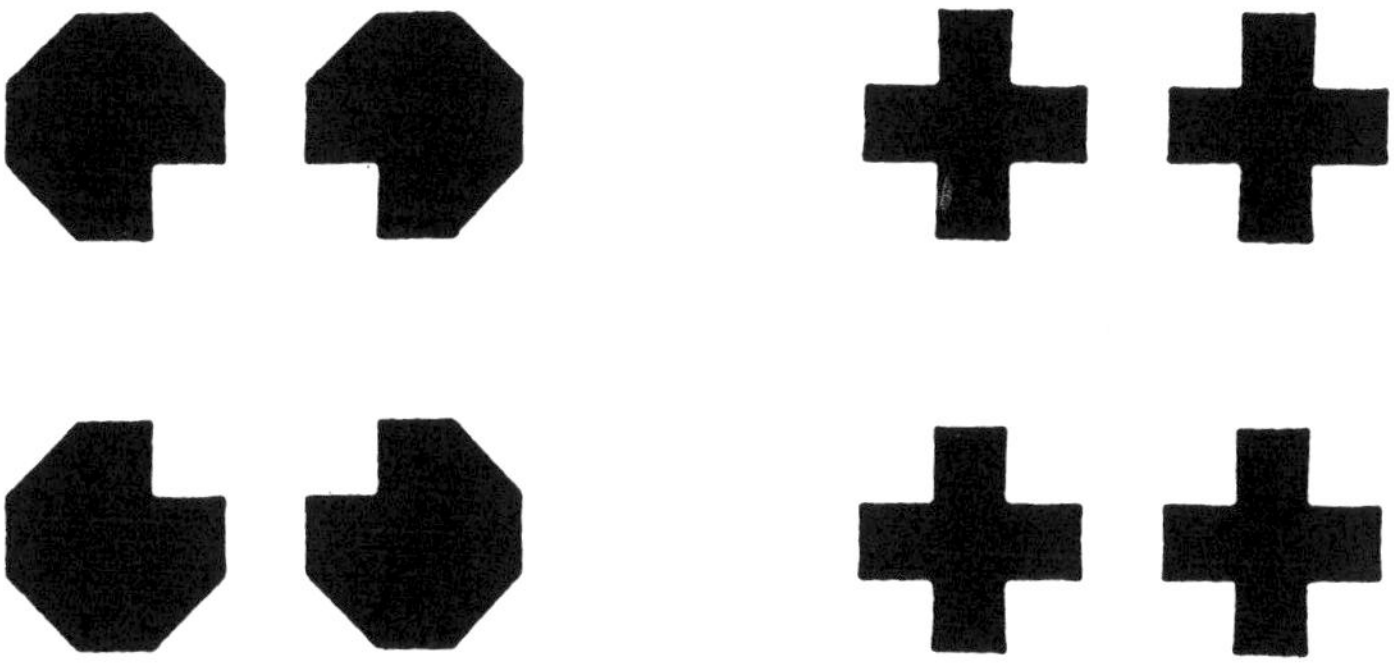

図3　左の図は認知上の主観的輪郭。黒い八角形の一部分を取るだけで，ページから長方形がはっきりと浮かび上がって来るのが見える。右の図では十字形の一部分が欠けたように見えないので，四角形が現れない（Schiffmann, 1990）。

くほど簡単に学習したのである。さらに驚くべきことに、モノがすべて異なっていてもこの問題が解けた。たとえば、「リンゴ四分の一＋ビンの中身四分の一」が「円二分の一」に等しいと答えたのである。

人間では、知覚がある物理的エネルギーによって刺激されることというだけにとどまらないことは明らかである。視覚的刺激が曖昧になることがあるのは、昔から知られている。たとえば図2では、肩ごしに振り返った若い女性か、あるいは、斜め前から見た老婆のどちらかが見える。だが、両方のイメージを同時に知覚することはけっしてできない。一つの物理的イメージに、いくつかの心的構築物が対応し得るのである。つまり、知覚はある光エネルギーによる刺激に還元できない。知覚はイメージを再構成し解釈する過程なのである。

われわれの知覚装置が、実際に存在しないモノをわれわれに見せてくれることもある。図3は、一部を切り取った四つの八角形でできている。しかし、われわれに見えるのは四つの八角形ではない。白い長方形が背景からはっきり浮き上がって見えるような感じがする。つまり、存在しないモノの輪郭が見える。われわれの知覚装置は、あたかも最小限の要素で構図を記述しようとしているかのごとくなのだ。

以上の例から、刺激とその知覚の関係は直接的ではないことがわかる。われわれの精神は計算を行い、モノ、形状、空間のような抽象概念の助けを借りる。知覚はけっして現実のコピーではない。知覚は解釈や表象の過程でもある。したがって、人間の作りあげる心的構築物を考慮しないで、純粋に物理的用語で刺激を定義するのは不可能である。

■反応の意図性

同様に、反応とは何か定義しようとすると、すぐにいろいろな問題が生じてくる。反応を、筋肉の反射か、順序の決まった一連の動作として数量化すべきであると行動主義者は考えた。確かに、場合によってはそうしたことが観察できることもある。たとえばスキナー箱に入れられたハトなどの動物が、実験者が学習させたいと考えている比較的恣意的な一連の作業をうまくやりとげるために何度も立て続けに試行錯誤するしかない場合がそうだ。しかし、もっと生産的に自分の心的能力を用いる機会を動物に与えてやれば、ほとんどの場合、反応は特定の筋肉運動などの物理的量ではなく、追求している目的によって定義される。

イヌを訓練して、右足で箱を開けてエサを取るように学習させてみよう。次にこのイヌを縛って、右足が箱に届かないようにする。イヌは相も変わらず右足の筋肉を収縮させるだろうか。ノーである。右足の代わりに鼻面か左足を使うことだろう。つまり、そのときまで見られなかった、状況に適した一連の運動で反応するだろう。追求する目的が肝心なのである。

こうした現象はきわめて一般的なものだ。たとえば、ネズミに条件づけをして、迷路で的確な道順をたどってエサにありつけるようにする。ところが、迷路の仕切り壁に穴を開けて無駄な遠回りをしなくてもいいようにしてやると、習慣になった行動を修正して近道をする。

サルの研究では、反応がもっとずっと複雑になるのが知られている。たとえば、訓練係がチンパンジーを野原に連れていき、エサを何箇所かに隠すのを見せておく。次にチンパンジーを放す。するとどうなるだろうか。チンパンジーは訓練係が通ったあちこちの場所でエサを探す。しかし、でたらめにやったり、訓練係の通った道筋をなぞって探したりしない。きわめて適切な道順をたどる。すなわち、すべての隠し場所を結ぶ最短距離をたどる。[20]となると、われわれの研究対象の行動の目的とか意図を理解しないで、反応が定義できるだろうか。

以上の観察から、動物は目的に応じて行動するだけでなく、自分の環境について内的表象を持ち、その表象を利用しているのがわかる。ネズミでは迷路の地図がそうした表象であり、チンパンジーでは野原の地図がそれに当たる。この表象によって、追求する目標に最適の反応を選ぶことが可能になる。動物はいつも愚かで機械的に行動するとか、まるで魔法でも用いたように特定の状況にぴったり適した行動を選んでくれる強化を求めて試行錯誤している、とか言うことはできない。動物は行動主義心理学の公準をくつがえすような精神生活を所有しているのである。

原理的な心的《メンタル》用語の必要性

行動主義心理学派には、行動の説明は無駄がなく、さらに「健全」でなくてはならないことを毅然として示したという長所があった。行動を説明するとき、不可解な実体を増やすことは慎まなくてはならない。こうした実体には、人間精神の真のメカニズムについてのわれわれの無知を覆い隠すというメリットしかない。さらに、行動主義者に促されて、実験動物の研究を行った結果、現代の実験心理学が現在も用いている多くの技法が開発された。しかしながら、行動主義者が唱えたメカニズムは、言語、推論、発見、また社会関係といった複雑な人間行動を説明するには明らかに不十分だ。人間はヒキガエルでもなければハトでもない。主観的精神状態の存在を真面目に考慮すべきであり、精神状態が人間の行動の原因の一つであることを認めなくてはならない。人間はさまざまな状況を表象することができる。また抽象的な関係を表象することができる。それどころか表象の表象を形成することができる。現代の心理学はまさにこうしたことすべてを——行動主義学派の機械主義的な方法を使って、しかし彼らの余りに単純な原理に同調することなく——解明しなくてはならない。われわれはまた振り出しにもどることになる。つまり、いかにして人間の心的能力を科学的に研究することができるかという問題である。

悲観的な答えを出したくなる人もいるだろう。心的状態という概念を援用することなしに、人間のもっとも単純な行動を説明することはできない。他方、心的状態を表す用語は定義が曖昧で、観察可能な現実を指示することができず、疑似的説明を導き出すだけである。そこで、人間の行動を研究することは不可能であるという結論になってしまう。しかし、こうした見方は極論だ。実際、ある理論用語は、直接的に観察可能な現実に対応していないからといって、非科学的ということにはならない。これこそ、まさに実証主義的先入観である。行動主義者は心理学を「厳密」科学に近づけようとしたために、こうした先入観に取りつかれたのだ。しかし、どんな科学も、直接的には観察することができない実体を指示する原理的な理論用語を説明なしに公準化せざるを得ない。たとえばニュートン力学では遠距離力の概念は説明されていない。ニュートン力学の基本法則（F＝ma）は公準であり、まったく証明が行われていない。同様に素粒子は公準であり、かなり間接的な結果を通してようやく観察可能になる。それにもかかわらず、理論物理学は有効で多産な学問である。ひとたび少数の原理的法則と原理的用語を公準として認めれば、これらの法則と用語から多くの現象が説明可能になるからだ。同様のことが心的能力の研究についてもあてはまると言って差し支えない。

素朴心理学は、余りに多くの理論用語を公準化するから空虚なのである。すべての心的用語が原理的と見なされている。そうなると、素朴心理学では何も説明できない。他方、行動主義が失敗したのは、精神の機能について余りに機械論的考え方をしていたためではなく、あ﹅ま﹅り﹅に﹅も﹅少数の原理的用語にけた外れの特権的地位を与えたためだ。連合、条件づけ、刺激―反応の関係といったものは非常に初歩的で貧弱なメカニズムなので、人間のごく単純な行動も説明できない。しかし、行動主義と素朴心理学の中間には、多くの可能性が残されているのではないだろうか。

人間は予測がつかない、特定の状況でどんな反応をするのか予測できない、科学を標榜しているのに、予測することができない理論に一体どんな価値があるのだろうか、という反論をする人もいるだろう。しかし、ある行動が予測困難だからといって、それが完全に偶然に左右されているということにはならない。今日でも気象官は一週間後の天気を予測できないが、それでも気団の移動は流体力学の法則によって厳密に決定されていることを熟知している。気象システムは法則に従っていて、でたらめでもないし、混乱してもいないし、偶然に左右されてもいない。これらの法則は、あまりに複雑に作用し合っているために、まだ完全に理解されていないだけのことだ。天気を予測するには、ある瞬間のすべての空気粒子の位置や生物圏を移動するすべての気団の位置を知らなければならないようだ。

同様に、ある人間の反応のしかたは、現在の状況だけでなく、その人が現在まで自分の環境とどのように相互交渉してきたのかということにも依存している。だからといって、その人の行動を支配している原理が理解できないという意味ではない。というのも、この人の反応は偶然的ではないからだ。彼の反応は、主観的な精神状態や記憶内容や意図によって厳密に決定されているのだ。このことはコンピュータを例にするとよくわかる。同一機種の数台のコンピュータに一連の命令《コマンド》を入力すると別々の反応が得られる。たたいたキーを再現するものもあるし、理解不可能な一連の文字を表示するものもあるし、けたたましい音を発するものもある。したがって環境からの作用だけでは、コンピュータの行動を十分に説明できない。だからといって、コンピュータの行動そのものが理解不可能なのではない。むしろ逆である。コンピュータの働きは、実際はコンピュータに固有のプログラムで決定されている。つまり環境は、データ処理用プログラム、グラフィックス用プログラム、またはゲーム用プログラムのいずれがメモリにあるかによって、さまざまな反応を引き起こすのである。ある種の物質的システムは、内部状態によってきっちり決定された反応を展開する。その反応が不規則で偶然的に見えるのは、われわれがこうした物質的システムを制御している規則や原則を知らないからにすぎない。

したがって心理学では、コンピュータのプログラム言語の記号とシンボルに相当する、原理的な心的用語を含んだ理論の定式化を考えることができる。この種のアナロジーはきわめて有望であり、行動主義者が見捨ててしまった、言語、心的表象、推論などの高等な心的能力の研究に対する新たな関心の高まりをもたらした。そうはいうものの、内的表象がどんなものか、また、内的表象が人間ではどんな変容を蒙るのか実験的に決定する方法がなければ、コンピュータの例はやや漠然としたメタファーの域を超えることはないだろう。そうした実験的な研究はどのように行うべきなのだろうか。長い間、学習が人間の表象について手がかりを与えてくれるだろうと信じられてきた。

3　学習によって人間になるのだろうか

人間の行動を引き起こす心的表象をどのように研究したらよいのだろうか。どんな原理的所与、どんな「思考の原子」が結合し、また再結合して、人間の精神生活の流れを形作るのだろうか。この問題はしばしば解決不可能なものに思われてきた。ところが、ある解決策が提案された。ある能力がどのようにして獲得されるのか理解すれば、その能力の性質が決められるはずだ、というのである。成人の多様な心的表象を正面からまともに研究するのではなく、発達過程で心的表象が徐々に安定していく過程に注意を集中すべきだ、そうすれば、この安定化が比較的一定した過程である、学習に基づいていることが分かるはずだ、というのである。要するに、心的能力の獲得方式を研究すれば、成人の認知装置がどんなものか説明できる、ただし厳密には、認知装置は段階を追って進み、けっして固定することなく絶えず変容している、というのである。

こうした考え方の影響は甚大だった。ピアジェの発生的認識論から、エンゲルス、ワロン、そしてサルトルに至るまで、誰もが学習過程に特権的役割を与えた。たとえばピアジェはこう言っている。

ある生物の本性は初期段階から、あるいは最終段階からは明らかにならない。その生物が変化する過程そのものによって明らかになる。というのも、初期段階は目標となる均衡状態との関連でしか意味を持たないからだ。また、達成された均衡状態は、この均衡状態に達するまでの継起的諸段階との関連でしか理解できないからである。ある概念、あるいはひとまとまりの知的活動において重要なのは、起点（と言っても本当に最初の起点に到達することはけっしてできないのだが）でもなければ最終的な均衡（これについても、それが本当に最終的なものかどうかけっしてわからない）でもない。もっと重要なのは、漸進的構成の法則である。常に漸進的に構成されつつある操作《オペラトワール》システムである。［…］したがって、起源と最後の均衡状態（起源と最後という用語は相対的なものにすぎず、絶対的な意味はまったくない）の間の一種の往復運動によってのみ、知識の構築の秘密、つまり、科学的思考の形成の秘密に到達できるのである。(21)

つまり、言語や推論などの心的能力を獲得する漸進的構成過程の法則を明確にすることが重要なのだ、ということである。

ニワトリかタマゴか

ピアジェの説を突きつめると、生物の精神生活はもっぱら環境に依存しているということになる。学習を可能にするいくつかの一般的な原理を除けば、人間には生得的なものは何もない、その結果、生まれて来る赤ん坊はいかなる心的構造もいかなる先験的知識も持っていない、赤ん坊の精神は空っぽで、文化や社会文化的環境や教師が、後から書き込みを行う白紙に等しい、したがって、言語や知覚や思考や記憶は、ことごとく文化と緊密に結びついていて、環境によって決定された能力なのだ、ということになる。

訓練による学習とは、環境のなかに存在する構造を生物《オルガニズム》に移し替えることを可能にするメカニズムである。たとえば、新生児が三次元空間と時間の次元を持った肉眼的《マクロスコピック》世界に置かれているという事実は、新生児の知覚装置が空間的・時間的安定性を保持している三次元的なモノを核にして組織されることを意味することになる。同様に、新生児は多くの発話が聞こえる環境のなかで生きているからこそ、言語という構造を同化して、自分でも発話が行えるようになるのだ、ということになる。

しかし、訓練による学習はどのようにして可能になるのだろうか。訓練による学習説は興味深く見えるが、どうしたら直観の段階を越え、検証可能な理論の域に到達できるのだろうか。ピアジェはあまりに単純すぎるこの説を批判して、学習メカニズムのより精緻な理論を示そうとした。ピアジェによると、生物の学習を決定するのは、環境そのものではなく、生物自身の行為だという。子どもはいくつかの行為が同一の結果をもたらすことを観察し、こうした規則性を内在化して、環境について徐々に抽象された表象を練り上げるようになるのだという。たとえばいろいろな運動をし、その運動を逆転させると自分が同じ位置に戻ることから、モノが形と位置を保持しているのを子どもは理解する。このとき子どもは、同一性と可逆的過程という抽象概念を内在化させる、というのだ。

ピアジェのアプローチは確かに洗練されているが、訓練による学習説と同様に曖昧である。彼の言う内在化のメカニズムがどのように機能するのかよくわからないし、行為だけで抽象的表象がどのように形成されるのかもわからないからだ。となると、外部から内部への転移と考えられている学習の概念は、転移そのもののメカニズムの説明が伴っていないとほとんど役にたたない。

さらに、情報の転移によって学習するケースは、動物ではごく限られたもののように思われる。たとえばローレンツは、刷り込みという固定メカニズムによって子ガモが母ガモを認識し、追従行動を学習することを明らかにした（写真3参照）。ほかの種の生物とは違って、カモのヒナでは、卵から出て来るや否や最初に自分の前に現れたモノのイメージが、ちょうど写真の感光板に定着されるように固定し、子ガモはその像を「母親」とみなす。通常の生態条件の下では、これは生みの親に当てはまるが、条件次第では人間や電気機関車でも構わないということをローレンツは示した。(22)

写真3　生まれたときカモがはじめて見た動く形はローレンツだった。子ガモは母ガモの後を追うようにローレンツの後を追った。

こうした刷り込みは孵化後のひじょうに短い時間の間にしか起こらない。刷り込みでは、環境のなかの情報が心理装置にまさしく転移される。

人間ではこうした現象に相当するものとして、「閃光記憶《フラッシュバルブ》」がある。ある例外的な状況がわれわれの記憶に深く刻まれて残り、何年か経ったあとも非常に詳細にその状況を記述できることがある。しかし、こうした現象はきわめてまれで、情動的ショックに結びついた出来事に限られている。したがって、この外部から内部への情報の転移というメカニズムでは人間のあらゆる心的能力を一律に説明することはできない。

感覚的情報がどのようにして「閃光」記憶に転移されるのか十分にわかっても、たとえば三次元空間や言語や合理的思考のような抽象概念が、どのようにして外部から内部に転移されるのかはよくわからない。生徒というものが思い通り書き込みを行うことのできる黒板でないことを、教師はよく心得ている。知識は財産のようには伝えられない。一人一人の人間が自分の考えを持ち、自分が理解したいと思うことを理解するのである。

情報科学で示されているように、外部の情報を表象し処理できる初期的内部構造がすでにシステムに組み込まれていなければ、外部を内部に転移することは不可能だ。三次元世界に置かれたモノを表象できる視覚システムに加えて、新しい情報と記憶に貯えられている「母親のイメージ」を比較することを可能にするシステムがカモに備わっていてはじめて、刷り込みが可能になる。こうした初期的構造、すなわちあらかじめ存在している認知装置そのものは訓練では獲得できない。したがって、われわれが設定すべき問いは、たとえばわれわれが空間を表象できるのはどんなメカニズムによってなのか、また、概念の獲得を可能にする基礎はどんなメカニズムに基づいているのか、ということになる。訓練による学習説ではそうした問いが説明できないことは明らかである。

訓練による学習説は、生物が初期的に空《から》で、環境と接触して徐々に満たされることを前提にしている。この学習説には、プラトンが『メノン』などの初期の対話篇のころから「学習は想起である」と述べて糾弾した（その結果、彼は合理主義的主張を弁護するようになったのだが）パラドックスと同じパラドックスが含まれている。「ニワトリがタマゴを産む」というような単純な事実の知識もほかの知識を前提にしている。そしてその知識はさらに別の知識を参照しているから、参照が無限に続くことになる。学習しなくてはならない知識を含め、ほかにもたくさんの知識をすでに持っていなければならないとしたら、子どもは何かを学習するなどということがどうしてできるのだろうか。また、何も知らないとしたら、どうして学習することができるのだろうか。別の言い方をするなら、訓練による学習説によって学習を説明するには、あらかじめこの学習説そのものが説明されなければならない。こうした理由のために、今日では研究者は訓練による学習説にあまり関心を持たなくなった。多くの研究者がもっと現実的なモデルに方向転換したのである。

混沌《カオス》から秩序へ

選択による学習説は、訓練による学習説の正反対に位置する。というのも、選択による学習説では、個体は豊かな潜在能力を備えている、しかしその潜在能力があり余りすぎて無能に陥っているということが前提になっているからだ。個体は環境と調和し得る可能性を選択して、調和しない可能性を排除しなくてはならない。したがって、認知のポテンシャルが乏しくなると、このポテンシャルはむしろより有効なものになる。ウィリアム・ジェームズから始まり、ダーウィン、ソーンダイク、スキナー、サイモン、そしてジャン＝ピエール・シャンジューに至る多くの科学者がこの説に与《くみ》しているが、これにはプラトンの指摘した論理的パラドックスが回避できるという利点がある。というのも、選択による学習は、訓練による学習と対照的に、生物の種的特性を重視しているからだ。この説では、生物に二つの基本的なメカニズムを想定する。まず一つは多様性の内的発生装置である。このメカニズムはまったく盲目的なものであり、われわれの心的装置と適合し、外の刺激から独立した心的表象を作り出すことができる。（シャンジューはこの表象を「前表象」と呼んでいる。[23]）もう一つは選択のメカニズムで、内的表象を環境に由来する表象とつき合わせ、それと適合する表象を選び出す。

選択による学習説の図式は訓練による学習説の図式よりずっと精密なので、行動の生得的構成要素は十分に尊重されている。しかし、この図式も相変わらず漠然としていて、この図式の想定している多様性の発生装置と選択のメカニズムという二つのメカニズムの作用を明確にしないかぎり、あまり役に立たない。しかも、研究者によって、この二つのメカニズムのうちの一方を重視する人もいれば、他方を重視する人もいる。たとえば行動主義の影響を受けた多くの研究者は、発生のメカニズムに比べて選択的安定化の過程の役割を重視している。

■混沌状態《タブラ・カオチカ》

　スキナーは選択による学習説を作り上げた。彼の説では、多様性の発生装置は種に特有のものではない。生物は初期的には等価値《エキポテンシャル》であり、アトランダムに行動する、そして、強化された行動だけが保存されると考えた。こうしてスキナーは、経験主義者の用いた白紙状態《タブラ・ラサ》の考え方を、混沌状態《タブラ・カオチカ》とでも言うべきものに置き換えた。さらに、行動主義の原則通り、選択は表象にではなく行動に基づいて行われると考えた。こうした観点をとると、結局のところ、学習は盲目的な手探り行為に還元されてしまう。生物はでたらめにやってみて、自分の犯したエラーからいわば教訓を引き出すことになる。積極的な強化がある行動を定着させて、ほかの行動を排除するというのだ。しかし、この理論はいくつかの障害に突き当たる。

　スキナーの観点を取ると、学習は種の進化に似たものになる。まずはじめ世界は物質的なカオス状態だったが、少しずつ最初の細胞が形成されて、続いてその細胞がほかの細胞と組み合わされて多細胞の生物を作る……。同様に、赤ん坊の精神はまず混沌状態にあり、続いて基礎になる感覚から出発して複雑で抽象的な表象を少しずつ作り上げる、ということになる。

進化が人間の心理的発達を説明するモデルだとすれば、学習は時間とともに加速化されることになるはずである。確かに最初の段階は長く険しいだろうが、やがてもっと容易に急速に進展していくだろう。最初の細胞が出現するのに何億年もかかったが、最初の脊椎動物の形成はその一〇分の一の時間で済んだ。無から手探りで、ある構造を作り出すのは非常に骨が折れる。反対に、豊かな構造を持っていればいるほど、その構造を変化させて新しい生物を得ることはずっと容易になる。このモデルに従うなら、九十歳の老人は数時間でジャワ語が身につけられるだろうし、五十歳の女性なら数分間でオペラが歌えるようになれるに違いない。しかしわれわれがよく心得ているように、知的柔軟性は年齢とともに増大しない。反対に、学習能力は年齢とともに目に見えて低下する。したがって人間は適応や改善の無限の能力を持っているとは言えないのだ。悲しいことに、この世では年長の者よりも若い者のほうがより早く学習し、忘れることが少ないというのが実態のようだ。新しいことを学ぶには、それにふさわしい一定の時期が存在し、学習したことに従って行動するには、それにふさわしい別の時期が存在するようだ。

さらに、普通の人間の持つ能力をすべて身につけるまでに子どもが学習しなくてはならない事柄は途方もないものである。たとえば、世界はモノでできている、自分をとりまく空間は三次元でできている、すべてのモノには空間的・時間的な安定性がある、モノは数えることができる、同一の原因からは同一の結果が生まれる、種に分類できる生物が存在する、そして自分自身も「人間」という種のメンバーに特有の行動様式をしなければならない……というようなことを子どもは学習しなくてはならない。こうしたたくさんのことをごく短期間で学習しなくてはならないので、人間がどのようにして成人に備わった膨大な知識を獲得するようになるのか不思議になることがある。さらに、すでに見たように、話したり、空間を知覚したりする能力には、適切な行動を単に選択する以上のものが含まれている。選択されるのはむしろ内的状態のほうなのだ。

今日多くの研究者が以上の点を認めているとしても、彼らは依然スキナーのように、かなり一般的であまり種に特有ではない多様性の発生装置を自明なものと考えている。しかし、人間の赤ん坊の知識の獲得が盲目的な試行錯誤によって達成されるということはほとんどあり得ない。もしそうだとしたら、話すことを学ぶのはまったく不可能だろう。茶色の物質の一片が自分に示される度に「チョコレート」という音が発せられるのを聞いて、赤ん坊がその音はこの物質を指すという仮説を立てると想定してみよう。では、どのようにして、この発見をココア（＝液体チョコレート）や粉末チョコレートやホワイト・チョコレートに敷衍できるのだろうか。また、どうして「チョコレート」が、たとえば、「その物質＋それを自分に差し出している手」や、「その物質＋それを包んでいるアルミの包装紙」を指しているという仮説を立てないで、「茶色の物質」を指すという仮説だけを立てるのだろうか。あらかじめ備わった特定の知識、特定の構造によって赤ん坊がすでに拘束されていないとしたら、いかなる学習も不可能だろう。

したがって、ある能力が種に特有だということに言及しないで、そうした能力の安定化を研究するのでは筋が通らない。ある特定の能力はある種には見られるが、別の種には見あたらない。言語は人間、音波探知《ソナー》能力はコウモリやイルカ、偏光の検出能力はミツバチ、磁場の検出能力は鳥、捕捉器官としての鼻はゾウ、といったように。人間の子どもは、チンパンジーと対照的に、言語が獲得できるようになる前表象を作り出す。一方チンパンジーには固有の三次元的表象があり、判断ミスなしに枝から枝へ跳び移ることができる。さもなければ種の存続にとって破滅的な結果をもたらすことだろう。こういう重大事では、一流大学の学生《ノルマリアン》よりもチンパンジーのほうがましなのだ。

以上のように、選択による学習説をラジカルに押し進めた場合、どんな環境に置かれていても、ある一つの種のメンバー全員が種に特徴的な能力を獲得するにいたるのはなぜかという問題が未解決のままになる。したがって、遺伝形質が問題になってくる。

■誰もがモーツァルトのタマゴか

動物行動学によって、生物の獲得内容はきわめて種に特有なものであることが証明されている。多様性の発生装置は等価値に作用しないのだ。それどころか、種に固有のいくつかの「前表象」を作り出すように調整されている。たとえばある鳥には、ヒナのときたくさんの鳴き方を学ぶ可能性が備わっている。そして、特定の環境に応じて、特別な鳴き方の「方言」を身につける。鳥は音響的コントラスト、「シラブル」、そして、いろいろな音の連鎖のそれぞれのレパートリーを最初から持っている。そして、このレパートリーによって環境から聞こえてくる音をコード化することが可能になる。それゆえ、この鳥の獲得内容は鳥がこうして表象できる音、つまり自分の種に特有な音に限られる。自分の回りの鳴き声に接触して、もっとも多く用いられるコントラストと連鎖《シークェンス》を選び、役に立たないものを排除する。臨界期を過ぎると、学習段階で聞いた鳴き声に適合し、種の遺伝的拘束に即した、決まった鳴き声を出し始める。[24] この場合、環境の果たす役割は限られている。環境は、遺伝的枠組みの範囲内の決定されている潜在能力を発動させるか、または選択するか、せいぜいどちらかの役に立つに過ぎない。

行動主義の創始者のアメリカの心理学者ワトソンは次のように述べている。

健康な子どもを一〇人くらい私に任せてくれ。[…] 彼らを育てる環境を私に選ばせてくれ。そうすれば、だれでもよい、適当に一人を選んで、その子の才能や好みや性向や能力や適性がどうであれ、また祖先の人種が何であれ、その子どもを私の選んだ特別な分野の専門家にしたててみせよう。医師、弁護士、芸術家、大商人、いや乞食や泥棒にすることも可能だ。[25]

しかし明らかに、モーツァルトやアインシュタインやシャーロック・ホームズはこんな風にして出現したわけではない。きわめて異なった環境に生きているからといって、子どもは多様な方向に成長したりしない。サハラ砂漠で自然に触れて育つ子どもの感覚的環境と、現代の大都市でストレスにさらされて育つ子どもの生活の枠組みはまったく違っている。しかし、子どもは誰でもかなり似通った基本的な心的能力を発達させる。

言語の獲得は、おそらくそのもっとも顕著な例だろう。根本的に異なった環境にあっても、人間の脳には言語を獲得する生得的資質が備わっていることが今日では確認されている。この説を支持する最良の議論を示したのは、アメリカ人の言語学者ノーム・チョムスキーである。彼は次のように述べている。

生物《オルガニズム》が経験によって翼の代わりに腕を持つようになった、すなわち、ある器官の基本的構造は偶然的経験に由来するというような考えを真面目に受け止める人は誰もいないだろう。確かに身長や成長のスピードなどの較差は部分的に外的な要因によるものだとしても、人体の肉体的構造が遺伝的に決定されていることは議論の余地なく認められている。胎児から成人までの間、発達の筋道はあらかじめ決められていて、思春期の始まりや成長の終わりのようないくつかのステップが一定の歳月を置いて発生する。このような固定した枠内の変化《バリエーション》が人間の生活にきわめて重大なものになることがある。しかし、科学にとって重要な問題は、成長や発達の、遺伝的に決定された一般的図式にかかわるものだ。こうした図式は種の特徴の一つであり、驚くほど複雑な構造を生み出す［…］。真剣に研究してみると、人間の認知システムは、一生の間に発達する肉体的構造に劣らず複雑で驚くべきものだということが明らかになる。それならば、人体の複雑な

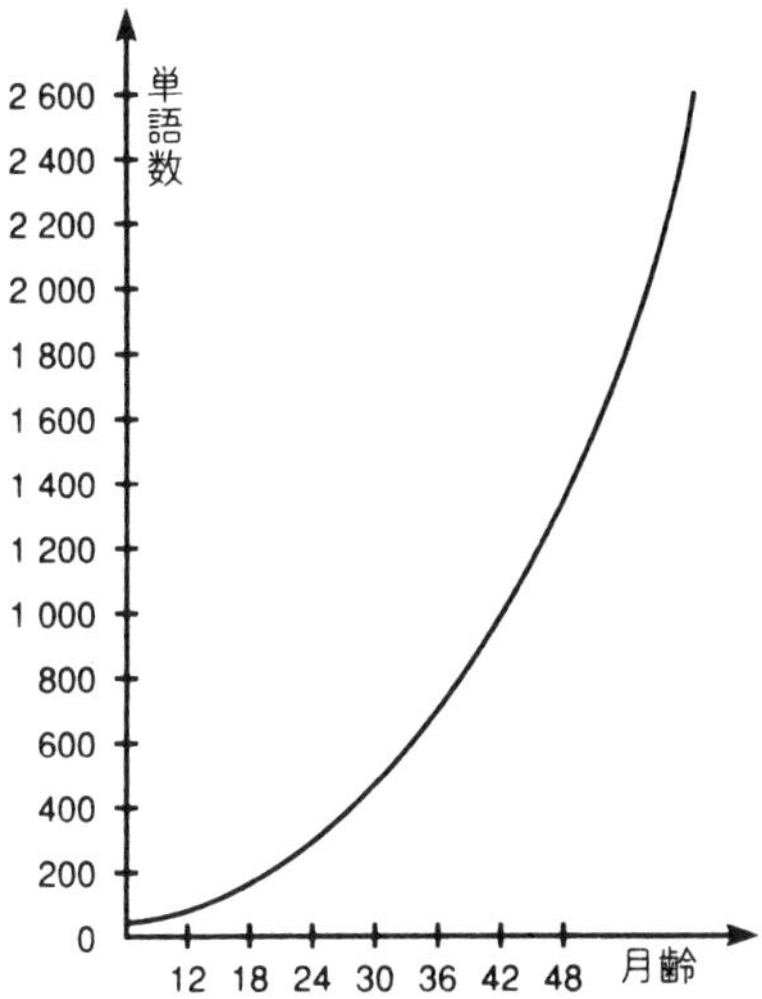

図表1　語彙の爆発。単語数は二歳ごろに急激に増大する。その後六年間は、一時間に一語の割合で単語を獲得する。

器官を研究するのと同じように、言語などの認知構造の獲得についても研究すべきではないだろうか。[26]

赤ん坊が成長し、少しずつ自然言語を獲得していくとき、環境より「生物時計」に依存していると思われるような一連の段階があることに気づく。まずはじめに赤ん坊は喃語を話す。続いて、まだ単語にならないような音を出し始める。すると今度は単語、そして次に文が生まれる。はじめは一、二語の短い文が徐々に長くなっていく。上の図表1が示すように、赤ん坊の発する単語の数は二歳半ごろに指数関数的に増大し始める。つまりこれが語彙の爆発と呼ばれるものだ。

たいていの親は、自分の子どもがことばをすっかり習得してしまう様子にびっくりしてただ見守るだけだ。もちろん熱心な親もいて、子どもがもっと楽に、もっと早く話せるようになるように配慮をすることもある。しかし、この手の努力がうまくいったためしがない。今日では、親が子どもに話しかける総時間の多少にかかわらず、子どもが話すことを身につけるのにほぼ同じ期間がかかることが知られている。たとえばもっと多く語彙を獲得するように促すなど、特定の反応を改善することは確かに可能だが、こうしたトレーニングでは子どもの言語能力はほんのわずかしか改善されないし、子どもは芸をする見せ物のイヌのようなものにされてしまう。

言語の獲得はかなり規則的な時間的段階をたどるが、この段階はほかの行動面の変化に対応している。子どもの成長を概観すると、運動および言語の成熟過程だということがわかる。しかし、言語は単に成熟だけでは発達しない。子どもが周囲の人が使用する言語を話すことを学ぶのに環境がどのように関与するか説明しなければならない。認知科学は、この分野をもっとも意欲をそそる研究テーマの一つとしてきた。研究の進展が可能になったのは、学習において人間の生得的資質の果たす役割の重要性が確認されたからである。また、言語の獲得を可能にする、多様性の発生装置（これは普遍文法とも呼ばれている）を経験科学的に研究することに相当な努力が払われたからだ。

以上で見たように、赤ん坊は歩くべき時がくれば歩き、話すべき時がくれば話す。まるで「生物時計」がそれぞれの能力をいつ発動させるか決定しているかのようだ。もちろん環境は積極的で不可欠な役割を果たしている。環境はすでに存在している個々のメカニズムを調整し、起動させ、選択することができる。しかし、いかなる場合も、環境は人間の遺伝プログラムによって決定された内容を変更することはできない。事実、子どもはなんの苦もなく言語や歩行などの能力を獲得する。しかし、カナリヤのように空を飛んだり、コウモリのように暗闇でも方向がわかるようにはなれない。もちろん、重大な欠陥があるような条件の下では言語障害が発生する。土がなければ木が成長できないのと同様である。しかし、正常な条件の下では木は成長する。そして、ココナッツではなくバナナを実らせる基になるのは土壌の成分ではない。

■生得的なものと獲得したもの

『言語の生物学的基礎』[27]のなかで、アメリカの心理言語学者のレネバーグは自然主義的言語観を擁護した。彼は、言語が生物学的基礎に基づくことを理解し、言語は遺伝コードのなかで完全に特徴づけられているわけではないが、学習されるものではないという主張を行った、一九六〇年代ではまれな研究者の一人だった。いろいろな能力の獲得において遺伝形質と環境の果たす役割を評価するために、レネバーグはいくつかの基準を提案した。その一つとして、種のすべてのメンバーが当該の能力を持っているかどうかということがまず目安になる。たとえばモールス信号を知っている人は少ない。モールス信号を使えることが生得的で万人共通の能力だと主張するのは馬鹿げたことだ。反対に、すべての人がある言語を話すという事実から、言語能力はおそらく人間の遺伝形質の結果だと考えられる。

もう一つの基準は、当該の能力の座となる器官が存在するかどうかということであり、この基準は当該の能力が遺伝的に決定されていることを示唆している。たとえば、直立姿勢のような能力は、この仕事を担当する専門的な神経構造を基礎にしている。どんなにがんばって努力しても小脳や内耳の前庭は発達させることは不可能だ。

三つめの基準は、ある能力の歴史である。文字には歴史がある。まずはじめは象形文字、次にシラブルと綴り字を用いた表記法のシステムを作り上げるには数千年かかった。この進化はおそらくまだ終わっていない。しかし話しことばには、こうしたたぐいの進化の痕跡がない。もちろん言語は変化する。そして消滅する言語もある。しかし、「原始的」言語から「進化した」言語への変化の跡は見いだせない。

言うまでもなく、心身のすべての能力の獲得が遺伝子型で完全に決定されているわけではない。種に特有な能力に加えて、人間は楽器をマスターしたり、自転車に乗ったり、ハンググライダーを操縦するような特別な能力を発達させることができる。われわれは、字を書いたり、数学を勉強したり、橋を作ることを学習できる。しかし、この「知識」と「ノウハウ」は、人間という種の遺伝形質で決定された枠のなかに収まった、万人共通の能力の存在に基づいている。どんな人間も獲得できないような「ノウハウ」が存在するのである。逆説的になるが、われわれが知っていることの多くが学習に基づいているということが、すべてのことが学習によるのではない、ということを証明している。やはり、どのように学ぶのかを知らなくてはならないのだ。

写真4　「視覚的断崖」――Walk 及び Gibson の実験では、赤ん坊は格子縞模様の落差があるところで止まる（Gleitman, 1981）。

■進化の梯子と生得的なもの

進化の梯子《はしご》を登れば登るほど、生得的なものがどんどん消滅して獲得したものが増大する、というかなり流布した先入観がある。脊椎動物には適応能力があり、また哺乳動物には基本的行動の学習が可能なのに、海綿やスズメバチやヒキガエルのような原始生物では行動が完全に決定されていると信じられている。この考え方では、人間は進化の梯子の頂上にいるのでどんな状況にも適応でき、もはやどんな遺伝的拘束にも決定されない。実は、この見解は自然科学よりむしろイデオロギーに立脚している。

反対に、生物は進化すればするほど、専門化した生得的資質を持つようになると言える。二十世紀後半にいたってようやく、特に新生児の実験的研究のおかげで、この問題に対してしかるべき真剣さと厳密さを伴ったアプローチが行われるようになった。人間に固有な生得的資質は、われわれがいままで考えていた以上にはるかに重要だということが、新生児の研究で明らかになった。

この分野の最初の重要な研究の一つは一九六〇年代にさかのぼる。[28] その研究で、赤ん坊には生後数ヵ月のころから十分な精度を持った空間知覚作用が備わっていて、深さを表象して高いところから転がり落ちないようにしていることが明らかになった。この研究では、平らな面を格子縞模様で被い、その上に透明の安全ガラス板を敷き、そこに赤ん坊を置いた。ガラス板に接した面がある箇所で急に断崖のように一メートル低くなっている。観察していると、赤ん坊は**写真4**でわかるように、平らな部分では安心して移動したが、「視覚的断崖」との境目で移動をやめるのが確認できた。

この研究によって、研究者の見方が大きく変化し始めた。この研究のおかげで、赤ん坊の研究に再び関心が集まり活発になった。もはや赤ん坊を、環境が思いのまま書き込みを行う白紙にすぎないと見なせなくなった。赤ん坊とはすべてを発見しなければならない無一物の存在というわけではないのだ。

スキナー流の選択による学習説は次の二つの理由で破綻したことになる。まず第一に、選択による学習説は、選択可能な要素を行動だけに限定している。第二に、変異の発生装置を種に特有のものではなく、等価値なものとしている。これに反して、最近の選択による学習説では、いま述べた第一の前提はきっぱりしりぞけられている。たとえばシャンジューやドエーヌは「心的ダーウィニズム」を唱えている。心的ダーウィニズムとは、脳細胞の活性状態と考えられる心的表象が基本的要素であり、この基本的要素の力学が、次の（a）と（b）の二つのメカニズムで説明されるとする理論的枠組みである。

（a）推移的で、動的で、首尾一貫しているが、一時的な活性状態（前表象と呼ばれ、ダーウィン説の変種に相当するもの）を自発的《スポンタネ》に生産するメカニズム

（b）これらの前表象のうちのあるものを、外側の刺激あるいは内側の刺激に由来する同様の知覚を組み合わせることによって選択し安定させるメカニズム(29)

この観点に従うと、学習は、ハトが箱のなかで行う行き当たりばったりの模索ではなく、仮説を立てテストする作業に近いことになる。この点が、スキナー説と比べて大きな利点である。ただし、この理論的枠組みを用いて人間がさまざまな能力を獲得する様子を記述するには、等価値の多様性発生装置で十分というわけにいかない。さらに、この装置を無限定のままにしておくわけにいかない。反対に、心的能力のそれぞれに固有な特徴を特定することがきわめて重要になる。心的能力の特徴を特定するには、健康な成人について、また、まだ環境とほとんど接触していない赤ん坊について、こうした能力がどう機能するのか実験的に研究する必要がある。成人と赤ん坊という、かけ離れた二つのケースのそれぞれで得られる記述を比較することによって、「前表象の発生装置」の

十分な理解、すなわち、一つ一つの能力に固有な、確固とした基礎の理解に到達できる。その後でようやく、発達過程において獲得が少しずつ進展していく様子を検討し、選択のメカニズムを援用して獲得を説明することが可能になるだろう。

学習という概念が魅力的に思われたのは、獲得メカニズムが、成人で観察できる心的能力よりも単純である、基本的であると思われたことと関連がある。しかし、これはまったくの見当はずれだ。言語、推論、顔の知覚、音楽の知覚などに対して同じように機能する、単純で同一の学習メカニズムが存在するという考え方は、厳しく批判されている。さらに、心的能力の漸進的安定化の研究こそ、心的機能を研究する唯一の手段だという考え方もいまでは無条件に受け入れられていない。選択による学習説には行動の生得的基盤を強調するというメリットがある。しかし同時に、本来の研究目標は、発達過程における心的能力の漸進的安定化ではなく、むしろ個々の獲得を可能にしているさまざまな生得的構造の組織化と機能だと述べることにより、この学習説は自らの基盤を掘り崩していることになる。

4　新生児から人間の本性へ

人間の脳は絶えず変化している。誕生以来絶え間なく環境と相互作用している。しかし、こうした変化や外界との情報交換の彼方に、なぜすべての人間が、多種多様な生活環境にかかわらず、似通った能力を発達させるのかを説明する恒常的《アンバリアン》な要素が存在しているに違いない。理念的に述べるなら、能力獲得を方向づけ、獲得内容を成人の特徴である安定状態に導く心理的特徴全体を初期状態と呼ぶことができる。以下の章の中心になるのは、この初期状態の研究である。だが、初期状態を経験科学的に研究するにはどうすればよいのだろうか。それは新生児の観察によってである。新生児は当然のことながら外界と最小限の接触しか行っていないので、誕生後に観察されるすべての行動は生得的なものと見なして差し支えないからだ。

だが一つ用心しなくてはならないことがある。ある行動が初期状態で観察されないからといって、必然的にその行動が学習されるものだと結論づけてはいけない。二〜四ヵ月目に、あるいは一八ヵ月目ごろ、または七歳ごろになって、ようやく機能的成熟を終えて完全に作動しはじめる構造もある。新生児の観察によって、人類の初期状態を過小評価する結果になりかねない。それでも新生児の観察に基づく方法は、人間のさまざまな能力の起源の解明に役立ち得るのだ。

先祖返りの反射か、それとも前ぶれ的な行動か

新生児はまったく無構造な存在ではない(30)。それどころか、新生児はいろいろ複雑な行動をとり得ることが、小児科医の観察で明らかになっている。足が地面に触れるように新生児を支えてやると、歩行によく似た行動が始まる。口の片側を刺激するとそちらに顔を向ける。頭をゆすると、手を開いて指を伸ばして前腕を広げる。仰向けに寝かせて頭を左に向けると、右足を腕のほうに曲げながら、右手で頭に触わるようにする。同様に新生児は、ヒモにぶら下がったままでいることができる。水中で呼吸を止めていることもできる。

一般的にこうした行動の重要性は過小評価されてきた。これらは「原始的な」、「先祖返りの」、「太《アル》古《カイック》的な」反射であり、ほかの種の動物の反射を再現したものと考えられていた。掌や足の裏でものをつかむ反射は、新生児とナマケモノなどの動物が似た姿勢をとることの例としてよく用いられる。

しかし、こうした類似《アナロジー》が真剣に研究されたことは一度もなかった。ただ単に「太古的反射」という用語が持ち出されただけだ。しかし、用語はそれだけでは何の説明にもならない。それが不適

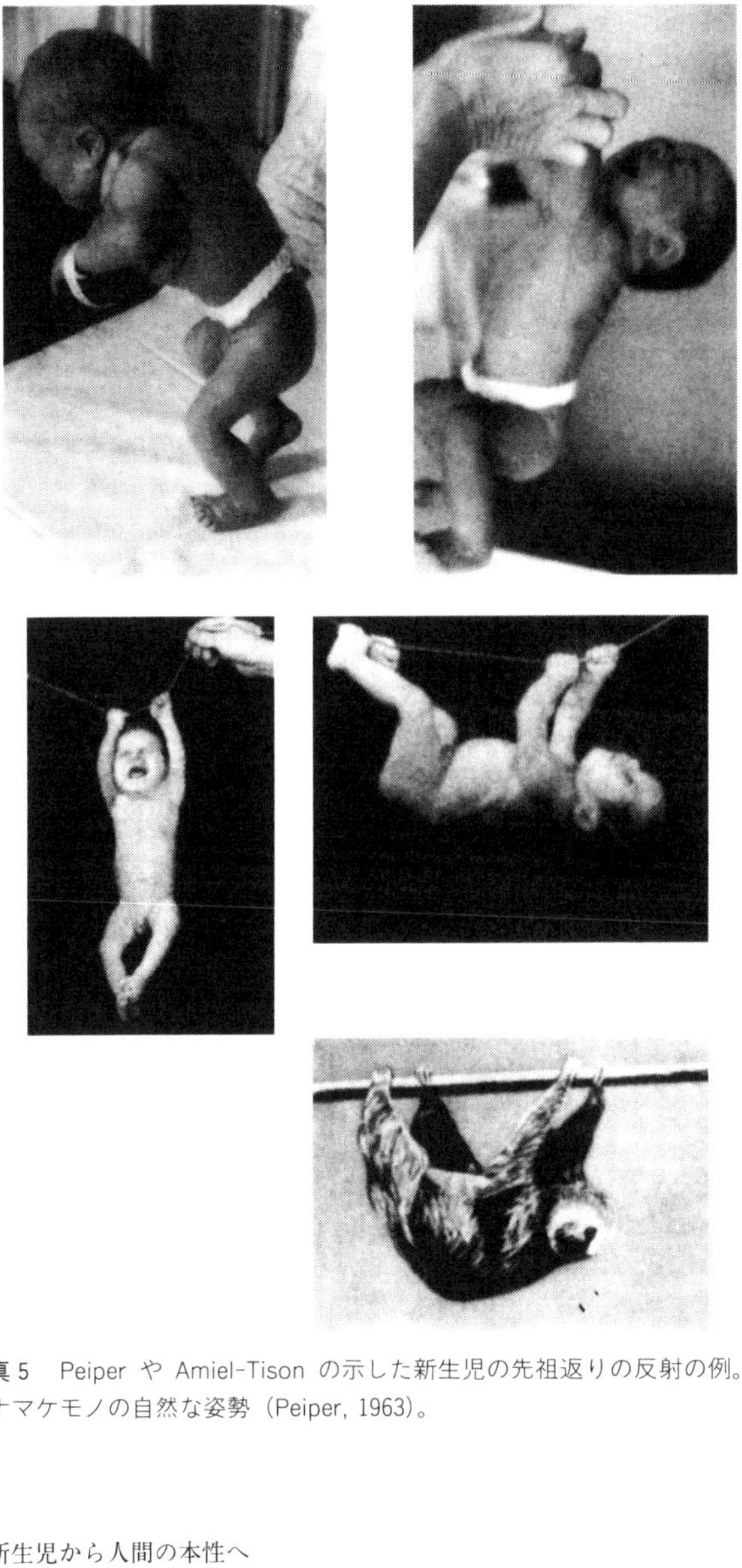

写真5　Peiper や Amiel-Tison の示した新生児の先祖返りの反射の例。下はナマケモノの自然な姿勢（Peiper, 1963）。

切な場合はなおさらのことだ。反射と見なされているこうした行動と成人の行動の類似性は、実際どうしたら説明できるだろうか（写真5参照）。

こうした反射を説明せず「太古的」と言って片づけてしまうのではなく、むしろ人間という種に特有な資質の初期状態を示すもの、そして、成人の能力の前ぶれとして研究すべきではないだろうか。同様に、人間に生歯が二度あることを説明するのに二つのアプローチが可能である。一つは、二度の生歯が非常に異なったメカニズムに基づくという主張である。たとえば、乳歯は太古的で、永久歯より下等動物の歯に近いという主張である。第二のアプローチは、乳歯と永久歯は同じことが二度継起するのだとする主張である。実際、この提案のほうが広い観点に立った説明につながる。乳歯は小さいので子どもの頭部の大きさに適しているが、成人の顎には適さない。歯は硬いので、頭部の大きさが定まったとき乳歯を別の大きな歯と取り替えるというのはうまい解決策と言える。早期行動もこれと似たメカニズムで説明できるのではないだろうか。

早期行動の歩行「反射」は生後八週目ごろにほとんど跡形もなく消える。この反射は太古的なものなのだろうか、それとも「本当」の歩行の前ぶれに相当するのだろうか。新生児を毎日訓練すると、歩行反射の活性期間を引き延ばすことができる。[31] 訓練を受けた新生児はほかの新生児より早く立ち上がるようになり、早く歩き出す。しかし、早すぎる歩行は骨と関節にしばしば障害を起こす。歩行したがって、早期行動と、それの成人になったときの形態は密接に関連し合っているようだ。歩行反射が生後約一年間抑制されているのは、新生児の骨がまだ十分硬くなっていないからだ。つまり、体全体が歩行に適さないうちは、安全装置が新生児に歩行を禁じているのである。太古的反射というよりは前ぶれ的な行動と言うべきである。心的能力についても、おそらく同じはずである。

現代の認知科学は、新生児の基本的行動の体系的検討に乗り出さなくてはならない。新生児の行動の検討を通して、認知科学は人間一般に固有の恒常的な資質を明らかにして、人間性の科学の域まで高まることができる。そのためには、認知科学は厳密な実験的基盤に立脚しなくてはならない。

新生児の観察

すべての親がするように、普通の状況で赤ん坊を直接観察するのも一つの方法である。しかし、この単純なやり方はきわめて不十分である。多くはいい加減な直観に基づいている。われわれの認知装置は測定が苦手である。認知装置の評価があてになるなら、普遍的な心理学理論がずっと昔から確立していたことだろう。われわれの精神は早合点し、先入見に抵触する現実の局面を無視し、バラバラな事象の重要さを誇張する。場当たり的観察につきもののこうした限界は、普通の状況で観察を行う者が中立にほど遠い存在である、彼自身が観察に値する存在であるという事実によってさらに深刻なものになる。

しかし、通説にもそれなりの真理が含まれているかもしれない。男の子のほうが女の子より活発ではないだろうか。二番目の子どもは、最初の子どもより利発なのに、話せるようになるのは遅めではないだろうか。子どもは皆、ごく幼いときから音楽が大好きではないだろうか。実際には、こうした観察には吟味の余地がある。自分の子どもを環境の影響にさらされた野菜のようなものにすぎないと考える母親もいれば、子どもには生まれたときから固有の人格があると考える母親もいる。どちらが正しいのだろうか。それを決めるには、一卵性双生児を同一の環境に置いて、両方の赤ん坊に対する親の態度を変化させたり、親どうしの関係を変化させるなどしなくてはならないだろう。こうした実験はできない。赤ん坊に影響を及ぼす自然な環境の要素をすべて評価して、チェックすることはできない。要するに、普通の生活環境での観察は決め手にならない。

心理学者は場当たり的な観察の限界を乗り越えるために、頑なに謙虚な道を選んだ。野心的で検証不可能な問題を諦めて、より単純に見え、したがってもっと制御しやすい問題を採ったのである。そして、自分の解釈を歪めるおそれのあるすべての変数やすべての望ましくない効果を正確に制御することが可能になるような実験手順を案出する。そのためには、単純化した変化しない実験環境に赤ん坊を置くと同時に、赤ん坊とのやりとりをできるだけ少なくして規格化することが望ましい。たとえば、無意識的であっても、新生児の行動に影響を及ぼすことがないように、実験者は、赤ん坊がどんな行動をするのか前もって知っていてはいけない。さらに心理学者は作業測定を自動装置に委ねて、できるだけ多く実験を繰り返すようにする。

しかし、赤ん坊が何を見たり聞いたりするのか、また、物理的事象やモノや生物や人間や顔や言語をどう知覚するのか、赤ん坊自身にたずねる場合、どういう形でその質問をしたらいいのだろうか。これは動物や宇宙人と話すのと同じくらい困難なことに思えるかもしれない。しかし幸いなことに、ことばによらない《ノン・バーバル》万人共通の言語が存在する。行動の言語である。実験装置を使って把握することができる行動という言語である。

赤ん坊は環境の変化に対して無反応で無感覚なままではない。眠ることもあるし、目覚めていることもある。睡眠と覚醒の二つの相の交代は、昼と夜の交代や食事時間に依存している。目覚めているとき、赤ん坊の状態が急に変化することもある。たとえばやさしく話しかけると、目を開き、じっと見つめ、恐らくニコニコする。また、手荒なふるまいで恐がらせると泣き出す。

呼吸や鼓動やそのほかの生理的徴候が、新生児の覚醒状態をかなり忠実に反映していることは以前から知られている。ところで、この覚醒状態を測定するもっともふさわしい手段の一つに、吸引反射《サッキング》がある。乳の吸引率、つまり単位時間の「吸乳」回数は、吸引度合いと同じく、覚醒状態を反映するほかの生理的徴候と密接な関連性がある。新生児は乳を吸えば吸うほど覚醒していて、自分の周囲に注意を向けていることになる。いわゆる非栄養吸引の実験では、単位時間の吸引度合いと吸引回数を測定する圧力センサーの付いたおしゃぶりを口にくわえさせる。この測定方法で、新生児が、ある刺激にどれくらい興味を持っているのか評価できる（写真6参照）。たとえば、新生児が目新しいものに自然に興味を示す傾向を利用する。しかし、誰でもそうだが、新生児も同じ刺激が繰り返されると飽きてしまう。これがいわゆる馴化である。『エリーゼのために』は最初は新鮮で甘美だが、五〇回も聞かされると退屈になる。同様に新生児も、母親が「いないいない、ば

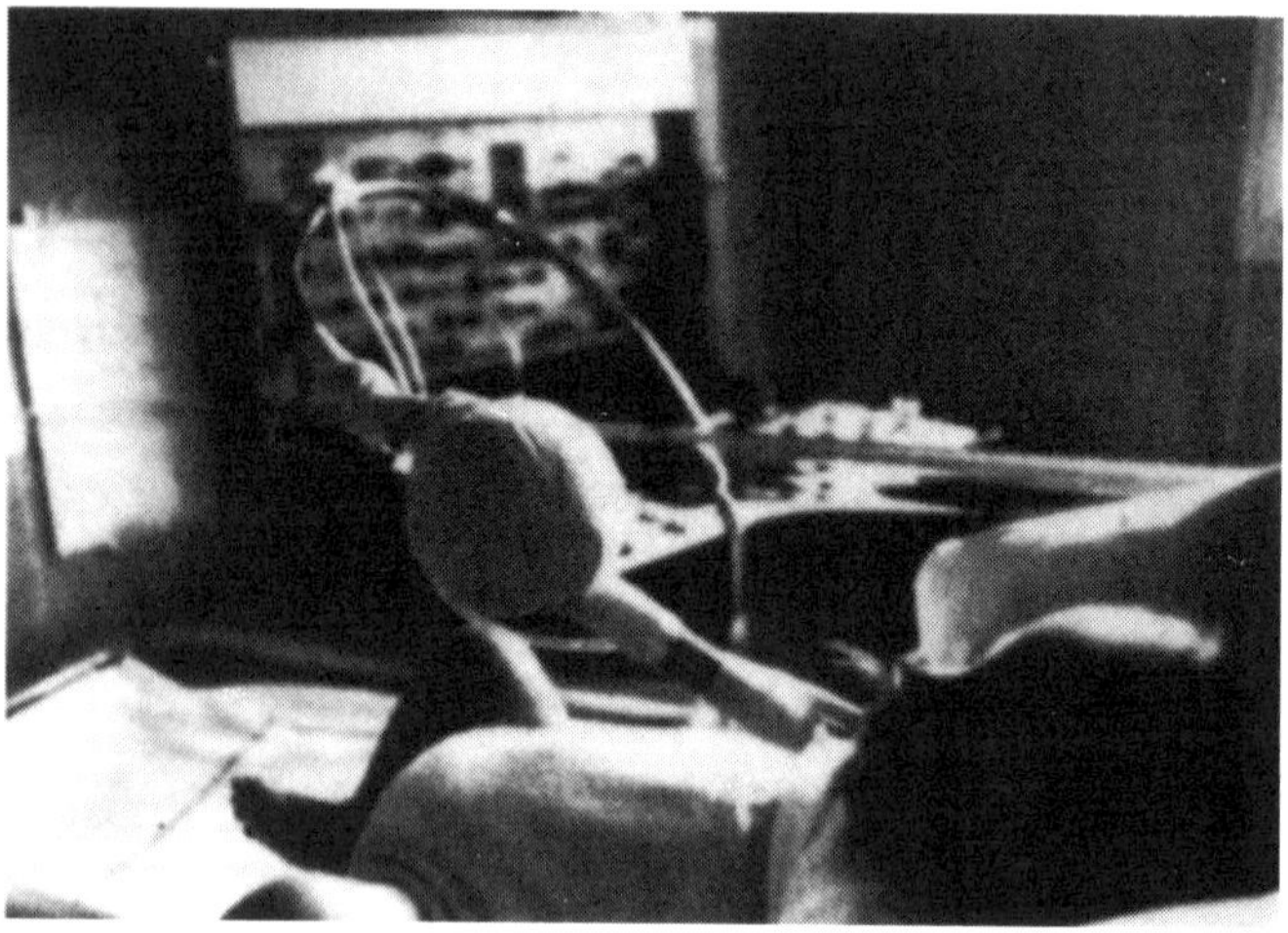

写真6　新生児の非栄養吸引率の測定。

あ」と何度も言うのを聞くと、しまいにはこの刺激に興味を失ってしまう。この馴化の現象を利用して、新生児の能力について新生児自身にきわめて正確な質問を行うことができるのである(32)。

具体例を挙げよう。非常に似通った二つの刺激(たとえば二つの赤い色調)を新生児が識別できるかどうか知りたいとしよう。まず一定の時間(馴化《アビテュアスィオン》期と呼ばれる)、二つの刺激のうちの一つを提示する。新生児は少しずつ慣れていき、賦活《アクティヴァスィオン》水準が徐々に低下する。すなわち、刺激に対する興味を失っていく。新生児の覚醒水準があらかじめ設定した閾値(馴化基準と呼ばれる)を下回ったら刺激を取り替えて、テスト期と呼ばれる一定の時間、たとえば色調が微妙に異なる赤色を提示する。もし新生児がこの変化によって皆覚醒し、それまでより強く吸引し始めた場合は、新生児は二つの刺激の差を知覚した、新生児

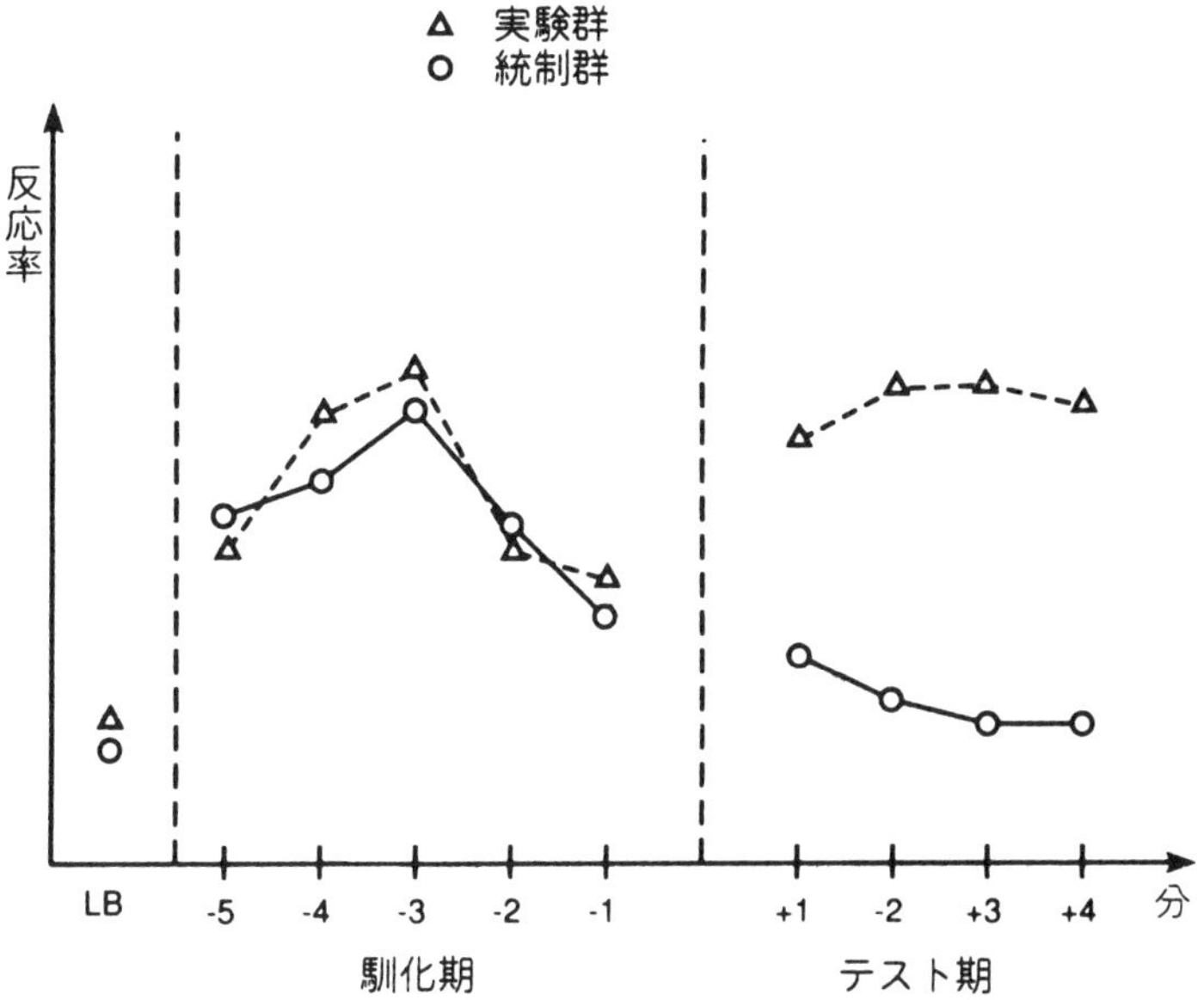

図表 2　新生児における馴化の実験の図式的再構成。新生児は無作為に統制群か実験群のどちらかに分けられる。基本ライン（ＬＢ）の時期，自然な反応の度合いを測定する。馴化期で，これらの反応は聴覚的あるいは視覚的強化を結果する。新生児が馴化基準に達するとき，つまり反応率が低下したとき馴化期は終了する。テストでは実験群だけが前と違う強化を受ける。その後で，テスト期の間の統制群と実験群の反応の推移を比べる。もし差が見られたら，実験群が刺激の変化を発見したことになる。

にとって二番目の刺激は「新しい」刺激であるという結論を下せる。これがいわゆる脱馴化《デザビテュアスイオン》である。反対に、新生児が変化を知覚しなければ、覚醒水準は下がり続ける。新生児の反応のしかたを量的に測定するために、普通、**図表2**に見られるように、馴化期の最後の二分間とテスト期の最初の二分間の差を測定する。

活動が再び盛んになるのが確認されても、それが刺激の変化によるのであって、ほかの要因によるものではないことを確認しなくてはならない。たとえば新生児がうとうとした後で目を覚まし、刺激が変化しなかったのに自然に吸引率が上昇することがある。そこで、いわゆる実験群（このグループに対しては馴化の後で刺激が変化する）といわゆる統制群（このグループは馴化基準に達した後も初期段階の刺激を受け続ける）に対して実験を行う。次に、刺激を変えた直後に両方のグループの賦活水準を比較する。もし実験群のほうが統制群よりもはるかに賦活水準の高いことが明らかになれば、変化は間違いなく識別されたことになる。それが両グループの間の唯一の差異だからである。

オペラント条件づけの原理を用いれば、さらに先に進むことができる。ある行動（吸引か注視）とある刺激の提示の間に人為的《アルビトレール》対応のあることを新生児に教えこむことができる。たとえば、新生児の目の前のスクリーンに、ある視覚的刺激を映し出す。じっと見つめないと刺激は消える。じっと見つめれば、その間はずっと刺激は消えない。目をそらすと刺激は少しの間消え、やがてまた新たなシークェンスが始まる。このようにして、新生児は自分の視線で提示時間の長さを制御できるようになる。このアイディアはそのまま非栄養吸引にも応用できる。すなわち、新生児が十分な強さの吸引をしたときだけ、刺激の提示を引き起こすようにする。

いったん以上の対応を学習すると、新生児が慣れるのがわかる。しばらくすると刺激提示の引金になる行動をだんだんしなくなる。馴化基準に達したら実験群では刺激を取り替え、統制群のほうはそのままにしておく。この場合も実験群で刺激の提示を触発する行動が回復するなら、新生児が刺激の変化を弁別したという結論を下すことができる。

同様に、注視法で新生児の選好《プレフェランス》を測定することができる。ここまでの実験では、強化が見られる度にただ一つの刺激を提示して新生児の反応をテストした。しかし別の方法を採用して、二つの刺激を同時に提示して、どちらに注意を向けるかの選択は新生児にゆだねるのである。

新生児に絵を二つ並べて見せて、それぞれを何度見つめるか測定する。(33) 実験者は新生児に姿を見せずに、それぞれの刺激を注視する時間を記録する。普通はどんな刺激が提示されているのか実験者にわからないようにしておく。たとえば、映写用のスクリーンの中央に穴を開けておいて、実験者はその穴越しに新生児を観察する。こうすると、新生児には刺激しか見えないし、実験者には新生児と新生児の視線の向く方向しか見えない。どちら側から刺激を示しても、新生児が片方の刺激を最初に、しかもより長く見る傾向を示すことがある。このとき選好があった、ということになる。言うまでもなく、絵は新生児がスクリーンの中央を見つめている時に提示される。

この方法の有効性は十分に立証されており、新生児の視覚世界を研究する際の主要な方法の一つ

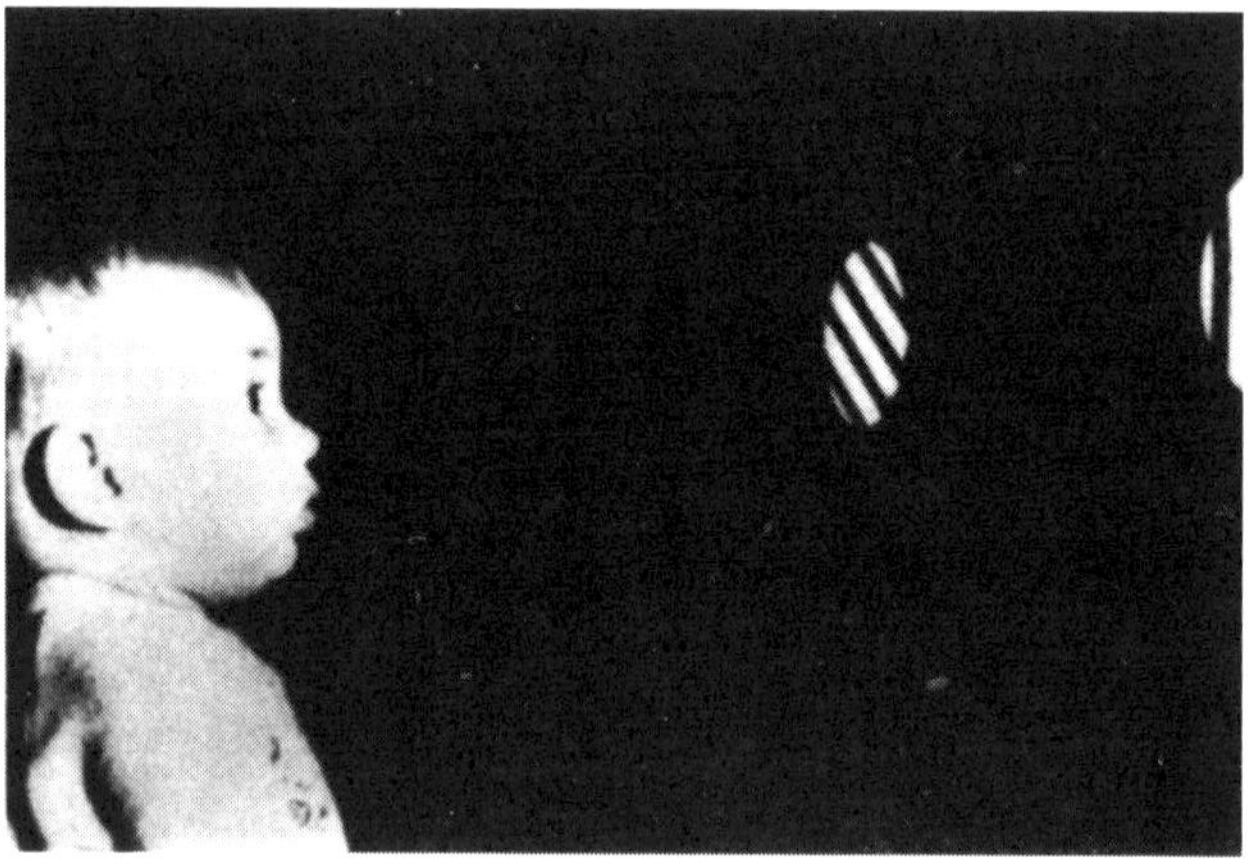

写真7　視覚的選好の実験（Held の実験室）。新生児は同時に二つのイメージを見る。実験者は赤ん坊が好んで見つめるイメージを測定する。

になっている。ところで、この方法は聴覚面の選好の測定にも応用できる。点滅する赤い豆電球を二つ新生児に見せる。片方を見るとある音が聞こえ、もう一方を見ると別の音が聞こえる。しばらくすると対応関係を学習して、固有の注視のしかたで片方の刺激を提示させて、自分の選好を示すようになる（**写真7参照**）。

以上説明した実験方法はまさに、心理学者が新生児とやり取りしつつ、新生児の生きる環境についてあらゆる種類の質問をすることを可能ならしめるノンバーバル言語である。この実験方法は、成人に対して普通用いられる心身的方法とほぼ同程度に正確で厳密なので、この方法によって、新生児が識別し評価できる最小の物理的差異のカタログを作成することが可能になった。以上の実験技術を武器として、以下の章で初期状態という、われわれの問題に真っ向から取り組むことにしたい。

II　見ることと聞くこと

新生児を扱った研究が比較的少ないことや、その研究の歴史が浅いことに読者は驚かれるかもしれない。親が生まれたての自分の赤ん坊に掛かりきりになるのは普通のことだが、科学者が生まれたての赤ん坊に関心を持つようになったのは、実はつい最近のことである。その証拠に、新生児に関して矛盾する迷信や神話がむかしから広まっている。西欧の文化と異なる文化では、赤ん坊は前世を生きた経験がすでにあるので、成人の使用する能力をすべて備えた魂を持つ存在だと考えられていた。一方、西欧では、何世代もの間、親たちは、赤ん坊は耳が聞こえず目の見えない状態で生まれ、数週間、いや数ヵ月間そのままでいると信じていた。新生児には植木鉢程度の能力しかなく、見ることや聞くこと、記憶することやカテゴリーに分類することは学習しなくてはならないという考え方は、西欧的思考様式のなかで大きな影響力を持ってきた。この考え方は、イギリス経験主義の伝統に直接由来している。そして心理学から、社会学、歴史学、そして心理学まで、人間諸科学全体に浸透している。そこで、基本的なところから検討を始めなくてはならない。新生児の能力の研究は、まず第一に、新生児は見たり聞いたりできるのか、新生児は動き変わるカオス状態の刺激を知覚しているのか、それとも、一貫性を持ち構造化された形で満たされた、そしてすでに正常な成人の知覚世界に似た安定的な世界を知覚しているのか、という問題に答えなければならない。

1　新生児は目が見えないのだろうか

一九七〇年代の終わりに、ヘルドのグループが、赤ん坊の生後一年間の視覚能力を研究した。彼らの用いた手法は簡単でよく考えられている。それぞれ中程度の同一の照度の二枚の円盤を新生児に並べて提示するのである。一方の円盤は白く、垂直か水平か斜めの黒い縞が入っていて、もう一つの円盤は灰色である。二枚の円盤は、十分に近くで見れば、また縞に十分な幅があれば、容易に見分けられる。しかし縞が非常に細くなると、どちらも同じに見える。二枚の円盤が見分けられなくなる縞の幅で、視力の閾値が決まる。赤ん坊は縞の入った円盤の方を好んで見る。この選好がはっきりしている間は、赤ん坊が円盤の違いを知覚している、したがって視力の閾値にまだ達していないと結論できる。反対に、赤ん坊が特に選好を示さない場合は、違いがまったく知覚されなかったことになる。[1] ヘルドらはこの方法によって、赤ん坊の視力が生後一年間で徐々に良くなり、満一歳になるころにはほぼ上限に達することを証明した。

以上の結果は何度も確認されている。たとえば、生後一ヵ月、三ヵ月、五ヵ月の赤ん坊の視力の研究が行われた。「馴化・脱馴化」の方法で、縞の入った円盤の代わりに格子縞模様を用いると、ヘルドの研究とほぼ同一の数値が得られた[2]。この方法は、妊娠三四週〜三七週で生まれた未熟児にも用いられた[3]。この場合も、検査結果はヘルドの研究を拡大適用して推測した数字に一致した。

視力の研究から、赤ん坊は生まれたての状態ではメカニズム面での理由からして目が見えないという結論が導き出せる。生まれたての赤ん坊は強度の近視であり、かつ幾分乱視ぎみで、約二〇センチ以上離れたものはぼんやりしか見えない。これは特に、モノをもっともよく見ることができる網膜の中心窩が四ヵ月ごろにならないと成熟しきらないという事実による。赤ん坊が成人に匹敵する明瞭さでモノが見えるようになるのには、生後一年間待たなくてはならない。だからといって、赤ん坊はものを見ることを学習しなくてはならないという結論にはならない。というのも、次の例でわかるように、十分な近接距離で提示された形状に対して、赤ん坊の視覚は成人の視覚に似た特性を持っているからだ。

成人の視力は特定の方向に対してあまり良くない。斜めの縞は、垂直の縞や水平の縞より見分けにくい。いわゆる斜交効果である。長い間、この現象は現代の都市化された環境のせいだと考えられていた。都市化された環境では、垂直や水平の直線がまさしく支配的だからだ[4]。こうした考え方は今日なら失笑を買うかもしれないが、長い間真面目なものとみなされていた。この考えを補強するために、ジャングルで生活する人々は水平方向や垂直方向が特によく見えるわけではないのを確

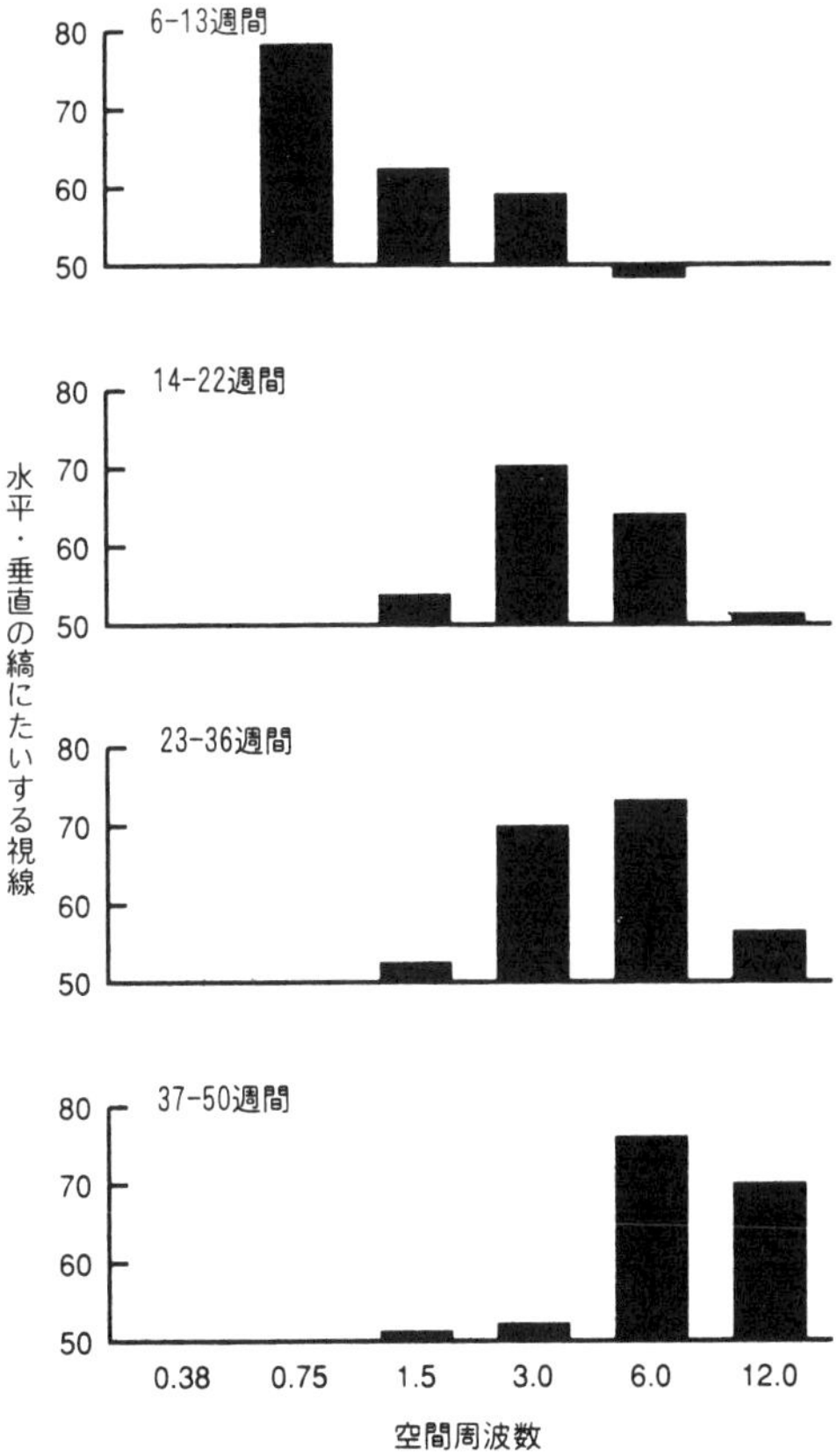

図表３　このグラフは，赤ん坊が斜めの縞より水平または垂直の縞の入った円盤をどんな幅で好んで見るのか，その推移を示している。各週齢で幅の好みが変化しているのがわかる。たとえば６週では，縞の幅が非常に広くなければならない。さもないと赤ん坊には円盤が２枚とも灰色に見えてしまう。その数週間後では，水平ないし垂直の縞への選好は中くらいの幅の縞についてだけ認められる。このことは，赤ん坊には水平や垂直や斜めのすべての方向で縞が見えるが，縞が細くなると２枚の円盤は灰色に見えてしまうという事実による。したがって，赤ん坊の選好と視力の発達は相関関係がある。

認した、と主張する民族学者の観察が援用されたこともある。こうした観察に反論する民族学者もいて、長いこと論争が行われた。心理物理学の実験をジャングルのど真ん中で再現することが困難だったからである。この問題は最近になって、ヘルドらが行った以下のような一連の実験のおかげでようやく解決した。

ヘルドらの研究は生後六週から一歳までの赤ん坊を対象にした。すでに述べた実験のように、赤ん坊に縞の入った二枚の円盤を示した。縞の幅は同じだが、一枚は縞が水平ないしは垂直で、もう一枚は斜めになっていた。もし赤ん坊が斜交効果の影響を受けるとするならば、垂直か水平の縞は識別できるが、斜めの縞が識別できず、全体が灰色に知覚されるような幅が存在するにちがいない。まさにこの幅の場合だけ、垂直か水平の縞を好んで見つめるにちがいない。それ以外の幅の縞では、水平も垂直も斜めもすべて識別可能か、それともすべてが識別不可能かのいずれかに違いない。ヘルドらが観察したのはまさにこうしたことだった。もちろん月齢とともに視力が向上するから、縞の幅の閾値は次第に小さくなる。しかし、どんな月齢でも斜交効果が存在する。つまり、人間の視力は水平または垂直な線に比べて斜めの線に対してはあまり良くない（図表3参照）。

すべての実験結果から、視力も明るさのコントラストの弁別能力も、満一歳までに改善されることが証明されている。[5] しかし、そうなるのは赤ん坊が環境から訓練を受けるためではない。むしろ、視覚器官が成熟するという理由で説明できる。視覚器官の成熟を早めることは可能かもしれないが、環境が成熟の展開を大幅に変更することは不可能である。

2　新生児は耳が聞えないのだろうか

新生児は近視らしいが、聴覚はすぐれている。新生児は、聴覚面の知覚や識別や記憶ではチャンピオンだ。生まれたてのころから、また、ある研究によると妊娠の最後の数週から、聴覚器官は完全に作動しているという。

トマのグループは、まさしくパイオニア的と言えるような一連の研究によって、新生児がかなり複雑な刺激を聞きとって認知できることを証明した。[6] はじめての新生児検診のときから、新生児は音源に顔を向ける。トマはまた、新生児が母親の声に敏感なことを確認した。この現象は四半世紀近くたって再発見され、より厳密な実験的研究が行われた（写真8参照）。

多くの研究から、新生児と成人の絶対的な聴覚閾値はほぼ同一だということが証明されている。新生児は特に高周波の音を良く聞き分ける。[7] 低周波や中位の周波の音については、成人に比べて少し劣る。しかし、成長するにつれて急速に改善される。[8] これらすべての研究から、澄んだ音では強

写真８　André-Thomas は，母親が声をかけたとき新生児が母親の方に体を向ける様子を観察した。

さや周波数のきわめて微妙な変化を識別できるのがわかる。アイゼンバーグが述べているように、

こうした音の強さの効果に関する発見は、われわれが聴覚の発達過程を考えるにあたって、なお一層の意味がある。まず第一に、強さを処理する神経細胞のメカニズムは、おそらく誕生と同時に作動すると考えられる。次に、音量などいわゆる『音の自然な大きさ』(Flangan, 1965)は、あらかじめ調整されたメカニズムに基づいていると考えられる。そして、このメカニズムは、種がどんな来歴を持っているか反映している。(9)

新生児で観察された視覚と聴覚の差は、神経解剖学のデータと一致している。すなわち、生まれたての状態では、視覚の神経管は聴覚の神経管ほど発達していないことが知られている。(10)このため、生後十ヵ月までの赤ん坊では聴覚が優位を占めている。聴覚的事象と視覚的事象の両方に直面したとき、十ヵ月以下の赤ん坊は聴覚的刺激にとくに注意する。十ヵ月を過ぎると、成人のように視覚的刺激が優位になる。(11)もちろん新生児は耳が聞こえ、目も見えるが、だからといって成人と同じように見たり聞いたりするわけではない。新生児は、モノがくるくる変化して見える万華鏡のような世界のなかで、自分の感覚の変化から刺激を受けているだけなのだろうか。それとも、視覚的世界を感覚可能な性質、すなわち形や色や関係として切り取っているのだろうか。要するに、新生児には成人に似た知覚世界があるのだろうか。以下ではこの問題を検討してみよう。

3　カテゴリー

人間の知覚装置は、無限に多様な感覚データを分明に、あるいは不分明に把握することだけに甘んじているのではない。必然的に数の限られたカテゴリーのシステムを使用して、感覚データを組織化している。たとえば波長などの物理的大きさは連続的だが、それについてわれわれの持つ心的表象は不連続である。ある光源の波長をいろいろ変化させると、われわれは色の変化として知覚する。波長は連続的に変化するが、人間の知覚装置は、刺激を別個の色カテゴリーに分類するのである。われわれにはプルシアン・ブルーやスカイ・ブルーやメチレン・ブルーやターコイズ・ブルーに相当する、あらゆる種類の刺激を知覚することができる。しかし、これらすべての色調を「青」という単一のカテゴリーに分類する。たとえ、ある青の波長が、ほかの青の波長よりも緑の波長に近いような場合でも。

人間の知覚に欠かせないこのカテゴリー化の過程は、聴覚や味覚と同様、視覚にも見られる。この基本的知覚カテゴリーは一体何に由来しているのだろうか。カテゴリーとは環境（もっと正確には言語環境）から押しつけられた、恣意的に決められた約束ごとではないのだろうか。

色

■言語相対論

一般に、基本的な知覚カテゴリーは恣意的なものであり、生活環境がわれわれに押しつけたものだと考えられている。この考え方によれば、人間は親や学校の先生から受け継いだ約束ごとの助けを借りて、世界を組織し知覚していることになる。日光が人間の肌の色を変えるのと同じように、社会が世界に関するわれわれの表象を形成し、変化させていることになる。アメリカのすぐれた言語学者・人類学者のウォーフは、以上の観点についてもっとも一貫性のある定式化を行った。ウォーフはこう述べている。

> われわれが現象的世界から取り出すカテゴリーや類型は、われわれの目の前に実在するものであるがゆえに、われわれがそこに発見するといったものではない。そうではなくて世界は万華鏡のような印象の流れとしてわれわれに立ち現れる。われわれはわれわれの精神のなかでこの流れを組織しなくてはならないのである。つまり、われわれの精神のなかに存在している言

語システムで組織しなくてはならないのである。われわれは自然を切り取って概念に組織して、意味を与える。なぜなら、自然はこのように組織されなければならないと規定した協定（われわれの言語共同体で有効であり、われわれの言語でコード化されている協定）にわれわれが同意しているからだ[12]。

たとえば、イヌイットは一年中雪に囲まれて生活しているので、彼らの語彙はわれわれの場合とは異なり、雪のさまざまな性質を示すために二十ほどの表現を持っている。同じように、宇宙飛行士、切手収集家、船乗り、科学者にはそれぞれ専門の語彙がある。われわれの語彙がコミュニケーション上の必要に基づいているのは明らかだ。しかし、ウォーフはこうした事実の確認に留まらなかった。ブッシュマンやイヌイットは別の語彙を持っているだけでなく、世界を違った仕方で知覚している、いわば異なった世界に生きていると考えたのである。ウォーフの考えに従えば、新生児は生まれつき知覚カテゴリーを持っているのではない、ということになる。

色の研究はウォーフの説を評価するのに格好の分野だ。人間の諸言語を見ると、色についてあらゆる種類の語彙があることに気づく。たとえ西ニューギニアのダニ族（Danis）は色スペクトルを二つのカテゴリーに分類する。ミンドロ島のハヌノー族（Hanunoos）は四つに分類する。ほかの文化圏では三つ、五つ、またはもっと多くの数に分類することもある。このようにあまりにバラエティーに富んでいるので、色に関してはすべての分類が可能であり、言語はスペクトルをまったく

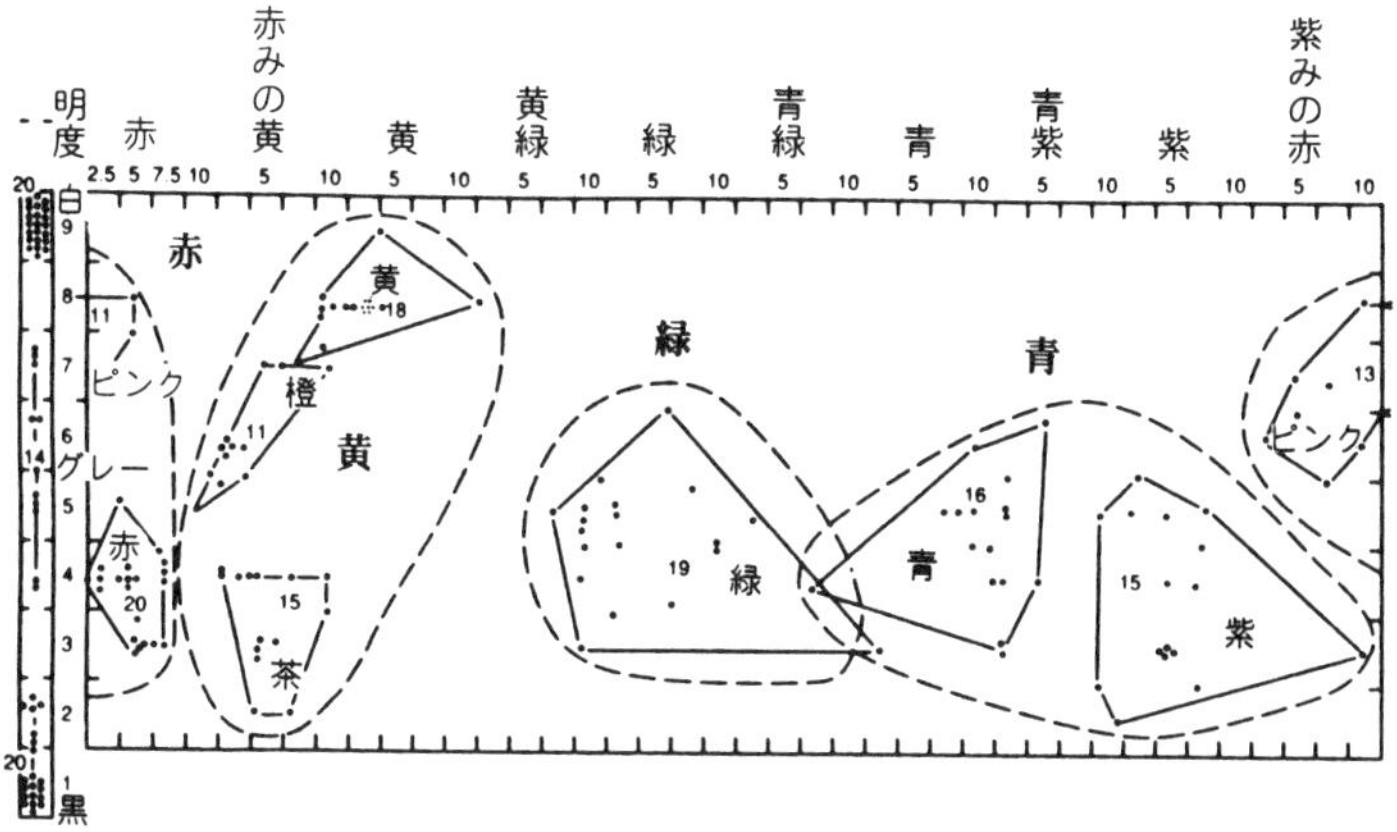

図表4　マンセルのカラー図表《チャート》で，20の異なる文化圏の出身者が基礎色をどう特徴づけているかを示した図（Bornstein, 1985）。

恣意的に切り取っているという印象を持ってしまう。今日でも、依然としてそのように明言している心理学や言語学の教科書もある。

しかし、一九六〇年代の終わりにいくつか発見が行われて、言語相対論に大きな疑問が投げかけられた。ある人類学者と言語学者が、さまざまな言語に固有な色の分類システムに関心を持った[13]。二人は、一見多様な分類の背後に、一つの深層パターンが隠れているのを発見した。すなわち、色カテゴリーの数は限られている、色カテゴリーを説明する語彙の成り立ちは、実はきわめて厳密な規則に従っているというのだ。

たとえば四色のカテゴリーを用いる言語では、常に赤、青、緑、黄という同一のカテゴリーが用いられる。同じように、二色か三色の分類をする言語の場合、色スペクトル上のきわめて正確な少数の場所に境界が設定されている。こうした文化ではいくつかの色を指すのに（それらの色が近接しているという条件つきだが）、同じ単語を用いる。同じ単語で黄と青、あるいは緑と赤の両方を指す例は一度も観察されていない。

このようにして、カテゴリー間の境界は恣意的ではない、言語相対論は正しくないように思われる。むしろ、限定された数の生得的カテゴリーが色の分類を左右しているようだ。文化的・言語的環境は、普遍的規則を尊重しつつ、これらのカテゴリーのいくつかを選択することができるだけである（図表4参照）。

■生得的カテゴリー

カテゴリーという概念は、ひとが考える以上に複雑である。知覚カテゴリーと言語カテゴリーを区別したほうがよい。知覚カテゴリーは可能性（le possible）の領域を確定するのに対し、言語カテゴリーは、さまざまな可能性のうちからの選択の結果である。知覚内容の色彩的性質はすべての人間で同一でも、ひとは自分の言語体系に導かれて特定の性質に注目し選択する。次に、生得的《ナチュラル》カテゴリーと技術的《テクニカル》カテゴリーを区別しなくてはならない。生得的カテゴリーとは、子どもが特に教えられなくても、まず最初にマスターするカテゴリーである。生得的カテゴリーとは、また、子どもが話すことを学ぶときに役立つカテゴリー、世界中のすべての言語の語彙に見いだされるカテゴリー、そして重度の感覚障害があっても学習され得るカテゴリーである。

これと反対に、技術的カテゴリーは子どもの年齢がやや進んでから獲得される。というのも、このカテゴリーは子どもの持っている外界の知識を基にしており、子どもが意識的に学習しなくてはならないからだ。さらに、いうまでもなく、すべての言語が同一の技術的語彙を持っているわけではない。どんなタイプの拘束が生得的カテゴリーの成り立ちを左右しているのか考慮しないで、技術的な用語《テクニカル・ターム》を作ることは可能だ。たとえば、緑とピンクのすべての色調をひっくるめて「みどピンク」と呼ぶように決めてもよい。いったんこのようなカテゴリーができると、成人なら、ある刺激が「みどピンク」かどうか分類できるようになる。しかし、こうした人工的カテゴリーの学習はサーカスの動物の調教のようなものだ。同じように、象を二本足で歩くように調教することもできる。しかし、だからと言って、それが象にとって種に特有の生得的資質だという証明にはならない。

生得的カテゴリーと技術的カテゴリーにもう一つの重要な違いがあることを強調した研究者もいる。[14] 生得的カテゴリーは世界に関するわれわれの知覚を形成する、しかし、技術的カテゴリーはそうではない、というのである。たとえば、ナイジェリアのイボ族（Ibos）やハヌノー族やイヌイットは、世界を同じように知覚している。ところが、目に見えるものを伝達するときには、それぞれの言語に備わった生得的および技術的カテゴリーの名詞を用いて言語を使用する。そのため、技術的カテゴリーは恣意的なものである。万人に共通な生得的カテゴリーそのものには影響しない。生得的カテゴリーを指し示し伝達する役目を持つ名詞に影響を及ぼすだけである。その結果、人間が互いに世界を違ったように知覚しているという錯覚が生まれるのである。

したがって、ウォーフの言語相対論もまったくの間違いというわけではない。だが、ウォーフは、

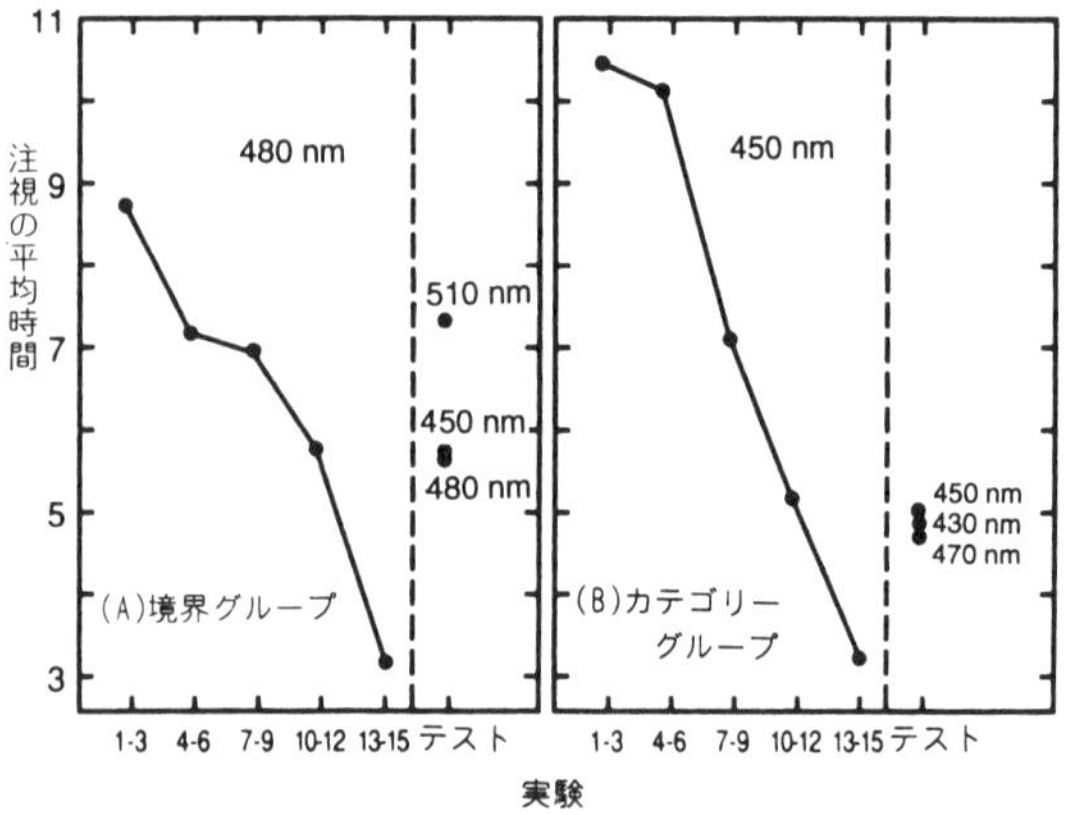

図表5　480ナノメートルか450ナノメートルのどちらかの色カテゴリーに慣れた新生児が，違った刺激を示されるとどう反応するのか示したグラフ(Bornstein, 1985)。

知覚、記憶、伝達というさまざまな認知機能を混同している。われわれの用いる言語コードが伝達と記憶に影響を及ぼしているのは間違いない。しかし、知覚にも影響することは証明できていない。

要するに、色を記述する語彙は、いくつかの普遍的な制約の範囲内で言語ごとに異なるけれども、色の知覚はすべての人間で本質的に同一だと認めなくてはならないと思われる。とはいえ、色の語彙を持っていない新生児の場合、成人と同じように色の知覚が行われているのかどうか、という問題がまだ残っている。

■新生児の見る色

生後四ヵ月未満の赤ん坊は、色を諸知覚カテゴリーに分類しているのだろうか。このことを調べるいくつかの研究がある。成人が青と見なす色(四八〇ナノメートル［百万分の一ミリメートル］の波

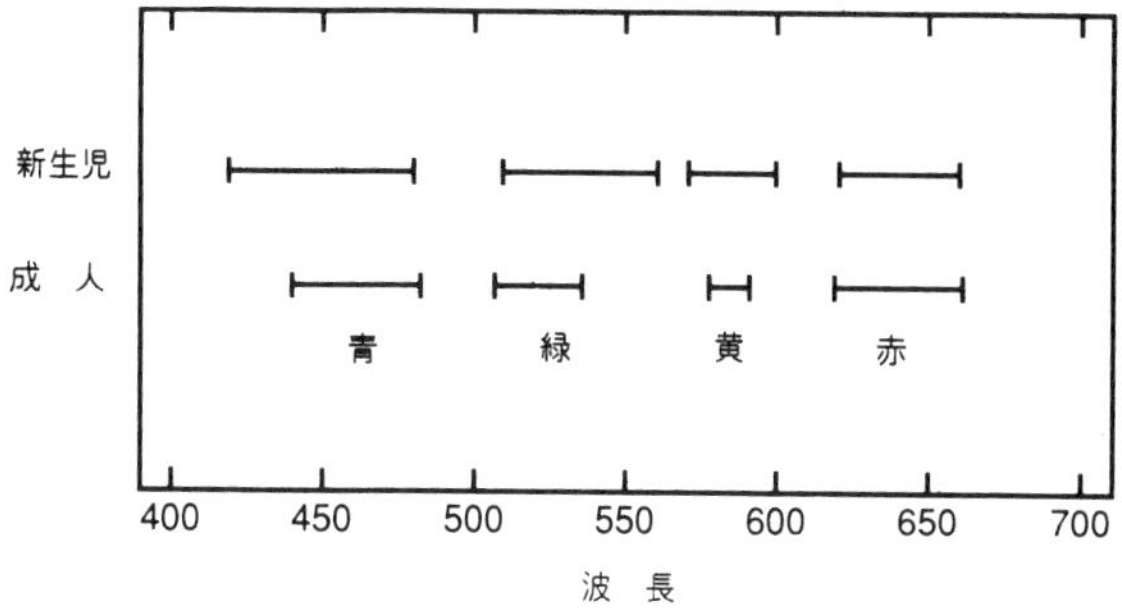

図表6　新生児のカテゴリーと成人のカテゴリーはほぼ同じである（Bornstein, 1980）。

長）を、新生児に繰り返して提示する。[15] 馴化の後で、今度は別の青（四五〇ナノメートル）および、成人には緑に見える色（五一〇ナノメートル。したがって、両方とも馴化段階の刺激からプラス・マイナスで等間隔になる）を示した。新生児は光が青から緑に変わると（四八〇→五一〇ナノメートル）、青のままのとき（四八〇→四五〇ナノメートル）より明らかに強く反応した。このことは、新生児が成人の場合と同じように、青から緑に変わると質的変化を知覚すること、しかし青のままの場合は変化を知覚しないことを示している（図表5参照）。

これと同じ方法で、今度は色のスペクトルの全体を隈なく用いて、新生児に備わっている色カテゴリーについて全体的な研究が行われた。その結果、新生児が緑と黄（境目は五六〇〜五七〇ナノメートル）、および、黄と赤（境目は六〇〇〜六二〇ナノメートル）を識別していることが証明できた。

新生児は、成人と同じように、色のスペクトルを緑、赤、黄、青の四つの基本的カテゴリーに分類しているのである。図表6から読み取れるように、新生児と成人の実験結果を比較すると、新生児のカテゴリーは成人のカテゴリーよりも幅があるようである。しかし全体的には、新生児のカテゴリーは成人のカテゴリーに似たスペクトル部分をカバーしている。色の知覚は文化的環境と関係がないし、学習にも基づいていない。色の知覚は、個人や文化や年齢によって変わらない生得的な基礎に基づいているのである。

色の知覚を左右する諸カテゴリーは生得的なものだが、同時にきわめて種に特有なものでもある。確かに人類以外にも多くの動物が色を知覚してスペクトルを切り取っている。しかし、カテゴリーの数と位置は種によって異なる。たとえば、ミツバチやハトのカテゴリーは三つだが、サルや人間など、脊椎動物の大半は四つである。サルについては、特定のカテゴリーだけに反応する細胞のあることが明らかになり、諸色カテゴリーの大脳地図が作成された。ウォーフの考えと裏腹に、新生児には知覚カテゴリーのシステムがすでにある。では、知覚カテゴリーは、語彙カテゴリーにどんな影響を与えているのだろうか。

■色の語彙

色をカテゴリーに分類する能力と、色を記述する語彙の獲得の間にどんな関係があるのだろうか。子どもは、「大きい」や「小さい」、「優しい」や「意地悪」といった形容詞は四歳よりもかなり前から使えるし、三歳半ころには形を表す単語も獲得する。しかし、四歳になるまでは色の名前がなかなか言えない[16]。生後数週間ですでに色の知覚が十分機能していることが実験によって判明しているのに、色をなかなか言えるようにならないことをどう説明したらいいのだろうか。

色の単語を獲得する困難さを、色名健忘と呼ばれる症候群と比較した研究がある[17]。この色名呼称障害にかかった人は、色が知覚できるのに色の名前を記憶したり思い出したりすることができない。この障害は、視覚機能の基礎になる大脳皮質組織と言語活動を可能にする大脳皮質組織を結ぶ神経の接続の遮断が原因だとされている。子どもが色の単語を獲得するのがかなり遅れることの説明として、いま挙げた大脳皮質の組織の発達が遅く、四歳ころにならないと完了しない、これが子どもとこの障害の患者の反応のしかたが似ていることの理由だ、という仮説が立てられた。

行動科学および神経学のもっと進んだ研究を基にしてこの仮説を補強する必要があるとしても、諸認知的機能を特定の大脳皮質の組織に関連づけて、それらの機能の生得性を実証せんと企てることが可能になった。本当に知覚的なカテゴリーと単に言語的なカテゴリーを区別すること、自然的(生得的)なカテゴリーと技術的なカテゴリーを区別することからまったく新しい展望がひらけてくる。視力の研究を見ると、新生児の視覚は比較的不完全に思われるかもしれない。しかしながら、色のカテゴリー分類の研究を見れば、どんな文化に属していても、新生児の視覚システムは、まだ十分に成長していなくても、成人がごく自然に用いるカテゴリーとよく似たカテゴリーに色を分類しているのがわかる。

方向

人間の知覚装置は、諸カテゴリーに応じて刺激を分類する。このことは色に当てはまり、また、後で述べるように、形にも当てはまる。さらに驚くべきことに、方向は、垂直、水平、斜めの三つのカテゴリーに分類される。視覚の神経生理学的研究では、脊椎動物の視覚システムに方向の検出器が存在することが証明されている。いろいろな斜め方向を区別する形容詞は持っていなくても、ほとんどの言語が、垂直、水平、斜めという三方向を指し示す単語を持っている。

新生児はかなりの精度で任意の二方向が弁別できるようである。それにしても、方向をコード化するのにどんな表象やどんなカテゴリーを用いているのだろうか。馴化から検査の間に三分の間隔を置いて新生児の記憶力を調べると、複数の斜め方向の区別はできないが、垂直と斜めは識別する。[18] このことから、新生児が少なくとも垂直と斜めの二方向で刺激を分類していることがわかる。われわれが知る限りではまだ実験は行われていないが、水平方向についても同じような分類が存在するのはほぼ間違いない。生後二～四ヵ月の赤ん坊を調べると、垂直方向と斜め方向の二つのカテゴリーに境界があるのが観察できる。[19] 境界ははじめはかなり大ざっぱなものだが（八度の角度）、月齢とともに精度を増す。この場合も、垂直カテゴリーは獲得されるのではなく、やはり天賦のものである。言語相対論の支持者に対抗して、刺激の表象を可能にする語彙を決定しているのは知覚および

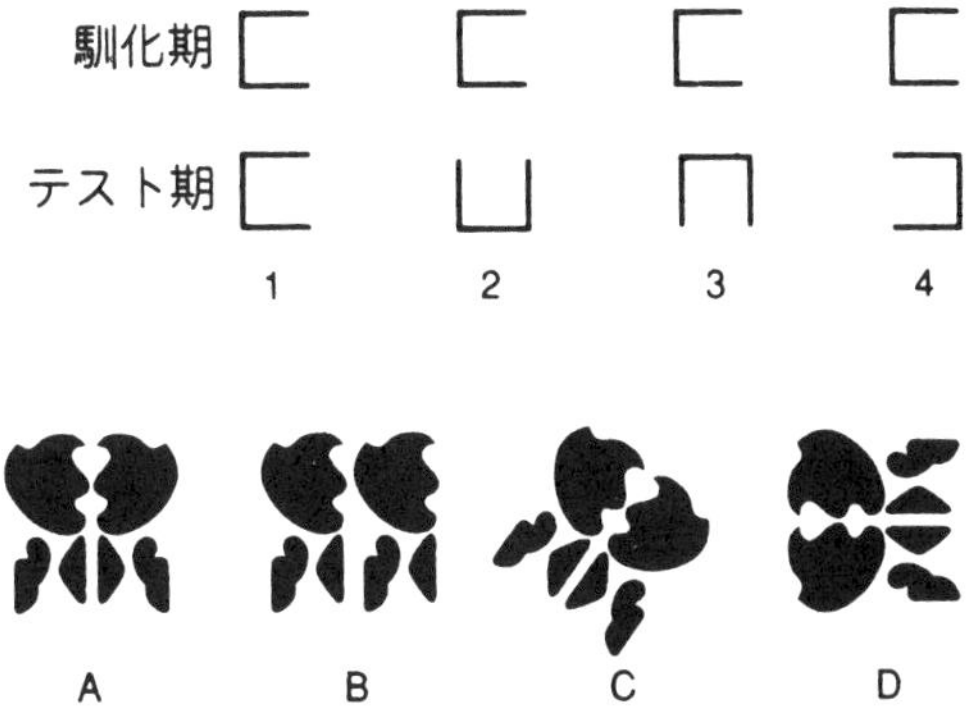

図4　上段の図では，統制群用のイメージ（1）を示しても，垂直方向で（1）の裏返しのイメージ（4）を示しても同じ反応を示す。下段の図では，新生児はB，C，DよりAに早く慣れる（Bornstein et Krinsky, 1985）。

認知の処理過程なのだ、と言いたいところだ。

実際、新生児には誕生時に方向の生得的諸カテゴリーがあるだけでなく、このカテゴリーのうちのあるものは特別な重要性を帯びている。たとえば、シンメトリーが垂直方向の場合、シンメトリーな形とシンメトリーでない形が識別できることがわかっている。[20] ところが、シンメトリーが水平方向になると、識別が不可能になる。ほかの実験でも同じような結果が得られている。[21] 図4の上段に示した形は、馴化期で新生児に提示したものである。グループ1（＝統制群）の新生児の興味は、テスト期で同じ形を見せると減少した。方向を変化させると、グループ2、3で興味が増大した。反対にグループ4は統制群と同じように反応した。つまり、新生児は最初に慣れた形とそれを左右反転させた像では違いがまったく見分けられないのである。ただし、こうした結果は二つの形が垂直方向でシンメトリーになるときしか見られない。このように垂直軸が優位なのは、環境が原因なのかもしれない。[22] しかし同時に、垂直方向が優位なのは知覚装置の生得的特徴である、このため、新生児が重力の支配する世界で適切な視覚的特性を引き出すのに大いに助けになるのだ、と考えることもできる。

形

　赤ん坊は成人のように直覚的に丸や三角や四角を知覚するのだろうか。それとも、単純な構成要素を基にして、これらの知覚対象を構成し、安定させることを学ばなくてはならないのだろうか。何世紀にもわたって、哲学者や心理学者は、どうして赤ん坊は外部世界を十分に経験する以前にモノを見ることができるのか、この問題に悩まされてきた。

　一八九〇年にゲシュタルト心理学の創始者であるドイツの科学者、フォン・エーレンフェルスは、人間は形態質——つまり、彼がよい形と呼んだもの（＝丸、四角、三角）に相当する複合的な形——を、その構成要素である単純な線をいちいち確認しないで直接的に知覚するという仮説を示した。[23] こうしたよい形は聴覚分野でも存在している。エーレンフェルスによると、メロディーは、それを構成する特殊な音調《トーン》と独立して存在する。したがって、あるメロディーを移調して音調の絶対的高さ《ピッチ》を変えても、音調の相対的高さを保てば、やはり同じメロディーが聞こえるという。われ

図5　ルビンの壺は、知覚が「図」と「地」とに構成されることを示している。白い壺か見つめ合っている二人の人間の黒い横顔が見える。現れてくる図が、常に手前にあるように感じられる（Bornstein, Gross et Wolf, 1978）。

われが形やメロディーを感じとる力を持っているということは、大脳皮質はさまざまな要素の絶対値を無視して、要素と要素の関係を引き出せるということを示している。新生児がメロディーや形に反応できれば、学習や身体的必然の結果ではない能力が存在することを証明できる。最近の研究では、鳥ではそれぞれの種に固有のさえずりで許容される周波数の幅《バリエーション》がきわめて狭いことがわかっている。[24] しかし人間の場合、絶対的調性は音調相互の関係ほど重要ではない。時間的なものであれ空間的なものであれ、この相互関係がまとまりのある形態、すなわちゲシュタルトを出現させるのである。ゲシュタルト心理学者たちはこうした考え方を採用し拡張した。[25] さらに、形態質が生得的なものだと主張する者もいた。

　ゲシュタルト心理学者たちは、イメージを図と地に分ける働きが視覚の根本的特徴の一つだと考えた。たとえば有名なルビンの壺（図5参照）は、白い部分を図と見るか、それとも地と見るかによって、見つめ合っている二人の人間の横顔にも、また壺にも見える。さらに、ある部分を図とみなすと、それは地の部分より手前に見える。こうした組織化や再組織化は、生得的であり、直覚的に行われると思われる。ゲシュタルト心理学者はこの種の実例から、網膜にぶつかる光線は知覚の力学法則によってまとまりのあるモノに構成されるという考え方を擁護した。

人間の知覚装置は、本能的に形を構成し、それを地と引き離そうとする。すでに見たように（五一ページ、図3）、不完全な四つの八角形が示されると強力で際だった錯視が生じる。成人には三角や四角や丸について十分に経験があるので、知覚装置がこのような主観的輪郭を構成するのだろうか。新生児の経験は成人に比べて極端に限定されているが、成人と同じように主観的輪郭を知覚するのだろうか。こうした問いに実験で答えを出そうとした研究者もいる。(26) 彼らによると、赤ん坊は生後五～七ヵ月の間に主観的輪郭が知覚できるようになり、錯視に対する感覚は成長につれて改善されるという。こうした興味深い結果にもかかわらず、こうした成長に伴う変化が、成熟過程に起因するものなのか、それとも、赤ん坊が環境から幾何学図形を引き出し始めるには何らかの経験が必要であるという事実に起因するものなのか決められない。この問いにはまだ決定的な答えが得られていないのである。しかし、赤ん坊は生後五ヵ月よりかなり以前からゲシュタルトを知覚すると示唆する実験もある。

新生児の知覚表象において、単純な視覚的要素《パラメーター》ではなく、形がなんらかの役割を果たしているのではないか。この問いをテストするために、ある形に空間的変化（たとえば回転）を加えても形は変わらないという性質を利用することができる。右の問いの答えのとっかかりをつかんだ研究者もいる。[27] 彼らは、馴化段階で二つの図形を提示した（たとえば四角の上に十字を配置したもの）。一定の枠を決めて、その枠のなかのいろいろな場所で二つの図形の組み合わせを提示した。馴化の後で、同一要素を別の配置にして実験群に提示した（四角の下に十字を置いたもの）。統制群には最初に示した刺激を枠のなかの位置を変えて提示した。被験者（＝全員生後四日以内の新生児）は、元の刺激を違った位置に置いたものより、新しい配置により強く反応した。つまり、新生児はある配置を記憶に蓄えて、それを、同一の要素で構成された別の配置と識別している、しかし、空間的位置の変化は無視している、と思われるのである。別の言い方をするなら、空間の絶対的表象と対比して、空間の相対的、または「オブジェクト中心」(object centered) と呼ばれる表象を保持できるのである。

ほかにも、生後一～三ヵ月の赤ん坊がよい形を知覚するのかどうか、より直接的に評価する試みもなされた。[28] この試みでは、不連続直線で構成された丸や四角を提示して、その図形のいろいろな場所に視線を止める様子を記録した。赤ん坊がいったんある図形をじっくり見たところで、よく似たほかの形を提示した。ただしそのうちのあるものは、直線の方向を一つだけ変えて図形の調和がなくなるようにしておいた。すると、赤ん坊の視線は方向を変えた直線に向けられた。しかし、直線の組み合わせが「よい」形を構成していない場合は線の方向の変化に反応しなかった（図表6／

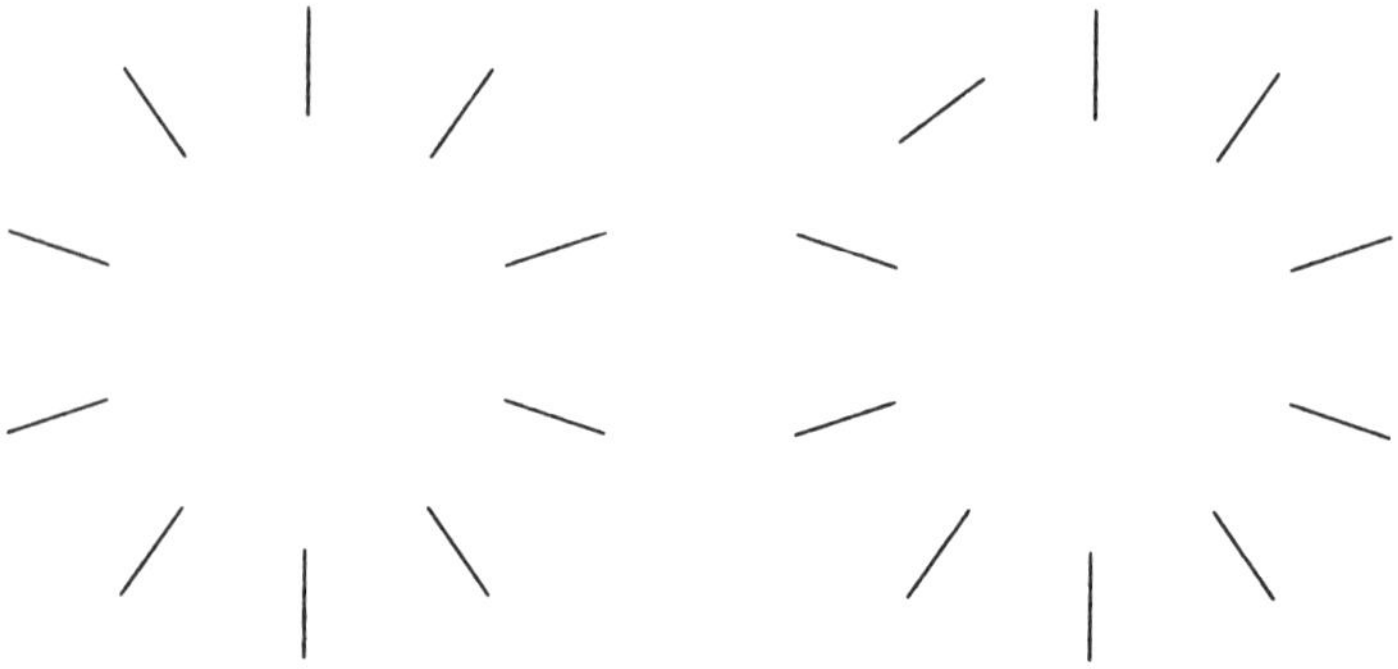

図6　赤ん坊が慣れた「よい」形の直線の方向を一つだけ変化させると，赤ん坊はその直線に視線を向ける（van Giffen et Haith, 1984）。

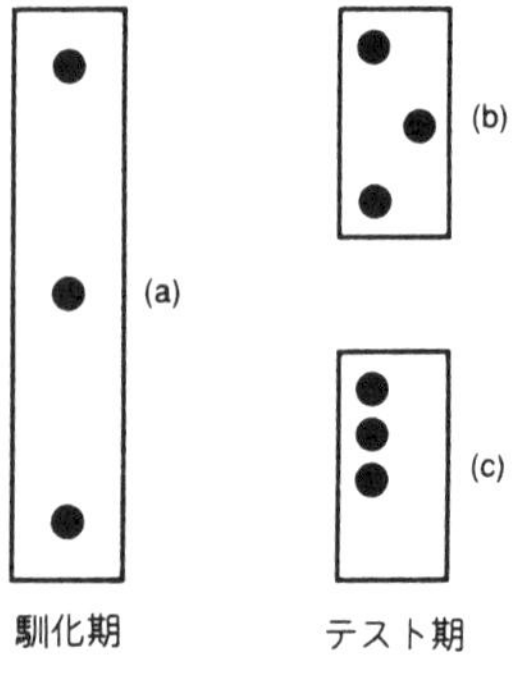

図7　赤ん坊が（a）のような形に慣れていると，大きさだけ変化して全体の形を保持している（c）よりも，形の変わった（b）のような変形に興味を示す（Milewski, 1979）。

図８　新生児は，変形した十字形や三角形（1，2，3）をプロトタイプ（4）として表象する（Slater ほか, 1983）。

7参照)。

同じく、非常養吸引に基づいたほかの方法も用いられた[29]。この方法では、最初に赤ん坊に三角あるいは直線を構成する三つの点を提示した。次に、馴化段階の後でほかの形を提示するか、あるいは、刺激をそのままにしておいた。すると結果はすべて一致した。すなわち、生後三ヵ月の赤ん坊には変化した要素を見つめる傾向が明らかにあり、ゲシュタルトの原理に従ってよい形に反応するのである。

それでは新生児ではどうだろうか。新生児についてはまだ確かなことはわからない。とにかく実験が難しいのである。というのも、誕生直後に特徴的に見られる斜視の傾向に加えて、新生児の視力が良くないことを考慮しなくてはならないからだ。それでも、ある研究グループが生後三日の新生児を被験者にしてこの問題を研究した[30]。馴化期に丸、四角、十字、三角のいずれかを提示しておいて、テスト期でほかの図形に替えた。すると新生児は変化に反応した。ほかの似たような実験では、いろいろな太さの線から成る、また形がいろいろにゆがんだ一連の三角あるいは十字に慣れさせた。そしてテスト期で新生児が慣れていたのと別のよい形を示すか、あるいは、同じ形を角度を変えて示すかした。新生児は、全体的な形の変化に気づいたが、よい形とそれをゆがめた形の違いはわからなかった。どうやら新生児は、与えられた刺激に完全に忠実なイメージを再構成するのではなく、むしろプロトタイプ、つまり図式的な知覚を再構成するらしい。わずかに変形した十字を見ると、「十字」のカテゴリーに分類して、このカテゴリーを特徴づけるプロトタイプ的外観だけを記憶するのである（図8参照）。

よい形を表象できるのだから、部分的に隠されていたり途切れたりしているよい形を赤ん坊に提示したら、その形の外観を補完するために、赤ん坊がいわゆるよい連続の原理を使うかどうかという点が当然問題になる。

いままで見たことのない図形を部分的に隠して提示したら、新生児はこの図形の全体を表象できるだろうか。バウアーはいままではよく知られるようになった一連の実験でこの点を研究して、新生児が図12（本書一五五ページ）に示したような図形を見ると、黒い帯の上と下に見える部分を基にして完全な三角を表象すると主張した。[31] その後、三角の上下の部分が黒い帯の背後で一緒に動く場合のみ、新生児は三角を表象することがわかった。[32]

新生児の知覚能力の研究はまだ始まったばかりである。いま述べた研究からは、答えよりも、むしろ多くの疑問が生じる。とはいえ、新生児は要素相互の関係に対して確かな感覚を示すと言ってよい。また、新生児がゲシュタルトの原理に対してある感覚を示すには、場合によって運動が必要なこともわかっている。ただし、こうした研究上の限界が、用いられた実験方法によるものなのか、それとも新生児の知覚装置が成人の知覚装置と違っていることによるものなのかは、これからの研究にまたなければならない。ゲシュタルト心理学者の考え方は現時点では確実なものと見なされていないが、少なくともこれからの研究の出発点になり得る考え方である。

■部分と全体

新生児の視覚環境は、輪郭のはっきり定まった丸や四角や三角のような単純な幾何学図形をきちんと配置したようなものからはほど遠い。むしろ反対に、いろいろな形が部分的に重なりあって、信じられないくらい複雑に入り交じっていて、実際に規則的なものや、幾何学的に単純なものは一つもない。新生児はこうした複雑な形をどう知覚するのだろうか。いろいろな方向を向いた部分、さまざまな明度と色の部分で構成された複雑な形をはじめて見たとき、新生児にどんなことが起こるのだろうか。たくさんの人が発する複雑な音、また、ひとりの人間の発する言葉も複雑な音だが、それを聞くと新生児にどんなことが起こるのだろうか。

研究者によると、理論的に二通りの可能性があるという。まず、(これは原子論者にまでさかのぼる理論だが)視覚による知覚は、はじめは点、直線、角度、方向、色調といった単純な特徴から出発して、少しずつ複雑さを増す形が組織されるのだという。新生児はイヌを見ると、全体の形を知覚する前に、まず毛並み、あるいは（脚の先や鼻面や首輪のような）細部に注目するのだという。一方、これと反対のゲシュタルトの原理に近い考え方では、新生児は最初に全体の形に注目して細部は無視する。たとえば、成人と同じように、母親を最初に一つの全体として認識した後で、母親が髪型や化粧を変えたことに気づくのだという。

複雑なモノの知覚の問題を、正面から検討するのは難しい。このため多くの研究者は、二つの大きさを一緒にしたイメージを、新生児がどう分析するのかを調べるという、より単純な問題を設定した。たとえば、内側にもう一つ別の小さな幾何学図形を含んだ単純な幾何学図形を、新生児がどう知覚するかという問題である。馴化期で、なかに三角が入った丸、または、なかに四角の入った菱形を新生児に示した。テスト期では内側の図形か外側の図形のどちらかを変えて、馴化期と違う刺激を与えた。すると生後一ヵ月の新生児では、外側の図形を変えたときだけ反応が現れるのが確認された[33]。枠組み効果と呼ばれるこの現象から、新生児は細部よりも図形の全体的な形に注意を払うのだと考えられる。これは新生児の視力が弱いためではない。というのも、入れ子状にしないで二つの図形を左右に並べて提示すると、大きい図形も小さい図形も変化があればすべて弁別できるからだ。したがって、枠組み効果は視力よりも注意に関連があるように思われる。新生児はイメージの全体的な形に注意を引かれるが、細部に注意を集中するのは苦手なのである。しかし、こうした弱点を克服できないわけではない。たとえば内側の図形を点滅させて、新生児の注意を引くことができる。[34] こうすると、内側の図形の変化が識別できるようになる。新生児が人の顔を識別する能力を評価する際には、この過程を考慮しなくてはならない。人の顔の写真を新生児に示したとき、外側の輪郭、それとごく大ざっぱな配置だけが、最初に把握されると考えられるからである。反対に、写真ではなく動きのある本物の顔を知覚するときは、細部により多くの注意を注ぐことが可能になる。

枠組み効果は生後三ヵ月目の終わりころになくなる。このころには、変化があれば外部の図形にも内部の図形にも反応できるようになる。

最近の実験では、外側の形（マクロ構造）のなかに、その組成《テキスチャ》を構成する複数の内側の形（ミクロ構造）を組み入れた図形を提示した。[35] この方法から、生後三〜四ヵ月の赤ん坊は、マクロ構造とミクロ構造の両方の変化を探知することができるが、ミクロ構造よりマクロ構造の変化により強く反応することがわかった。さまざまな形を処理するとき、赤ん坊の注意は最初に全体的特徴に向けられ、その後の発達段階ではじめて細部の特徴に注意が向けられるようになる。形の知覚は注意と同様、全体的なものから分析的なものに向かうのであって、その逆ではない。生後四ヵ月目ごろに分析能力が出現するのは、おそらく偶然ではない。認知機能の基礎になる大脳皮質の部位の重要な発達段階に対応しているのである。

経験主義者はこう反論するかもしれない。こうした実験から明らかになったのは次のことだけだ、と。つまり、赤ん坊は最初は形や方向や色といった基本的特徴を見分けるだけ、だから複雑なモノは、最初はこれら基本的特徴の組み合わせとして記述され記憶される、そして赤ん坊はその後で、漸進的に、また継続的一般化によって、自分を取り巻くモノの全体的で抽象的な表象に到達するのである、と。

するとも今度は、ゲシュタルト心理学者が憤慨して主張するだろう。赤ん坊は、まずはじめは基本的特徴ではなく、モノの全体的な形を知覚する、たとえばイスはまず分割不可能なモノと知覚して、その後ではじめて、椅子の色とテーブルの色を比べるといったふうにして、内部の構造を少しずつ分析するのである、と。かくして、経験主義者とゲシュタルト論者は際限なく論争を続け、お決まりの議論、お決まりの前提を相手の顔に投げつけ合うことだろう。

論争に決着をつけることができるのは実験だけである。赤ん坊の脳が誕生時に成熟に達してはいないのは確かだが、赤ん坊はわれわれが考えるほど無能ではない。神経繊維のミエリン化は一歳を過ぎても続く(36)。大脳皮質のさまざまな部位相互の接続が安定するには多くの月日が必要である。しかし、脳が生理学的に成長するということは、脳の機能がことごとく学習されるべきものであることを意味しない。むしろ反対に、新生児は驚くべき知覚能力を備えているように思われる。新生児は基本的な所与《データ》から全体的な特性を構成しなくてはならないのだとはどうしても考えられない。原子論者よりもゲシュタルト主義者のほうに分《ぶ》があると考えられる。

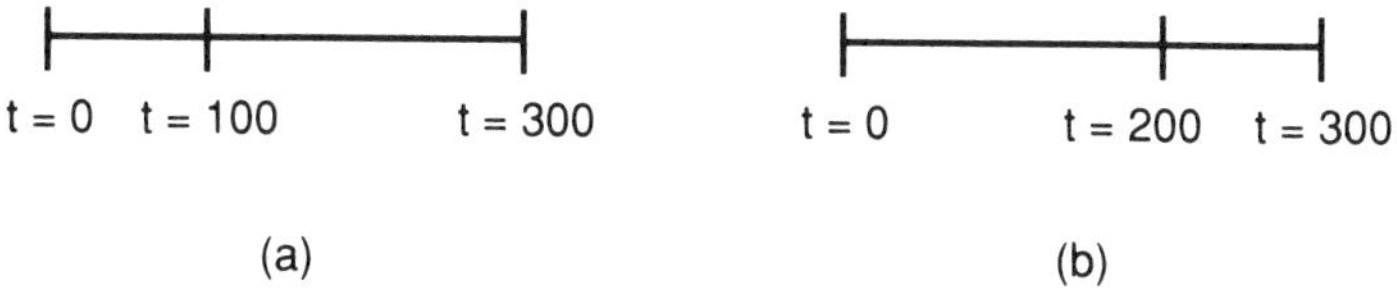

図表7　縦線は，音が発せられる瞬間を示している。（a）では「2＋1」の音が聞こえ，（b）では「1＋2」の音が聞こえる。

■メロディー

母親の胎内から出てくるとすぐ、新生児は自分の音響環境に大きな注意を向ける。おそらくそのおかげで、新生児は驚くほど短期間で話しことばを習得できるのだろう。成人は、メロディーやまとまりやリズムをそれらの構成要素よりも重視する。新生児は音をメロディーやリズムに編成する働きを支配している諸原理を学習しなくてはならないのだろうか。それとも、これらの原理は新生児の聴覚組織の構造に生得的に由来しているのだろうか。

すでにいくつかの研究グループが、新生児がリズムをどう知覚するのか研究を行っている。[37] メレールとベルトンチーニの実験では、赤ん坊に三つの音符のメロディーを聞かせた。最初の音符と三つ目の音符の間は常に一定の間隔を置いた。この二つの音符に対して真ん中に来る音符の配置を変えると、異なった主観的まとまりが得られる（図表7参照）。（a）の場合、一組の音符が聞こえた後で別の音符が聞こえる。（b）の場合、まず一つだけ音符が聞こえてから一組の音符が聞こえる。この実験では、赤ん坊がこうした配置を識別できるのか、リズムの知覚はある構造から別の構造に急激に変化するのかどうかを決定することが目的だった。こうしてわれわれは、赤ん坊が成人と同じように音をリズムとしてグループにまとめていることを明らかにした。

三つないし四つの音符の場合は確かにその通りである。しかし、同時にたくさんの音が聞こえるとどんなことになるのだろうか。成人は、そうした音をいくつかの別々の「声部《ヴォイス》」にまとめる傾向がある。このため、フーガやモテトを聞いても、成人には不協和音ではなく、いくつかの「音の流れ」が構造化された統一体《アンサンブル》が聞こえる。ドゥメニーは、赤ん坊も成人と同じように音響環境を自発的に構成するのかどうかを研究した。ドゥメニーの用いた手順を理解するには、よく考えられた彼の研究方法を単純化して示した図表8を参照する必要がある。

図表8の（a）には繰り返し聞こえる四つの音符が示されている。この状態では、成人は音符「x」を繰り返す流れと、同時に音符「ドミレ」を繰り返す別の流れを聞く。このシークェンスにいったん慣れると、聞き手はシークェンスが逆転するとすぐわかる。当然、「x」音を繰り返す流れは聞こえているが、もう一つの流れの「ドミレ」のほうは「レミド」と聞こえる。これに対して（b）では、それぞれ二つの音符から成る二つの声部が聞こえる。この場合、音符を録音したテープを逆回転しても違いに気づくことは不可能である。「ドレドレドレ」は数秒後には「レドレドレド」と同じになる。（a）の状態に慣れた赤ん坊は、逆転すると反応を示す。一方、（b）の逆の設定は感じ取れない。こうした結果になるのは、赤ん坊が成人と同じように、与えられた音の素材を別々の音の流れ、すなわち「声部」に構成しているからにほかならない。

もっと一般的な言い方をすれば、人間の聴覚経験の組織化は恣意的なものではないし、また、学

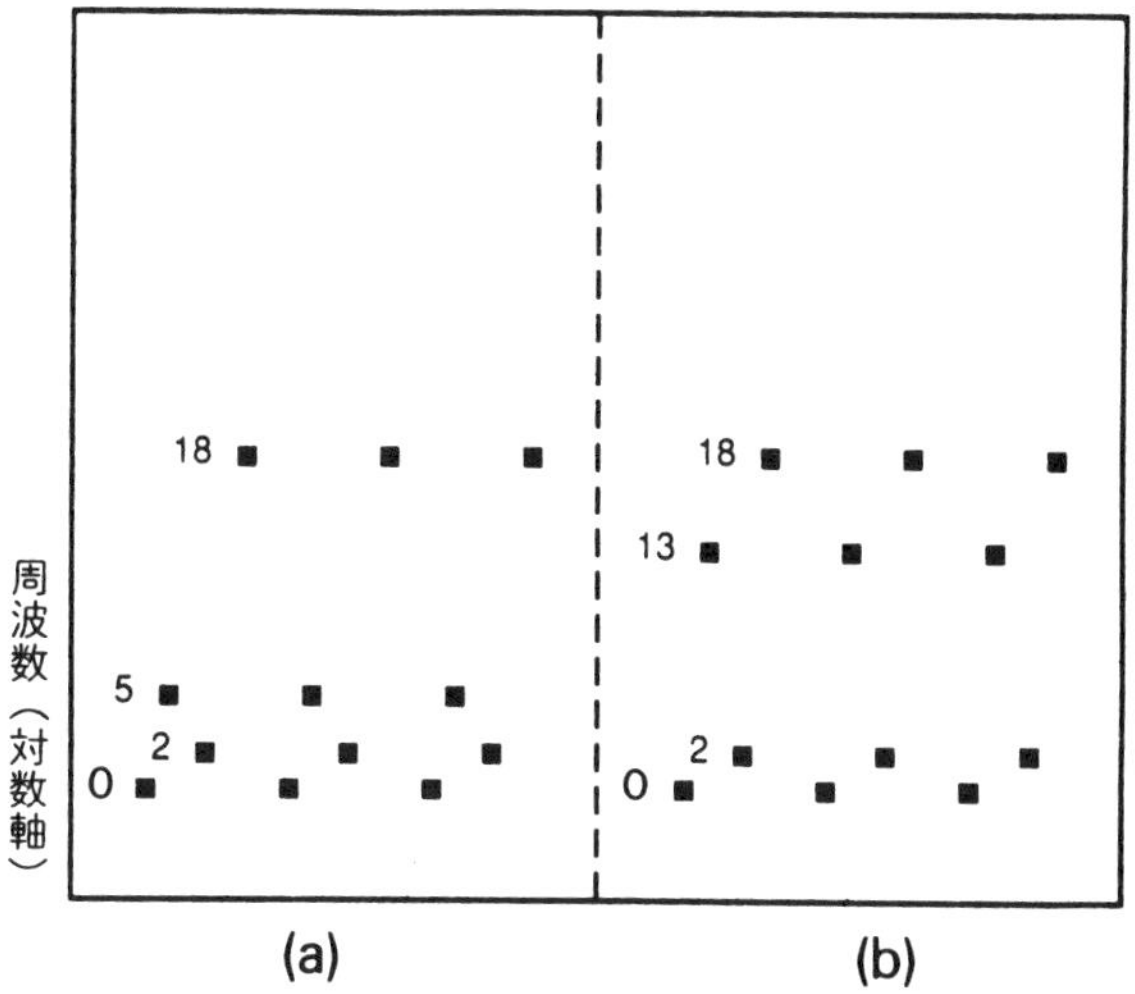

図表8　Demany の実験を単純化した図式（Demany ほか、1970）。

習だけに左右されているのではないと考えられる。むしろ、音の流れをまとめる法則は、人間の知覚装置の構造に依存していると考えられる。

* * *

新生児の知覚世界をさらに詳しく理解するために、その知覚世界のもっとも基本的な特性を検討しなければならない。新生児は二次元世界あるいは三次元世界を知覚しているのだろうか。モノを把握しているのだろうか。モノにどんな特性を付与しているのだろうか。そうした特性は学習されるものなのだろうか。それとも、そうした特性は新生児をとりまく世界を満たしているモノの構築を決定する、生得的で種に特有な与件《データ》なのだろうか。

III　世界とモノ

われわれが自分の回りを見回すとき、目に見えるのは形や色だけではない。まずはじめに立ち現れるのは物体《モノ》（オブジェクト）だ。われわれは空間を三次元の表象で捉える。そして、われわれとどんな距離にあっても、またわれわれがどんな角度で見ても完全な状態を保持しているように見えるモノを空間のなかに位置づける。遠く離れたモノの大きさや距離や速さを正確に見積もることができる。さらに、モノには固さや重さがあり、ざらざらした手触りがあるように感じられる。水の入ったコップが落下する、ビリヤードの球がぶつかり合う、サッカー・ボールが弧を描くといった出来事の物理的結果を予測できる。このように、われわれの知覚する世界は、具体的で密度があり、運動し、かつ恒常的なモノで満たされている。われわれが知覚する世界は、漠然とした影のようなものがうごめく乱雑な一枚の絵ではない。

どのようにしてこうしたことが可能になるのだろうか。多様な知覚データの山から、秩序やまとまりがあり、比較的安定した世界にどうやって到達するのだろうか。

われわれ成人には、ありがたいことに物理的現実と長年の付き合いがある。だからわれわれは、こうした年月の間に環境の処理の仕方を学習し、自らの表象を作り上げ、非常に複雑な認知過程を自らのうちに発達させてきたのだ、認知過程の源は経験にあるのだ、と言えるかもしれない。十八世紀イギリスのバークリや経験主義者によると、新生児は見ることや聞くことさえも学習しなくてはならないのだという。しかし、どのようにして学習するのだろうか。十九世紀ドイツのヘルムホルツは、視覚による知覚作用と、惑星の位置を決定しようとする天文学者の活動との間の形式面の類似点にはじめて気づいた一人であった。彼によると、どちらの場合も、断片的なデータをもとにして遠距離にあるモノの特性を推測しなくてはならない。ただ一つ違うのは、天文学者の推論は意識的なものだが、視覚装置の行う推論はわれわれの意識の域まで達することがないという点である。赤ん坊は三次元世界に触れてこうした無意識的推論を学習するのだ、とヘルムホルツは考えた。この点で彼の立場はイギリスの経験主義者の流れにつながり、後にはピアジェに引き継がれた。

ピアジェは言う。子どもにとって「始源の宇宙は、ゆらゆらと動く絵《タブロー》だけから成る、物体《モノ》のない世界である。これらの絵が現れては消える、完全に消えたり、変化した、あるいは似たような形で再び出現したりする世界なのである[1]」。赤ん坊と環境世界の物理的相互交渉が、原初のカオス状態から知覚と思考の発生する過程を説明するというのだ。これに対して、生得論者、とりわけゲシュタルト心理学者は、はじめにモノありきと言う。世界はモノの組織された集合として、直接的に、そして生得的に出現するのであって、原子的な感覚データのカオスがまずあって、これを構造化することを学習する、というのではないというのだ。しかし、モノがわれわれに出現するためには、モノを位置づけるべき三次元空間の表象がわれわれになければならない。以下でまずはじめに赤ん坊が自分の周囲の空間をどう理解しているのかを検討するゆえんである。

1　空　間

われわれの網膜は、二次元の平らなイメージを脳に伝える。しかし、われわれが見ているつもりの世界は三次元である。どのようにしてわれわれは二次元の網膜像から三次元の表象に到達するのだろうか。

ロボット製作者が十分心得ているように、これはまさに難解極まりない問題である。厳密に言うなら、解決不可能だ。というのも、網膜像はどれもこれも曖昧なものだからだ。たとえば椅子のイメージは、三次元の物体にも、またゆがんだ椅子や分解された切片《セグメント》の集合にも相当し得る。それにもかかわらず、われわれの知覚装置は、そうした刺激に触れると「ばらばらな椅子」ではなく、普通の椅子の表象を作り上げる傾向がある。同様に、腕を伸ばして指先にコインを持って片目だけで見ると円形が見える。回転していてもコインは円形に見える。このとき、コインの網膜像は程度の差こそあれ、平らな楕円形になっているのだが。

したがって、われわれは認知資質の一つとして、平らなイメージについて適切と思われる解釈を選択することを可能にしてくれる能力《バイアス》を持っていると考えられる。たとえば、われわれの知覚装置は連結した物体《モノ》や規則的な形、シンメトリックな輪郭を優先する。こうした能力はいつも確実に働くわけではないが、たいていは第三次元を復元することを可能にしてくれる。そこで、赤ん坊はこの能力を学習しなくてはならないのか、それとも、この能力ははじめからプログラム化されていて種の遺伝形質の一部分になっているのかどうか、ということが問題になる。

われわれが生きている空間の構造は偶然的なものだ、と多くの著者が述べている。赤ん坊には三次元の表象を引き出す特別な資質はないし、誕生直後に二次元か四次元の世界に投げ込まれてもうまくやっていける、というのだ。しかし、こうした思弁は検証が困難である。また特に、こうした思弁は、視覚による知覚が視覚器官と無関係ではあり得ないという事実を真剣に考えていない。しかし、われわれの感覚器官は、物質界の構造そのものに強く依存した、種に特有の構造と組織を持っているのである。では、空間の知覚はどのようにして可能になるのだろうか。

奥行き

■両眼性要因

ほとんどの脊椎動物に目が二つある。一つ目の動物は架空の存在である。経験主義哲学者のバークリーによると、両目の視線は遠くを見るときほぼ平行であるのに対して、近くのモノを見るとき一点に収斂する、奥行きの知覚はまさにこの事実に由来する、という。バークリーの約二〇〇年後に、イギリスの物理学者のウィートストーンは奥行きを説明する別の要因を記述した。視覚像差つまり、二つの目がまったく同じ網膜像を受け取ることはけっしてないという事実である。顔に鉛筆を近づけたり遠ざけたりしながら、遠くの一点をじっと見つめると、そのことが確認できる。こうすると鉛筆は二重になる。このように、遠くを見るとき両目の視線は平行になるが、そのとき近くのモノはそれぞれの網膜上でずれる。反対に、汚れたガラス越しに景色を見るとき、汚れをよく見ようと視線を収斂させると、背景にある景色は二重になる。このようにものが二重に見えることはありふれた現象なので、網膜像差が強いとき（＝視角が十五分）以外は、日常生活ではまったく注意を払うことがない（図9参照）。

たいていはわれわれには二重像は見えず、奥行きのある単一のモノが見える。この現象は立体《ステレオスコピー》視と呼ばれる。ウィートストーンは立体鏡をはじめて作り、両目の像《イメージ》が微妙にずれることによって奥行き知覚、すなわち空間内で単一像が生じることを示した。一方、両目の像を反転させると「凸状」のものが「凹状」になる。したがって、ほかの要因がなくても、両目が受け取る像のわずかな違いだけで、奥行きの知覚や、モノがわれわれに出現する空間の構成が行われる。まるでわれわれの知覚装置が、奥行きを知覚する両眼メカニズムの助けを借りて、たいていぴたりと当たる無意識的推論を行っているような様子になる。ちょうど天文学者が惑星の位置を計算するように、

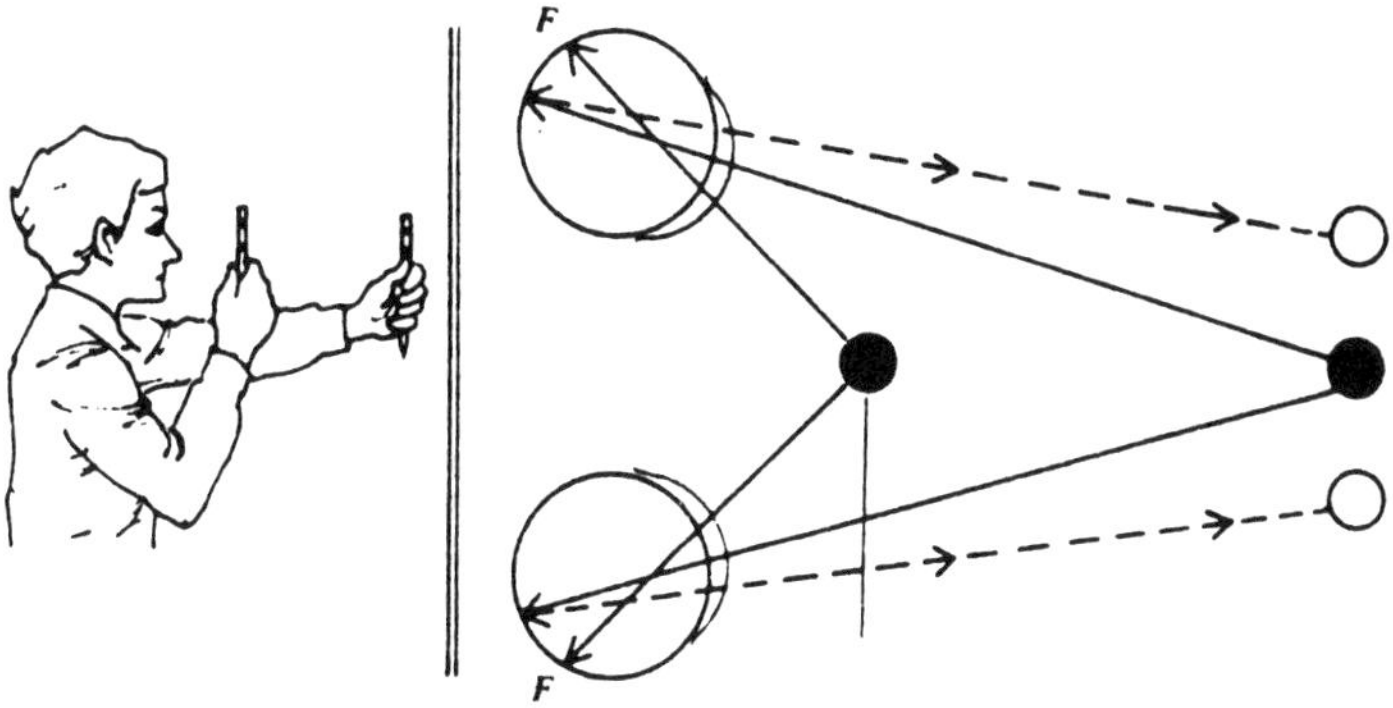

図9　あるモノを目の前に持ち，別のモノを少し遠ざけて持ち，近いモノに視点を集中するとはっきりとした像を得られるが，遠くのモノは二重に見える。

われわれの知覚装置は二つの網膜像からモノの位置を計算する。知覚装置もやはり幾何学的計算を行っていることになる。

　では、新生児の場合はどうだろうか。新生児も生まれながらの天文学者なのだろうか。それとも、まずは、自分の生きていく物質界の空間的・幾何学的特徴になじまなくてはならないのだろうか。

　すでに述べたように（本書七七ページ、**写真4**参照）、ウォークとギブソンは、赤ん坊がきわめて早期から三次元の枠組みで世界を組織すること、「ハイハイ」が可能な段階になるとたいてい障害物を避けられることをはじめて示した。彼らの実験では、高さ約一メートルのガラスのテーブルの中央の下側に一枚の板を立てて二つの部分に分け、見かけ上の断崖をつくった。真ん中の板から一方には、ガラス版のすぐ下に格子縞模様を張りつけ、他方の側は地面に張った。成人なら急に段差があるのがわかるが、六ヵ月の赤ん坊はどうだろうか。いったん中央の板の上に来ると、母親が「おいでおいで」の合図をしても、また母親が「視覚的断崖」の側に来ても、ガラスがあるので安全なことを触覚で確認しているのに、たいていの赤ん坊は前進しようとしない。

かなり早期に赤ん坊がこうした反応を示すことに多くの研究者が驚いた。当時はたいていの者は、子どもは二歳までは白紙状態《タブラ・ラサ》にすぎないと考えていたからだ。その後多くの実験が行われて、もっと早期の赤ん坊の諸能力の研究、奥行き知覚の源の解明、そして知覚装置の発達の様子についての理解が進んだ。

注視法を用いて、生後四～五ヵ月の赤ん坊が視覚像差の要因をどう利用しているのか分析が行われた。ヘルドは、白地に黒の縞の入った円盤を注視点の両側に一つずつ提示した。普通の照明の下では円盤は平らに見える。しかし実験では、赤ん坊は偏光レンズの眼鏡越しに円盤を見た。その結果、円盤の一方が立体的に見える。生後一〇～一七週間の赤ん坊は両者を区別しなかった。立体像を注視し始めるのは、生後二〇週間経ってからだった(2)(図10参照)。

同様に、動きのある任意の点で構成されたイメージを示して、赤ん坊が動いているモノをどう追視するのか研究が行われた(3)。片目で見るとモノのイメージはまったく薄ぼんやりしていて構造を持たず、一貫した動きもない。ところが立体視で見ると、成人は、それぞれの目に示されたイメージを関連づけ、奥行きがあり、右から左に移動するモノを知覚できるようになる。しかし、赤ん坊は生後五ヵ月にならないと、普通はこうした「モノ」を追視することはないようだ。

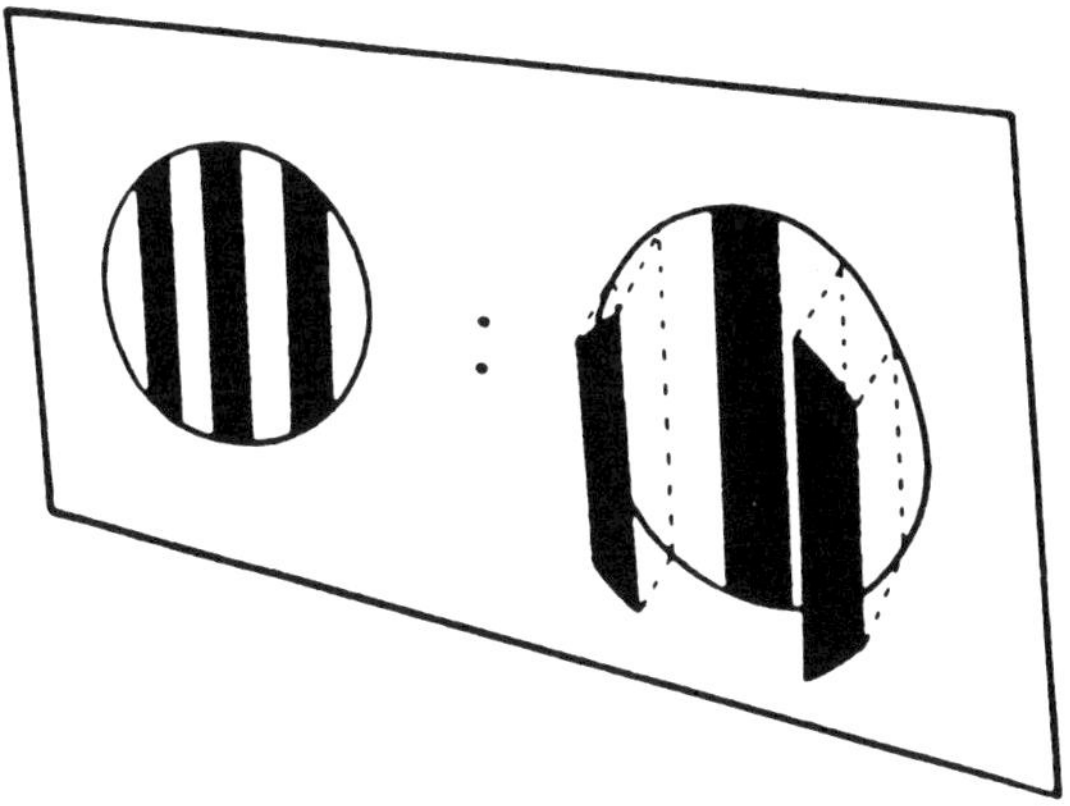

図10　Held, Birch 及び Gwiazda が赤ん坊の立体視力を研究するために用いた刺激。赤ん坊が偏光レンズの眼鏡をかけると立体感（右側の円盤）が得られる（Held ほか, 1980）。

赤ん坊の奥行き知覚に関して得られた結果をまとめると、すべて同じ結論になる。生まれたばかりの赤ん坊は、網膜像差や立体視が使えない。ただし幸いなことに、立体視は第三次元を構成するために有用な唯一の要因というわけではない。

■絵画的要因

アメリカの知覚心理学者のギブソンら数人の研究者は、立体視ではすべてを説明できない、奥行き知覚は、実は自然な視覚的刺激に含まれているほかの多くの要因に依拠している、と主張した[4]。

実際、自然な視覚的刺激はきわめて内容が豊かで、両目で見ることを必要としない。われわれが片目を閉じたからといって、知覚世界が平らになったりしない。片方の網膜が刺激を受けただけでも、単眼性要因によって奥行きに関する情報が得られる（図11参照）。

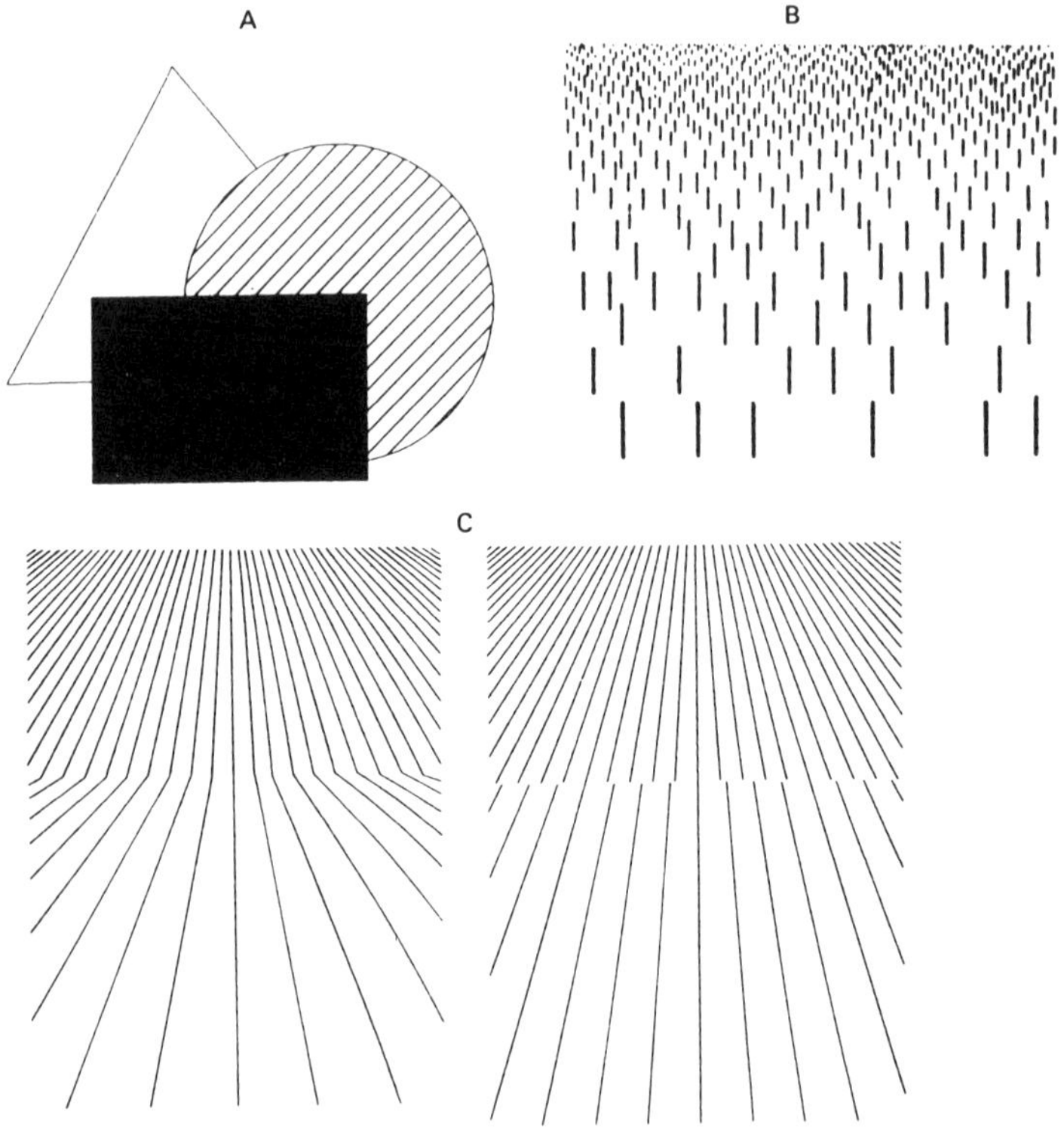

図11　単眼性要因の例：

A　四角が前景に見える。四角は丸を隠しているが，ほかの図形で遮蔽されていないからである。同様に三角は背景に見える。ほかの二つの図形で部分的に被われているからだ。

B　肌理《テキスチャ》の密度。縦棒は絵の上のほうでだんだんつまっていく。このことから図の上方がより遠くにあると解釈される。

C　肌理が急に変化すると，左図では傾きが変化した印象を与え，右図では段差のある印象を与える。

単眼性要因にはまず絵画的要因がある。これが静的《スタティック》イメージから奥行きを再構成することを可能にしてくれる。近くのモノは遠くのモノを隠すが、この逆はあり得ない。重ね合わせの関係から、モノ相互の距離や三次元空間におけるモノの相対的位置が明らかになる。同じく、大きさと遠近《パースペクティヴ》によって近いモノは遠いモノより大きく見える。次に、ルネサンス以来、画家が広範に利用している光と陰が二次元のイメージに奥行きを与える。さらに、肌理《テキスチャ》の勾配（つまり、モノの表面の微細な部分のために目に見えるようになった肌理がモノからの距離が大きくなるにつれて密になるという現象）を視覚装置が利用する。

そこで、両眼性要因が使えるようになる以前に、単眼性要因もしくは絵画的要因だけで赤ん坊が奥行きの概念を持てるようになるのかどうかが問題になる。

この問題を検討するための最初の実験の一つで、エイムズの台形窓（＝一辺が反対の辺より大きい、変形した窓）が用いられた。(5) 生後六ヵ月の赤ん坊が片目だけでエイムズの窓を見ると、自分に近く見える側に触ろうとして手を伸ばす（写真9参照）。この動作は大きい方を好むという理由では説明がつかない。というのも、エイムズの窓の両端の枠と寸法差が同一の二本の棒を示しても、特に片方だけに好みを示さないからだ。さらに、エイムズの窓を普通に両目で見させると、大きく見える側を好む傾向は消滅する。

以上で述べた実験、またそのほかの実験から次のことが分かる。両眼性要因は生後四〜七ヵ月目の間に配置されるのだが、それ以前には単眼性要因は機能しないということである。両眼性要因に

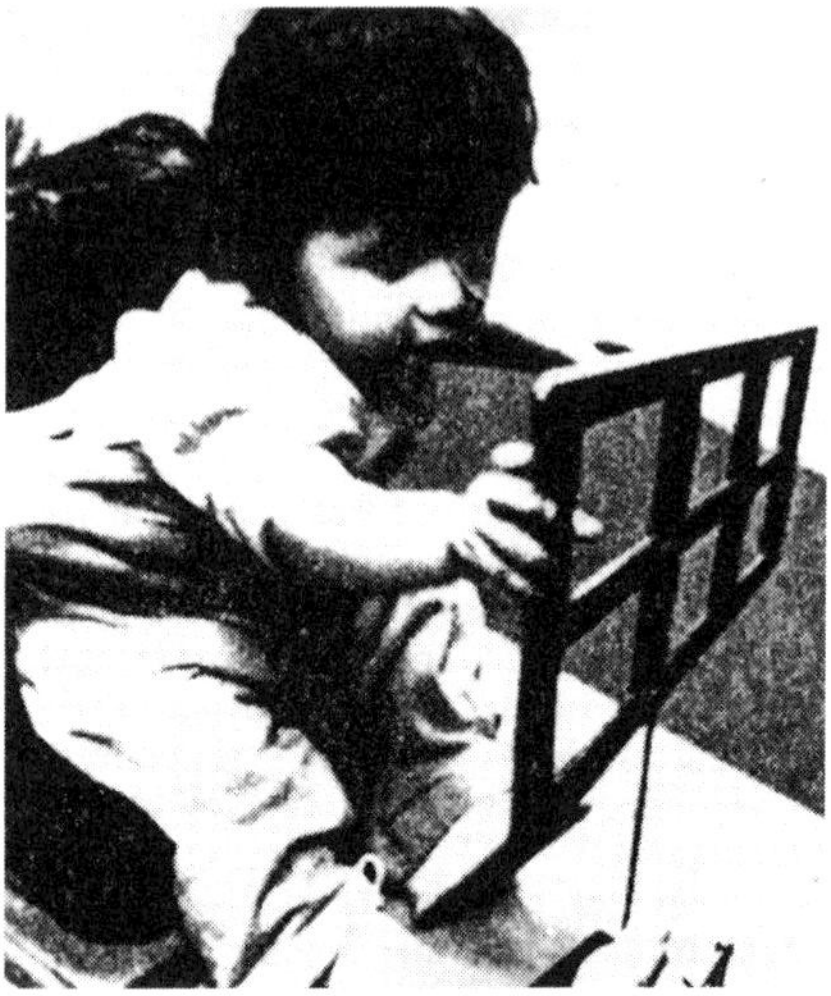

写真9　Yonas と Granrud の実験によって、赤ん坊は単眼性要因をどう利用するのか評価することができる。片目にパッチをつけると、生後六ヵ月以上の赤ん坊はエイムズの台形窓の大きい枠をつかもうとする傾向を示す。しかし、五ヵ月以下ではこの傾向は見られない（Yonas et Granrud, 1985）。

よって空間の組織化が始動し、副次的要因を抽出できるようなるらしい。とすると、赤ん坊は生後五ヵ月目を過ぎてようやく空間を立体的に知覚できることになる。とはいうものの、単眼性要因についてのデータはほとんどすべて、赤ん坊がモノをつかむかつかまないかの実験から得られたものである。モノをスムーズにじょうずに自発的につかめるようになるには生後数ヵ月が必要だ。したがっていままでの実験では赤ん坊が単眼性要因を利用してモノを表象する能力が過小評価されていた、と考えられなくもない。

しかし、感覚情報を受け取り、その情報から空間の表象が構成できるようになるまで、なぜ赤ん坊は五ヵ月間待たなくてはならないのだろうか。経験主義的仮説では、新生児が自分の知覚内容を構造化することを学習する必要があるためだと説明されている。もっともらしい仮説だが、今日で

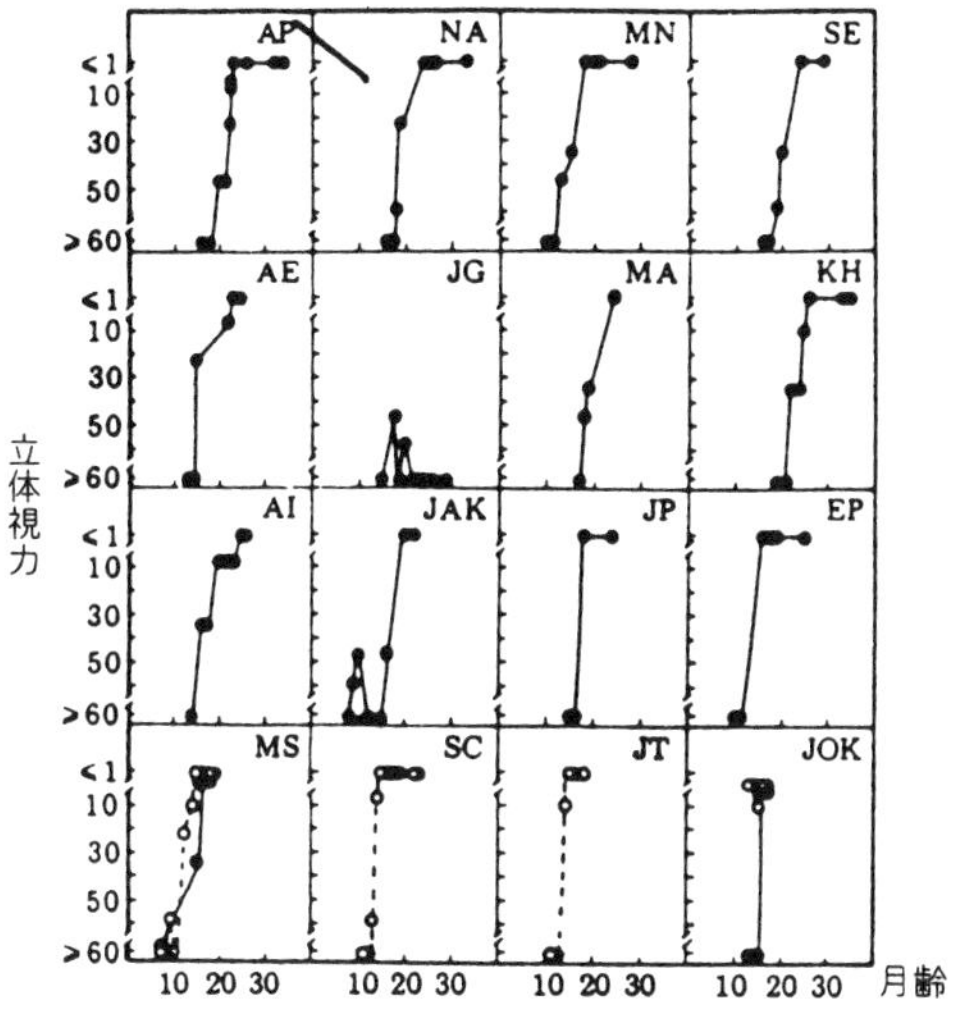

図表9　立体視力の出現について、生後十〜三十週の一六人の被験者のもの。ＪＧを除くとそれぞれの被験者で立体視力は第二十週目の直前に現れる。ＪＧは、立体視力について欠陥があることが分かった（Held ほか、1980）。

は猛烈に反駁されている。実際、多くの実験の結果、赤ん坊の認知的発達の説明として、むしろ視覚にかかわる大脳皮質の成熟が重視される。

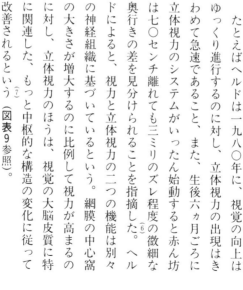

たとえばヘルドは一九八〇年に、視覚の向上はゆっくり進行するのに対し、立体視力の出現はきわめて急速であること、また、生後六ヵ月ごろに立体視力のシステムがいったん始動すると赤ん坊は七〇センチ離れても三ミリのズレ程度の微細な奥行きの差を見分けられることを指摘した[6]。ヘルドによると、視力と立体視力の二つの機能は別々の神経組織に基づいているという。網膜の中心窩の大きさが増大するのに比例して視力が高まるのに対し、立体視力のほうは、視覚の大脳皮質に特に関連した、もっと中枢的な構造の変化に従って改善されるという[7]（図表9参照）。

ネコやサルで行った研究で、立体視力は生後三週目から五週目の間に突然出現することが証明されている。世界を三次元に構造化する能力が固まる時期が、視覚の大脳皮質の第四層が「目《め》優位性柱《コラム》状構造の状態、すなわち神経細胞がはっきりとしたグループにまとまり、それぞれの眼の情報を別々に受け取るような状態に組織される時期と一致する。両眼性要因の利用が可能になるのは、まさに神経細胞がこのように柱状構造に分化するためらしい[8]。

このように、立体視の出現は人間が環境に接触して学習するものではなくて、視覚の大脳皮質の構造に由来するようだ。だが、立体視は誕生時には「与えられて」いない。それはしかし、機能面の学習をしなくてはならないということなのではなく、脳がまだ適切な成熟段階に達していないということなのである。器官はそれぞれふさわしい時期に必要とする機能をつくり出す、と言えよう。

■運動的要因

両目の間に不均衡といくつかの単眼性要因があることに加えて、いくつかの運動性要因が空間の構成に重要な役割を演じている。われわれはこうした要因を運動中の平面イメージから取り出すことができる。片目を閉じてある情景を見ても、頭を軽く動かすだけですぐに奥行きが感じられる。これが運動視差である。動いている列車の窓から外を見るときのように、一定のスピードで移動するとき、手前のモノは遠くのモノより早く通り過ぎていく。これがスピードの勾配ないしは光学的流動《オプティカル・フロー》である。さらに、近くのモノは必ず遠くのモノの前を通る。これが増大《アクリーション》および輪郭消滅の原理である。

一九七〇年代にバウアーのグループは、生後六日の新生児が、モノが高速で自分に接近するように見える動画《アニメーション》に反応すると主張した。[9] 新生児は目を見開き、頭を上げて、いまにも自分にぶつかりそうに見える「物体」をよけようとしたという。

バウアーの示した実験結果は、少なくとも新生児については追試が行われていない。より厳密な実験条件の下でより多くの被験者を用いた結果、生後一〜二ヵ月の赤ん坊はいまにも自分にぶつかりそうに見える、膨張するモノに反応を示さないことが明らかになった。[10] 赤ん坊はこうしたモノの軌道を目で追うだけで、バウアーの考えに反して自分を守るような動きは一切しなかった。同様に、いまにも何かが衝突しそうな動画の場合も、動画の上部が赤ん坊の視線に対して不動である場合は反応を引き起こさなかった。最後に、たとえばスチロール樹脂製の立方体のような現実の物体を生後二ヵ月の赤ん坊に投げつけても、身を守ったり、おびえたような反応を全然示さなかった。したがって、この種のいわゆる「反射」は、新生児が奥行きを構成するようになるための要因だとは言えない。

とはいえ、運動的要因が奥行きを知覚する際に重要だという事実は、まだ十分に解明されていない。立体視が配置される以前に、新生児は視覚空間の立体的表象を持っているのかどうかがやはり問題になる。いずれにしても、聴覚の成熟は視覚よりも早いので、もしかしたら新生児には聴覚的情報を用いてモノを三次元空間に位置づけることができるのかもしれない。

■聴覚的要因

複合的な音が聞こえると、われわれの知覚装置はその音のもっとも重要な構成要素を抽出する。たとえば、あなたがある講演会に出席しているとしよう。左隣の女性は咳をする。右隣の人たちはおしゃべりをしているし、そのうちの一人はカメラを落とす始末だ。外の通りではバスが動き出し、車がクラクションを鳴らしている。遅れてきた人がドアをバタンと鳴らす。こうした事態は、気の毒なことに講演者にとって辛い試練だし、あなたにとってもそうだ。講演者があなたを自分の話に引き込めれば、あなたはこうした騒ぎにまったく邪魔されることもないだろう。あなたが耳にするのは講演者の声の抑揚だけであり、講演者の発する文の連なりがあなたの心を捕えて離さない。耳にはすべての雑音が入り交じって複雑な信号が構成されているのに、知覚そのものは明晰で組織化されている。われわれは、外のバスの音や講演者の声や右隣でカメラが落ちる音をはっきり聞き分けている。いろいろな音の特質や音源と関連させて、音を環境空間のなかで組織化しているということになる。

われわれの知覚装置が、こうしたできごとのシナリオ全体を再構成し、複雑な刺激を組織された、そして比較的はっきりした音の流れに変える様子を調べた研究者もいる。音響環境を組織するときに中心的役割を演じているのは、主に周波数や音色やテンポといった特性である。しかし、認知装置も立体的空間を構成し、そのなかに音源を配置している。視覚情報と聴覚情報を関係づける経験がまだほとんどないのに、新生児はどのようにして聴覚的刺激を組織化するのだろうか。
生後数時間の新生児は人の声のする方向にくちびるをすぼめる。[11] 赤ん坊はすでにこの時期に、音と空間内の位置を関連づけているのだろうか。生後一ヵ月の赤ん坊は、母親の見える場所と母親の声の聞こえてくる場所が違うと不安そうな様子を見せる。[12] すでにこの時期の赤ん坊の知覚空間は、環境についてまとまりのある表象として構成されていて、この表象のうちに、外部のモノの位置や動きに関する情報を与えるさまざまな刺激が集約されているように思われる。このことが、視覚情報と聴覚情報を切り離してしまうと混乱してしまう理由なのだろう。
母親が話し始めると新生児がそちらを向くことは、かなり以前から指摘されていた。一九七一年に行われた実験では、新生児は一般的にどんな音でも、その音の聞こえる方向を向くという事実が発見されたかに見えた。[13] それ以来、多くの研究グループがこの観察結果を追試しようとしたが成功しなかった。[14] しかしついに一九七九年に、多くの制御の過程を含み、特別な配慮（自分の子どもについて音の方向を向くメカニズムを観察しようとする親ならこの大変さがわかるに違いない）を必要とする決定的な実験が考案された。[15]
この実験では、赤ん坊の反応を観察するアシスタントはどの方向から音が聞こえて来るか知っていてはいけない。また、アシスタントは、赤ん坊が反応するまで一〇秒あまり待たなくてはならない（それまでの実験では、赤ん坊は能力的に無理なほど短時間で反応しなくてはならなかった）。音の長さは一～二〇秒の幅で変えることができ、どんな性質の音かは特に重要ではない。普通はがらがらの音が使われる。さらに、赤ん坊は自分で顔の向きを変えられるような姿勢にしておかなくてはならない。

この実験の手続き《プロトコル》から、新生児の反応は音の聞こえて来る方向と相関していることが明らかになった。平均すると、音の聞こえない方向よりも音の聞こえる方向に頻繁に顔を向けた。しかし、毎回反応するわけではない。そこで、新生児があたかも音を空間的に位置づけているかのように行動することを立証するためには、いくつかの大きな被験者のグループでテストしなくてはならなかった。音の聞こえる方向に顔を向ける反応は生後二ヵ月ごろに消えて、四ヵ月ごろに再び現れる。しかも自分で制御できるようになる。(16) こうした初期行動のメカニズムがどんなものか、また、この初期行動と成人の反応のしかたにどんな関係があるのか、まだよく分かっていない。

成人では、同じ音をわずかに時間をずらして両耳に提示すると、はじめに聞こえた側から聞こえるように感じられる。この先行音効果は生後四ヵ月目以前の赤ん坊には観察されない。先行音効果には大脳の両半球の共同作業が必要であり、大脳皮質の成熟が比較的進んだ段階に達しないとこの共同作業は不可能なのである。(17) 反対に、音を垂直方向に位置づける能力は、もっとゆっくりと改善されていくように思われる。

成人と同じように空間的に音を位置づける能力は、立体視の場合と同様、生後四ヵ月ごろにはじめて出現するらしい。だが、この行動の先駆けにあたるものがすでに誕生時に配置されている。この行動の正確な特徴を決定するにはまだ多くの研究が必要である。たとえば、新生児は同じ方向からの音を位置づけられるのか、左右、上下の差よりもっと微妙な差を感じとれるのか、というようなことを実験しなくてはならない。

こうしてみると、知覚の本格的変化が生後四ヵ月ごろに生じるのは確かなようだ。実際この時期には、大脳皮質が複雑に再組織されて、赤ん坊が立体視の諸要因を利用したり、写真のような平面的イメージから奥行きを引き出したり、また音声を空間のなかで正確に位置づけたりすることができるようになる。だが、生後四ヵ月以前にはどんなことが起きているのだろうか。新生児は扁平な世界に住んでいるのだろうか。それとも何かほかの要因を用いて三次元の世界を表象できるのだろうか。こうした問いにはまだ答えが示されていない。しかし、確かなことが一つある。それは新生児が奥行きを知覚しないのは事実だとするならば、モノは距離によって大きさを変え、方向によって形を変えて見えるはずだということである。生後四ヵ月以前の赤ん坊は、知覚の恒常性を把握しないだろうし、世界は形のない動き回るモノであふれたカオスに見えるに違いないということである。

知覚の恒常性

誰か人が近づいて来ても遠ざかって行っても、われわれはその人の大きさが変化したという印象を持たない。しかし、網膜像は大きくなったり小さくなったりしている。朝、洗面所の鏡に映った顔を見るとき、その像は「実際」の顔とまったく同じ大きさだという印象を持つ。しかし、鏡についた水蒸気の上の顔の輪郭をなぞってみると、その像が実際は滑稽なほどちっぽけなものだとわかる。特別な状態に置かれない限り、モノの知覚された大きさは恒常的である。モノが小さく思われるときでも、脳は網膜像の大きさをそっくりそのまま反映しない。

こうして知覚は次のような古典的な問題を提起する。すなわち、モノには動きがあり、またわれわれ自身も動いているのに、知覚装置はどのようにしてモノに恒常的な大きさと形を付与することができるのかという問題である。一七〇九年にバークリーは次のように述べている。「非常に離れたモノの位置する距離についてわれわれの下す評価は、感覚よりもむしろ経験に基づく判断行為である」(18)。こうしたバークリー風の見方をすると、赤ん坊は、自分がじかに接している環境のなかにある立体的なモノとの交渉を通して、視覚上の外見は虚像だということを理解し、モノとの距離に応じてモノの大きさを正しく判断することを学習することになる。ピアジェも同じような考えだったが、赤ん坊は、環境を組織し、モノの表象を構成することを可能ならしめる感覚・運動的規則性を自分のうちに獲得する、つまりモノと空間の構築は同時に進行するのだ、ということになる。

生後四ヵ月以前の赤ん坊は、単眼性要因ないしは両眼性要因を利用するのが得意ではないので、知覚の恒常性を保持することも不得意なはずである。実際はどうなのだろうか。

生後間もない低年齢の被験者についてはあまり実験が行われていない。いままでの実験はすべて次のようなモデルに従って行われた。大きさの異なる二つのモノを網膜像が同じ大きさになるような距離で提示するか、または、同じモノを距離を変えて提示して大きさの違う網膜像を結ぶように

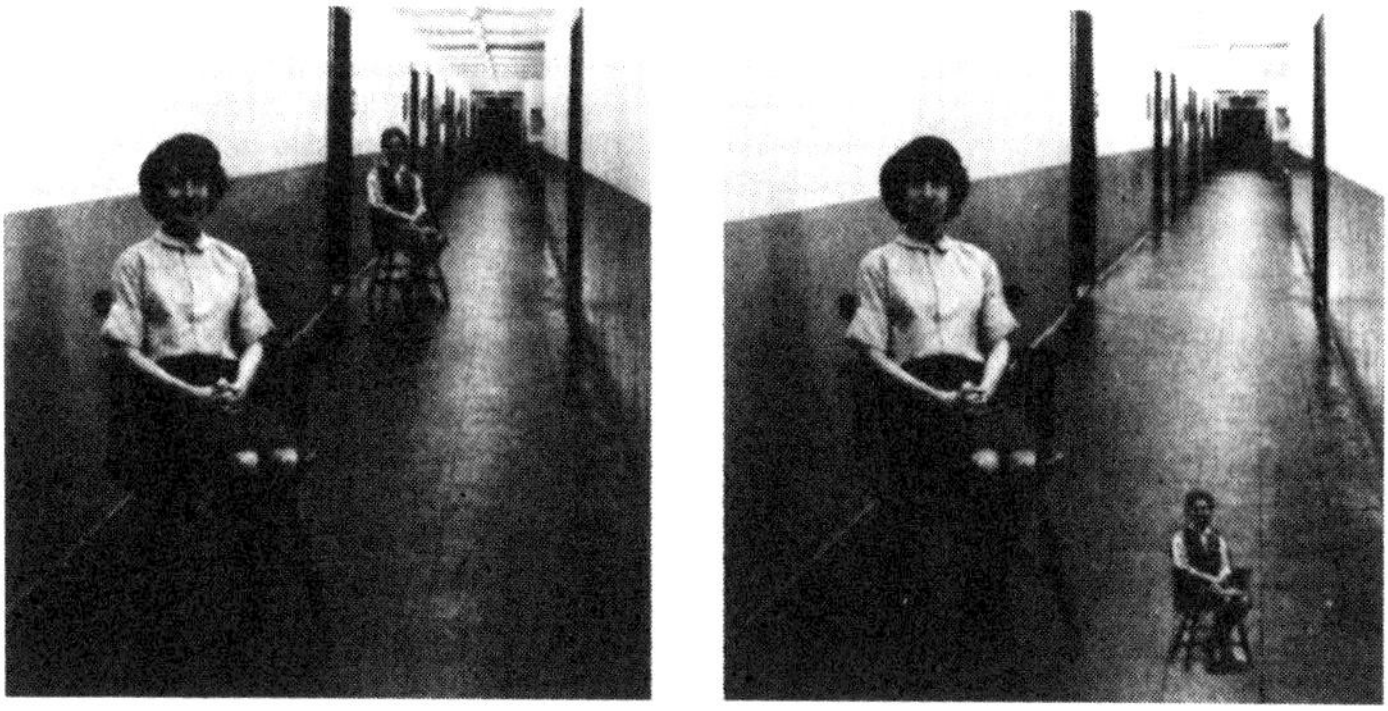

写真10　後列に座っている人を見ると，この人は前列の人と同じ大きさだと考える。しかし，二人とも前列に配置して並べると，こうした判断が網膜像よりも視覚上の大きさの恒常性に基づいていることに気づく（McKenzie ほか, 1980）。

するというやり方である。こうすれば、赤ん坊はモノの本当の大きさに反応するのか、それとも単に網膜像に反応しているだけなのか調べられる。

たとえばマッケンジーのグループは、生後六〜八ヵ月の赤ん坊について視覚上の大きさの恒常性を研究した。(19) 大きさだけが異なる二つの同一の半身像を提示したのだが、一方では小さい方を三〇センチ、大きい方を六〇センチの位置に置いて、網膜像が同一になるようにした。他方では、同一の半身像を三〇センチと六〇センチの位置で提示した。赤ん坊は、網膜像は同じだが、大きさがちがう前者の場合には反応したが、後者の、同一の半身像の位置の変化には反応しなかった。半身像の提示位置が六〇センチを超えると実験結果はもっとはっきりしなくなった。生後四ヵ月の赤ん坊でも視覚上の大きさの恒常性に対して反応が見られた。しかし、その反応が得られるのは、半身像を提示する位置をもっと近くして実験したときだけだった（写真10参照）。
ごく最近、二つの研究グループが、視覚上の大きさの恒常性がすでに誕生時に存在していることを示唆する実験結果を得た。[20]
では、生後四ヵ月の知覚上の形の恒常性はどういうことになるのだろうか。赤ん坊にさまざまな方向から撮影した立方体の写真を何枚か見せると、別々の形を見ているような反応をする。[21] 写真ではなく本当の立方体を用いると、どんな方向を向けても同一のものを見ているような様子をする。生後三ヵ月の赤ん坊に四角形や台形をさまざまな方向で提示した場合も、似たような結果が得られた。[22] こうした結果が新生児で見られることを報告している研究も存在する。[23]
以上で述べた研究のうちのあるものは、改めて追試を行うか、より精緻化する必要はあるが、知覚上の形の恒常性はきわめて早期、すなわち生後四ヵ月よりかなり以前に獲得できるようだ。われわれはいまや明らかにあるパラドックスに直面していることになる。一方では、奥行きの知覚の研究によって、赤ん坊には生後四ヵ月〜四ヵ月半以前には単眼性要因と両眼性要因を利用することができないことが明らかにされていると考えられるのに、その一方で、生後四ヵ月以前でも、方向をさまざまに変えてモノを示しても同一のものとして認知することができると十分に考えられるからだ。もし仮に生後四ヵ月以前の赤ん坊は扁平な知覚世界に住んでいるなら、どうしてこうしたことが可能なのだろうか。
この問いに明快な答えを出すには時期尚早である。しかし、生後四ヵ月以前の赤ん坊の奥行き知覚の能力がいままでは過小評価されていたと言えるかもしれない。特に、立体視力がなくても運動的要因から第三次元を構成することは可能だと思われる。実際、この時期の赤ん坊の場合、実験に使用するモノが近距離で提示されると一般に良好な成績が得られることが観察されている。たとえば、ちょっとうなずいてみせるだけでかなりの視差を生じさせることができる。これと反対に、モノを遠くから示したり写真を示したりすると、実験成績は良くない。四ヵ月目以降になってようやく、固定した像をもとに奥行きを知覚することが片目でも両目でも可能になる。もしこうした仮説が正しいとするなら、誕生時の知覚は成人の知覚と同じだということになるだろう。感覚器の発達状態がまだ不十分で大脳皮質の中枢部分が成熟していないにもかかわらず、新生児の視覚世界はウィリアム・ジェームズなどの述べている、例の「ぼやけ混乱した感覚のカオス」ではないことになる。要するに、成人の場合と同様、新生児の視覚世界はモノで満たされた世界だということになる。

2　モノ

環境から受け取る刺激の「本当の」大きさや「本当の」形を評価するために、赤ん坊がかなり早期から運動的要因を利用して、三次元の世界のなかでモノを位置づけていると仮定してみよう。その場合、本当に赤ん坊はモノ《オブジェクト》に成人と同じ特性を付与しているのだろうか。またさらに、人間は誰も皆、モノが同じ特性を持っていると見なしているのだろうか。人間は皆、同じ空間を見ているのだろうか。もっと一般的な言い方をするなら、人間は皆、同一の世界を見ているのだろうか。

この本の読者であるあなたには、同一のモノがパリとニューヨークに同時に存在することは思いもよらないことだ。ゴルバチョフが同時にクレムリンやアゼルバイジャンやエストニアにいるなどということはあり得ない。同様に、昨日あなたが博物館でじっくり鑑賞した四〇〇年前に刻まれた彫像が、その時代から今日までの間に、存在することをやめたなどということもあり得ない。ルーヴル美術館で鑑賞できるモナリザが本物なら、それはダ・ヴィンチが描いたのと同一のものだ。こうしたことはわれわれには絶対に確かなことである。しかし、どうしてそういう確信が持てるのだろうか。これ以外の仮定は気の触れた人間の作りだした空想と思われるのはなぜだろうか。

われわれの原始的な知覚・概念装置はこの点に関してゆるぎない確信を与えてくれる。この確信は、粒子だ量子だといったものの物理的特性について科学がなんと言おうと影響されない。われわれが自分を取り巻くモノの特性をつくり上げる仕方は、学校で教えられて身につけたものではない。世界を見るのに物理学は必要ない。むしろ、精神《エスプリ》には独自の機能様式があり、その様式によって、知覚対象に、たとえば連続性と固体性を付与しているように思われる。では精神は、どこでそうした機能様式を手にいれるのだろうか。

なぜモノはわれわれが知覚するようなモノであるのか

カフェテラスに座っているとき、われわれの視野は自立的で別々に離れたモノで満たされている。これらのモノの一つ一つは、相互に接続した部分から構成されている。たとえば葉は枝に付き、枝は幹に付き、それら全体は木というモノを構成している。各部分はほかのすべての部分と共に動く。それゆえ全体が固有の形を保持するのである。

さらに、二つのモノがまったく同一の場所を占めることはけっしてあり得ない。モノの網膜像は、われわれの視線上で網膜とモノの間に割り込んだほかのモノの像で部分的に遮られている。たとえばカフェの壁は、多くの家具やポスターで遮られている。入り口のドアは椅子の背の横桟で細かく区切られている。さらに、椅子の脚の一本がテーブルの隅で隠されている。歩道を行き来する通行人は遮り合っている。足が一本現れたかと思うと、腕が一本見えなくなる……といった調子だ。しかし、テラスに座った観察者は、切断されたり、破損したり、二つに切り分けられたり、絶え間なく変形している物体を知覚してはいない。物体はそれぞれ統一性を保っている。

われわれの知覚装置は、一体どのようにして、不完全で分断された情報を変換してひとまとまりのモノに再構成できるのだろうか。われわれは、モノには普通それ固有の形があるということを学習したのだろうか。実際に連続している物体と接触することによって、断片的イメージからまとまりを再構成することを学習したのだろうか。あるいは、こうした再構成の過程はわれわれの知覚装置に固有のもの、ある程度まで生得的なものなのだろうか。こうした見方をすると、赤ん坊はすでにきわめて早期から、均一で恒常性のあるモノで組織された世界を知覚することができることになる。経験主義者が主張していたように、細分化された印象のカオスを知覚するのではない。

第II部で指摘したように(一二〇ページ)、バウアーはすでに一九六七年、実験によってこの問いに解答を出そうと試みた。図12で示したように、三角形のような単純な形の中央部分を紙テープで隠して上下部分に切れたものを見せる実験を行ったのである。完全な三角形をいままで一度も見たことがない赤ん坊が、完全な三角形を推論することができるだろうか。それとも紙テープの下に存在し得るあらゆるイメージを、単純なものでも複雑なものでもどれも容易に受け入れるのだろうか。

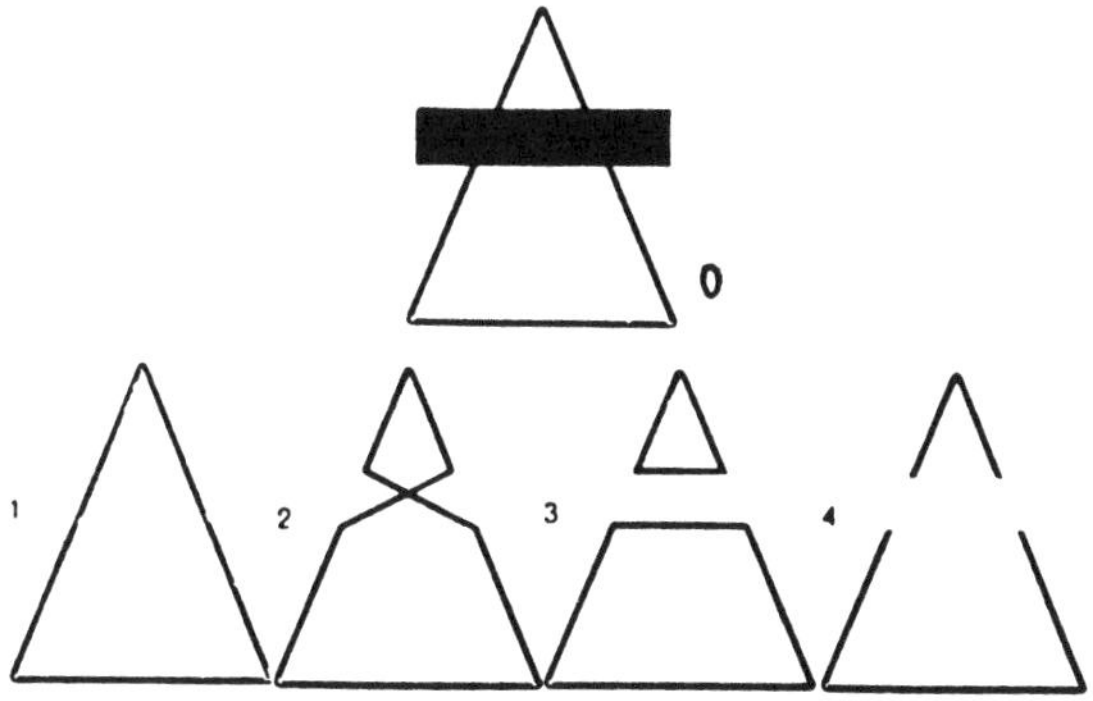

図12　成人は図形０を，棒で部分的にカバーした三角形だと知覚する。つまり成人が見ているのは１の図形であり，２や３や４ではない。赤ん坊も同様だとバウアーは主張した（Bower, 1972）。

写真11　この図柄を見ると，ダルメシアンが見えるはずである（Gregory 1987）。

生後一ヵ月の赤ん坊は世界をまだわずかしか経験していないのにもかかわらず、ある図形が部分的に隠されていても、よい形とよい連続性の法則に従ってその図形を補完する傾向を持っている、とバウアーは考えた。その後、これら初期の実験は、際だった理論的斬新さと多くの工夫で動機づけられていたが、精密さと実験的厳密さへの配慮が不十分だったことが判明した。以来、われわれはきわめて慎重に対応して、非常に厳密なチェックを幾通りも行うことを学んだ。そしてバウアーの発想は精度を高めてテストされて、少なくとも部分的に正しいことが確認された(24)（写真11参照）

たとえば、赤ん坊に備わったよい連続性の原理に関心を持った研究者がいる。彼らは、垂直の棒を実験に用いた。この棒を部分的に隠して左右に動かす。見えるのは棒の両端だけである。生後四ヵ月半の赤ん坊ではどんな反応を示すだろうか。赤ん坊がいったんこうした設定に慣れてから、カバーを取り外して棒の全体を示すか、または、まん中の切れた両端だけを提示した。すると、後者の場合に強く反応した。このことは、赤ん坊が最初の刺激を一本の棒が部分的にカバーされたものと知覚していて、不連続な別々の二つのモノと知覚しなかったことを示している（図13参照）。バウアーの解釈を精密化する必要がある。三角形などのよい形を紙テープで部分的に隠して提示するだけでは十分ではない。カバーで隠されているにもかかわらず、赤ん坊が全体のまとまりを再構成できるのは、見える部分の動きが一致しているためなのだ。このことは、図形が動かないときにはバウアーの得た結果が再現されなかった事実からも証明される。したがってスペルキが述べているように、次のように結論することができる(25)。

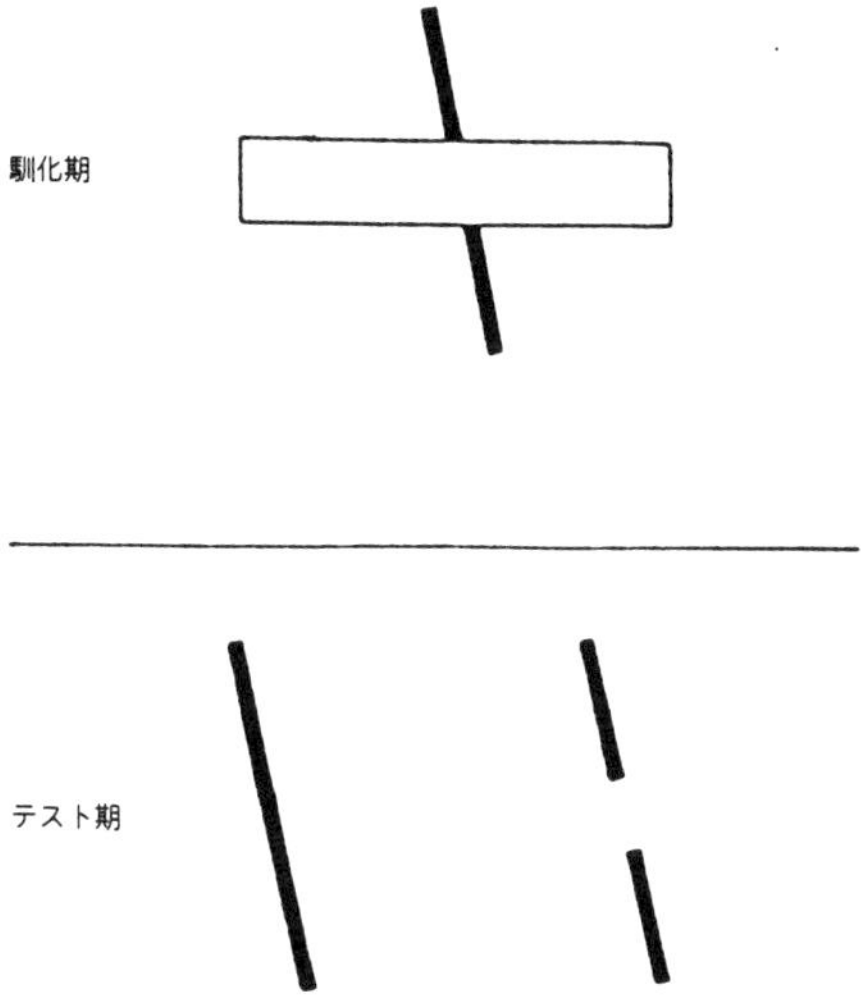

図13　Kellman 及び Spelke（1983）の使用した刺激。新生児が二本の切片ではなく、下図の左側に示されたような棒を「見る」ためには、カバー部分の上下に見えている二つの切片が一緒に動かなくてはならない。

子どもの知覚は物理的対象についてある理解の仕方に導かれている。子どもは、互いに接触していて、しかも同時に運動する複数の面をグループにまとめることができる。子どもは世界を、内的凝集力を持ち、かつ別々に移動することができる諸単位で構成されていると理解しているからである。子どもが、滑らかな輪郭と同種の色で単位を構成している複数の面をグループにまとめることができないことがある。子どもは世界を、形や色が整った単位で構成されていると考えていないからである。[26]

この結論は大部分のモノについては有効だが、部分的に隠した人の顔については当てはまらないとする研究者もいる。生後五ヵ月の赤ん坊は、人の顔をまとまりのある単位として知覚する。[27] いずれにしても、経験主義者の前提から考えられることと異なり、新生児は自分の回りで何かが動いても困惑することはない。むしろ反対に、自分を取り巻いているモノの特性を把握するために運動は不可欠なのである。

われわれの目に見えるモノ

ただし、モノとは単に組織化されて恒常性を持った形ではない。物質的で密度を持った存在でもある。であるから、異世界であればいざ知らず、二つのモノが同時に同じ場所を占有することは想像しがたい。物質性はわれわれがモノを理解する際に本質的な特性であるが、これは幼児が現実原則《プリンシプル・オブ・リアリティー》を苦労して学習した結果であるとする見方がある。何かにぶつかったり、壁を通り抜けようとしたりして、ようやく幼児は現実を、高密度で均一な、その物質性において受け入れるようになるというのである。ピアジェは一九六六年にこう説明している。

> 直接的知覚が、まずはじめ「モノ」の知覚だという証拠はまったくない。［…］静止物体について言うと、適切な空間構造のおかげで子どもは静止物体に、その客観的アイデンティティの特徴であるところの凹凸や形や奥行きといった要素を徐々に付与していく。運動している物体については、子どもがはじめから位置の変化と状態の変化を区別して、幾何学的「まとまり《グループ》」という

性質、したがってモノという性質を知覚内容に付与すると見なし得る根拠は何もない。いやそれどころか、子どもは、自分自身をはじめから空間的に位置づけることはできないし、外部世界の運動と自分自身の運動の間の絶対的相関性を理解することもできない。そのため、最初は「まとまり」もモノも構成することができず、自分の世界像の変化を現実であると同時に、自分自身の行為によって絶えず生み出されたと見なす可能性が大いにある。

ピアジェは、幼児がどのようにして現実原則に到達するのか記述しようと熱心に取り組んだ。しかし、彼の魅力的な観察にもかかわらず、ピアジェの見解を受け入れるわけにいかない。赤ん坊から見ると、モノには赤ん坊自身の行為に由来するのではない内在的な特性が備わっている。簡単な実験でそのことがわかる。

すでに見たように、子どもは、自分が知覚する世界を組織することを可能ならしめる非常に抽象的で精練された概念を生得的に備えている。では子どもは、モノは時間的・空間的に永続性を持っていること、モノは見えないときでも存在し続けること、モノは固さを持っていること、また、二つのモノは同じ場所を占めることはできないことを学習しなくてはならないのだろうか。要するに、子どもはまったくうぶで純真なのだろうか。それとも、いくつかの物理的特性の原初的な表象は、長期間の進化で形成された遺伝形質に由来しているのだろうか。

赤ん坊には自分自身の行為や特に自分の眼差しの方向に依存しないモノの概念が備わっている、

とバウアーは考えた。モノが規則的な軌道を持っていて、どの地点から出てくるかを推測できる場合には、赤ん坊は遮蔽物の向こうに消えたモノが再び現れるのを待ちかまえる。[28] 生後二ヵ月ごろになると、明かりの消える前に見えたモノを暗闇のなかでつかもうとする。[29] 生後五ヵ月目ごろになると、遮蔽物の背後に消えたモノが別の色になって再び現れるとびっくりした様子を見せる。もしピアジェの主張のように、赤ん坊にとってモノはその時々に彼らの眼がとらえるショット以外に永続的な実在性を持たないとしたら、このように驚くのをどう説明したらいいのだろうか。ピアジェの考えに従うなら、モノが再び現れると、前の表象と無関係な、いわば過去も未来もない新しい表象が現れるはずだ。しかし、現実にはそうならない。

バウアーとピアジェのどちらが正しいのだろうか。赤ん坊はモノには実質があり密度があると考えているのだろうか。それとも、ある固体が別の固体を通り抜けて移動できると考えているのだろうか。こうした問いに対して、ある実験が行われた。[30] 二つの状況が赤ん坊に示された。まず最初の設定では、木の板が赤い星の模様のある黄色い立方体を少しずつ隠す。遮蔽板は少しずつ立ち上がり、次に手前に傾いて最初の位置に戻る。第二の設定では、板が向こう側に倒れて立方体をいわば通り抜けるようにする。このような物質的に不可能なことが実験室で光学的手段を用いると可能になる（図14参照）。

生後四ヵ月の赤ん坊が馴化段階では、遮蔽板が第二の不可能な事象の場合と同じ動きをする（ただし立方体なしで）のに慣らされる。次に三回、いま説明した可能な事象を見て、同じく三回不可

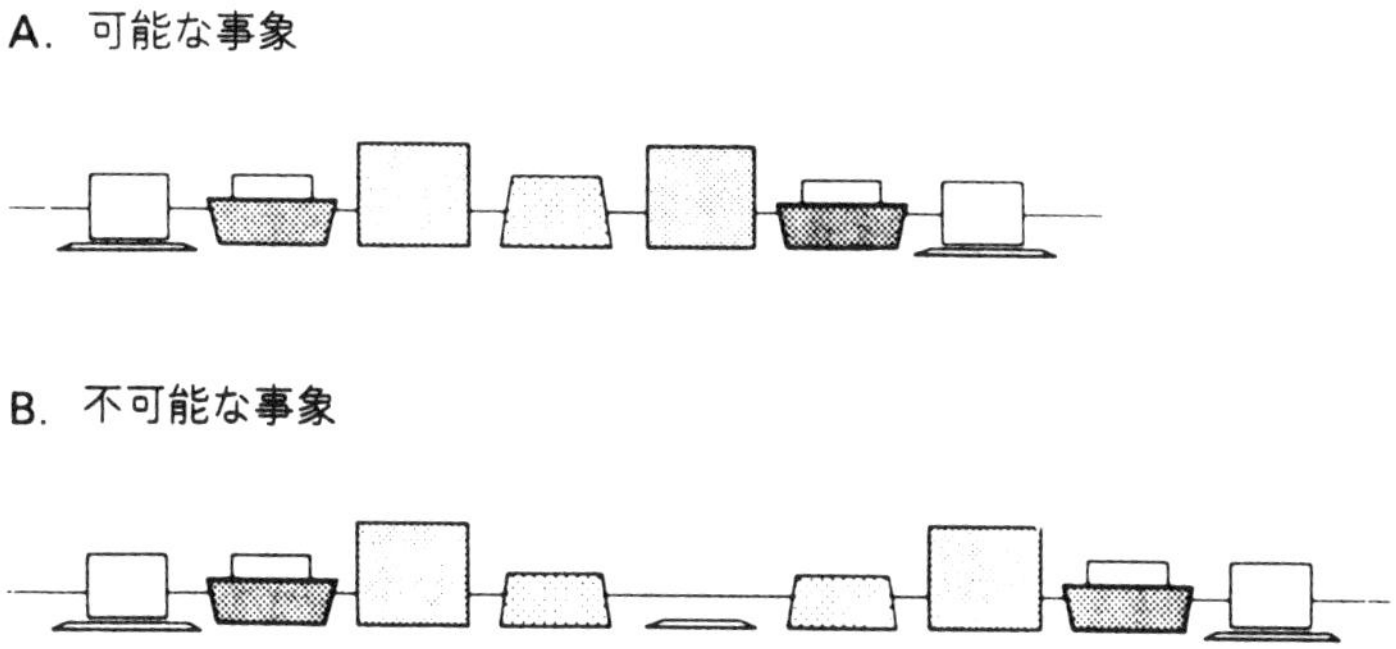

図14　Baillargeon, Spelke 及び Wassermann（1985）の実験。赤ん坊がモノをどう表象するか調べるためのもの。可能な状況では，赤ん坊は手前の木の板が水平の位置から起き上がっていって，後ろ側にある立方体に触れるのを見る。不可能な状況では，板は運動を続けて立方体があたかも無くなったかのように通り抜けていく。赤ん坊は可能な状況を当然なものと受けとめるが，不可能な状況に驚く。

能な事象を見た。半数の赤ん坊はまずはじめに可能な事象を見て、残りの半数は不可能な事象を最初に見た。不可能な事象を提示している間、赤ん坊の注意はいちじるしく高まった。一方、可能な事象は赤ん坊の好奇心を増大させなかった。

以上のことをどう説明したらいいのだろうか。実験者たちは、遮蔽板の運動だけで結果が説明できるかどうか検証した。ある場合は板は最後まで軌道をたどって向こう側に倒れたが、別の場合は一二〇度のところで止まった。しかし、立方体を用いないでこの運動だけで実験すると赤ん坊はまったく反応を示さなかった。したがって、板の運動だけでは検査したグループ間の反応の相違は説明できない。実体原則《プリンシプル・オブ・サブスタンシアリティー》を拠り所にしなくてはならない。

モノを把握する仕方についても、動くウサギのぬいぐるみを生後五ヵ月の赤ん坊に観察させて研

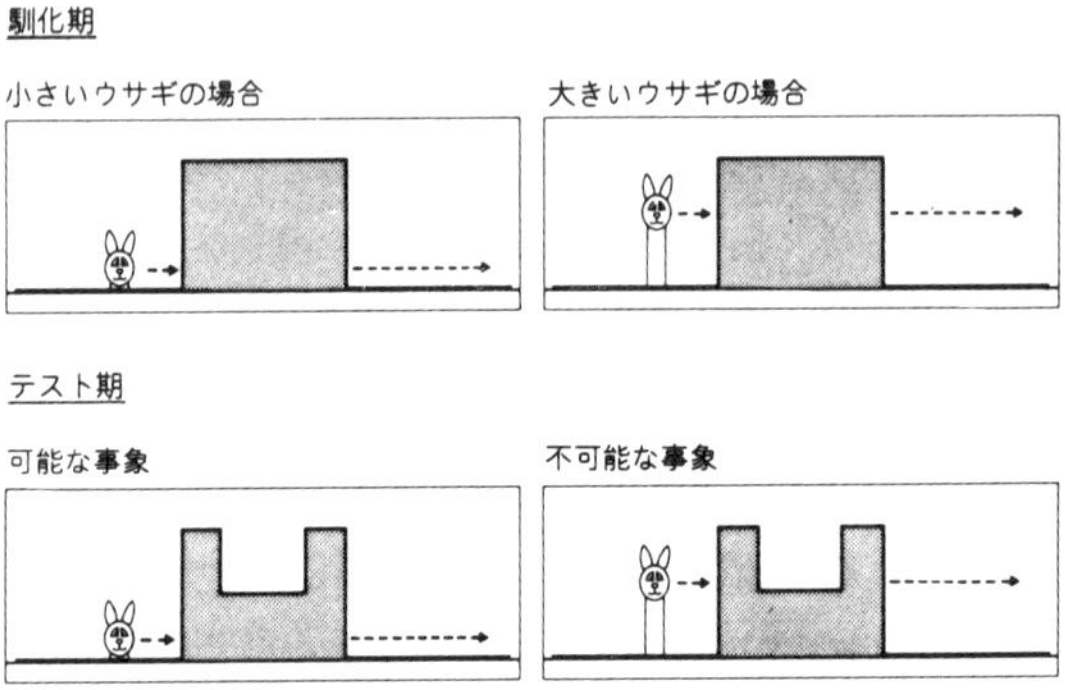

図15　赤ん坊は，小さいウサギあるいは大きいウサギが遮蔽板の後ろに隠れてから反対側に出て来るのを見ることに慣らされる。続いて，可能な場合（＝図の左側）あるいは不可能な場合（＝右側）で検査される。後者の場合，大きいウサギが左から右に移動するときにウサギの顔が窓から見えない（Baillargeon, 1987）。

究を行った。[31]ウサギは窓のついた遮蔽用の板の向こう側を移動する。実験では大きいぬいぐるみと小さいぬいぐるみを用いた。大きいウサギは当然普通は遮蔽板の窓から見えるのに、小さいウサギは窓から見えない。大きいウサギが窓から見えなくなったり、窓から小さいウサギが見えたりすると、成人はどちらの場合もびっくりする。生後五ヵ月の赤ん坊でも同じであることが確認された。不可能な場合を見た赤ん坊は驚いて動揺したが、ウサギが普通に通っていくのを見た赤ん坊はほとんど興味を示さない。最近、ベイヤールジョンは、生後一四週間の赤ん坊で同様の実験結果を得た（図15参照）。

赤ん坊は、すでに生後五ヵ月以前に、モノを密度を持った物質的実体として理解しているのである。実体原則に矛盾する状況に赤ん坊はびっくりする。経験主義理論もピアジェが唱道した構成主義的立場も捨て去って、その代わりに合理主義的発想の理論を導入しなくてはならない。生物学的遺伝形質のうちに新生児の行動と表象作用の説明を求める理論である。

しかし、ピアジェと彼に続く何百という心理学者は、赤ん坊は自分が関心のあるもの（たとえばミルクのいっぱい入った哺乳ビン）が目の前のナプキンの下に隠されるとそれを探そうとしない、ということを証明したのではないだろうか。確かにこれは奇妙な行動だ。成人ならナプキン越しに哺乳ビンに相当する形がはっきり見える。赤ん坊でもきっと同じなのに違いない。では、なぜ探そうとさえしないのだろうか。知恵者のピアジェならそんな問いにほくそえみながら答えるだろう。見えないものは赤ん坊にとってもはや存在していない、と。ほとんどの言語に「目に遠いものは心に遠い」式の諺があり、それがこうした行動を説明している。では、こうした見解の相違や矛盾する観察内容をどう説明したらいいのだろうか。

ピアジェが明らかにした現象は単純なものだ。欲しがっているモノを隠すと、赤ん坊はそれを探そうとしなくなる。しかし、それは赤ん坊にはモノの永続性の観念がないという意味なのだろうか。この点で実験結果は一義的でない。赤ん坊が成長して数ヵ月経つと、実験者が隠した場所でモノを探すようになる。しかしやはり、何が起きているか赤ん坊は理解していないようだ。というのも、別の奇妙な現象が生じるからだ。実験者が隠し場所を変えると最初の反応と次の反応の時間差が比較的短い場合には、いままでモノが隠されていた場所のほうに依然として体を向けようとする傾向を強く示す。このように、もはや適切でない反応に固執するのは、それ以前に生じた運動を抑制することができないことが原因らしい。[32] サルや前頭葉に損傷のある患者で行ったいくつかの実験でも、同じような行動が明らかになっている。赤ん坊が出会う問題は前頭葉の成熟が不十分なためかもしれないということが、こうした実験から考えられる。赤ん坊の行動が不適切なのは、概念形成が不十分ということよりも、反応のコントロール面にむしろ問題があると言えるだろう。

そのことはチンパンジーを使った実験でも証明できる。片側が開いた安全ガラスにモノを隠すのである。開いた面が横になるように向きを変えても、前頭葉に損傷のあるチンパンジーは、相変わらず閉じた面から箱に手を入れようとする。まるで動作が箱の中のモノに完全に制御されているかのようである。手術で左右の大脳半球を分離したチンパンジーでも、まったく同様の異常な行動が見られる。前頭葉に損傷を負った半球が制御している手を、箱の閉じている面に入れようとする一方で、反対側の手は箱の横の開いた面を探すのである。こうした病理的なデータは逆に次のことを裏付けている。つまり、健康なサルやチンパンジーの場合には前頭葉が行動を、習慣ではなく一番新しい刺激に対応して、比較的自律的に組織化することをつかさどっている、ということである。

新生児の場合も同じではないだろうか。新生児は全体として現実に合致した仕方で、また、ほぼ成人と同じ仕方でモノを把握する。しかし、新生児の行動は、まだ大脳皮質の厳密な管理下に置かれていない。ここでも神経的基盤が生物的に成熟する必要があることを再び持ち出して、諸認知能力は徐々に発達すると説明するほかない。しかし、それは、諸認知能力は「学習」される、という意味ではない。諸認知能力は、あらかじめ定められた生物時計と、種に固有な基本的図式（これは獲得した経験や環境や学習とはほとんど関係ない）通りに、年齢が進むにつれて増大する。赤ん坊の精神は「白紙」ではない。赤ん坊の精神には少なくとも固有の成長法則が備わっているのだ。確かに「普通」の成人に備わった認知能力をすべて持っているわけではないが、赤ん坊はそうした認知能力を必然的に発達させるはずだ。幸いなことに、赤ん坊にはすでにかなり能力がある。実際、以下に見るように、実体原則以外にも、モノに固有のほかの物理的特性を把握しているのだ。

様態《モダリティ》のない表象

外部世界を見るとき、われわれには静止したモノや運動しているモノが見える。背景音から現れる音を聞き取る。われわれは匂いを嗅ぎとり、さまざまな触覚・運動的刺激を感知する。こうした多様かつ多量な情報から、どのようにして安定して統一のとれた世界の表象が生じるのだろうか。微細で断片的でそれ自体は意味を持たないすべての感覚的与件《データ》（カントはこれを「感性的印象の多様性」と呼んでいる）が、どのようにして一貫性をもって統合されて整序されるのだろうか。

人間の感覚は生まれつき統合されている、相互に協調するように感覚に教え込む必要はない、と見なすことができる。これはギブソンの説である。音やイメージを知覚すると、赤ん坊はそれらを抽象的表象のうちにコード化する、そしてその表象を用いてモノ、および視覚や聴覚や触覚などが捉えた内容を再構成する、とギブソンは考えた。つまり、赤ん坊には様態のない表象（＝特定の感覚に依存しない表象）の集合が備わっている、さまざまな感覚を相互に接続させる心的《メンタル》モデルが備わっているというのだ。これと反対にピアジェのような立場の人は、視覚的感覚と聴覚的感覚は最初から結びついてはいないと考えている。両方の感覚の総合は後から経験によって行われるのだという。実際はどうなのだろうか。最新の赤ん坊の研究でどんなことがわかっているのだろうか。

錯覚によって立体的に見えるモノを提示すると、生後一週間の赤ん坊がそれをつかもうとするような動きをすることが一九七〇年代に観察された。[33] そして次のような驚くべきことが明らかになった。ホログラフィーで得られた仮想的《バーチャル》なモノの映像を提示したとき、たとえば自分の手がこの見せかけのモノを通り抜けると、赤ん坊は動揺した様子を見せたのである。密度のある固いモノを予期させる視覚的感覚と実際の触覚的感覚の矛盾に直面して、赤ん坊はびっくり仰天といった様子なのだ。赤ん坊は先天的にあるタイプの感覚から別の感覚をあらかじめ推測し、そのことが感覚的に確認できると予期している。そうした計算が事実によって裏をかかれ、推測がはずれたことに面食っているのではないか。残念なことに、この観察結果の詳細な内容は公表されていない。したがって現在のところ、この観察結果を一般化することはできない。しかし、感覚が矛盾するとやはり困惑する例がほかにも観察されているので、この観察結果は部分的に確認されている。[34] もちろん慎重を期さなければならないが、赤ん坊が感覚情報を統合できるのは抽象的表象によってであると言うべきではないだろうか。

生後四ヵ月の赤ん坊を対象に、さまざまな感覚様態の間の恣意的な関係を学習する能力の研究が行われた。この実験では、ジャンプする子グマとアヒルのぬいぐるみを使用した。[35] それぞれのぬいぐるみとある音を同期化《シンクロナイズ》させた。たとえば、子グマはいつも最初の音に合わせてジャンプし、アヒルは二つ目の音に合わせてジャンプすることにした。赤ん坊がいったんこうした対応関係に慣れたら、二匹のぬいぐるみを同じリズムでジャンプさせて、一方の音だけを二匹の動きに合わせた。すると、赤ん坊の視線は聞こえた音に対応するぬいぐるみに主に向けられるのがわかった。

二種類の映画を用いた場合も同じような結果になった。一方は人が太鼓をたたいている映画で、他方は話している最中の女性の顔を撮った映画だった。音のないときは、赤ん坊の注意は等しく両方に向けられた。しかし、一方のサウンド・トラック（太鼓をたたく音、あるいは女性のことば）と一緒に両方の映画を上映すると、赤ん坊の視線は映像と音が一致する方を向いたのである。[36]

それでは、顔と声の対応関係はどうだろうか。赤ん坊と両親を被験者にして実験が行われた。[37] 実験の間じゅう、父親と母親は赤ん坊の右側と左側に別々に座った。中央に位置するスピーカから一方の親の声を流した。生後三ヵ月半から七ヵ月半の赤ん坊は、声の聞こえる親のほうをよけいに見ることが確認された。自分の声が聞こえると、父親または母親は赤ん坊の視線を自分に向けようとするという可能性がある。しかし、実験者と別のグループがこの実験の記録映画を分析して、実験結果を疑わしいと思わせるような証拠はまったくない、実験を行った研究者の言っているように「赤ん坊は両親の聴覚的・視覚的特徴の知識を利用して自分の視線を方向づける」と結論づけた。[38]

しかし、このタイプの聴覚的・視覚的刺激の関連づけは、実験に使用した刺激の様式化の程度に左右されるように思われる。二枚の格子縞模様のます目が違うリズムで光るようにして、それらに二種の音記号をシンクロナイズさせて聞かせると、生後四ヵ月の赤ん坊では別々の感覚の情報を関係づけようとする形跡はまったく見られなかった。[39] 関係づけができるようになるには、生後六〜八ヵ月になるのを待たなくてはならない。とはいえ、以上の二つの種類の実験結果に差があるのは、格子縞模様は様式化されて抽象的で、ぬいぐるみや人間ほど自然でないためかもしれない。

　いずれにしても、同様の関連づけのメカニズムが、触覚と視覚の間に認められるようだ。一つは完全に滑らかで球形で、もう一つはざらざらしてシリンダ状の突起のついた二種類のおしゃぶりを使った実験でこのことが確認できる。馴化期で、一方のおしゃぶりを見せないで赤ん坊に吸わせる。その後で、スクリーンに両方のおしゃぶりの映像を映す。すると赤ん坊の視線は、自分が吸っていたおしゃぶりの映像のほうを向いた。このように、おしゃぶりを吸っている間に赤ん坊の形成した表象は視覚的イメージに対応する。このことから、知覚様態が何であれ、表象を互いに結びつけることが可能であり、そうしたことが可能なのは抽象的表象の存在がすでに前提になっているからだと結論できそうだ。[40] しかし、諸感覚間の対応関係が存在するとしても、どの程度の対応関係なのかまだよく分かっていない（図16参照）。

　このように、成人と同様に赤ん坊にとっても世界はモノで満たされている。われわれは諸感覚のさまざまなデータを互いに結びつけて、そこから手品のようにモノを引き出すことを学習する必要はない。最初から新生児の知覚世界は組織されている。というのも、その知覚世界は先天的な抽象

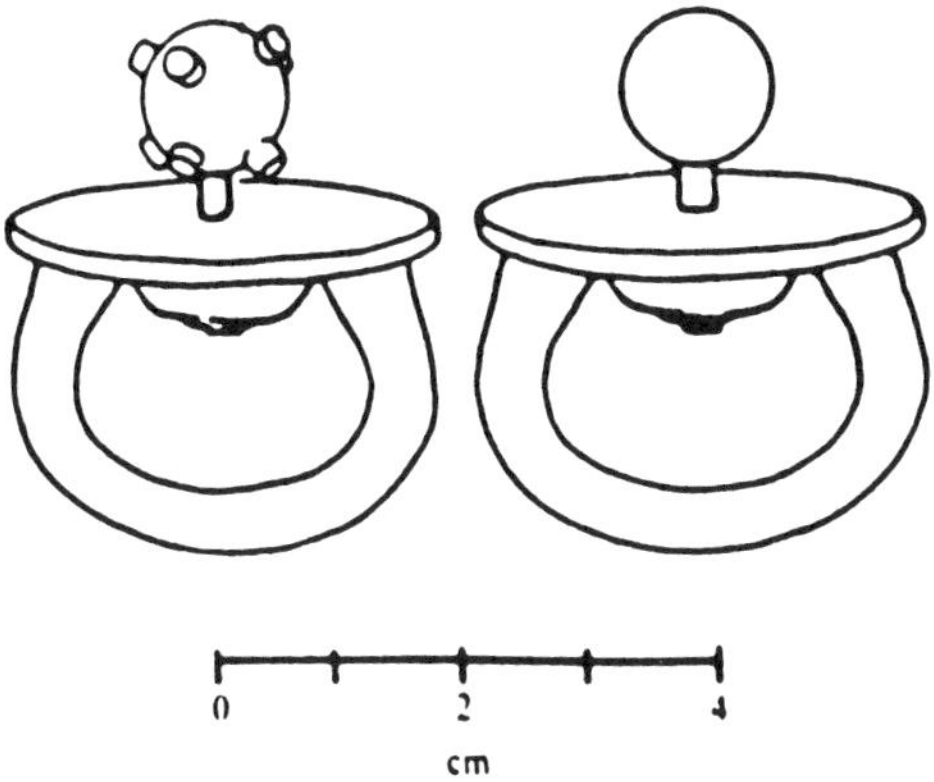

図16　Meltzoff 及び Borton（1979）の用いた刺激。両方のおしゃぶりの絵を提示するが，赤ん坊は一方のおしゃぶりを吸う。すると赤ん坊の視線は，吸っているおしゃぶりに対応する絵のほうに向けられる。

的表象に依存しているからだ。この抽象的表象が赤ん坊に、視覚的・聴覚的・触覚的刺激を相互に関連づけるための図式を与えるのだ。

ところで、すべての関係づけが赤ん坊に同等に受け入れられるわけではない。赤ん坊が一貫性のある世界を構成するのを助ける抽象的表象は、あらかじめ存在している規範として機能する。この規範が、可能な感覚連合、不可能な感覚連合を指示するのである。その結果、成人の場合とまったく同様に、たとえ一度も聞いたり見たりしたことがなくても、たとえば川の音と、犀が駆けていくイメージを結びつけるようなことはけっしてしない。

バーリックは、赤ん坊がまだ経験したことのない刺激を用いて以上のこととの確認を試みた[41]。一つは大きなビー玉、もう一つは砂粒が入った安全ガラスの筒で実験を行った。生後三ヵ月の赤ん坊で、

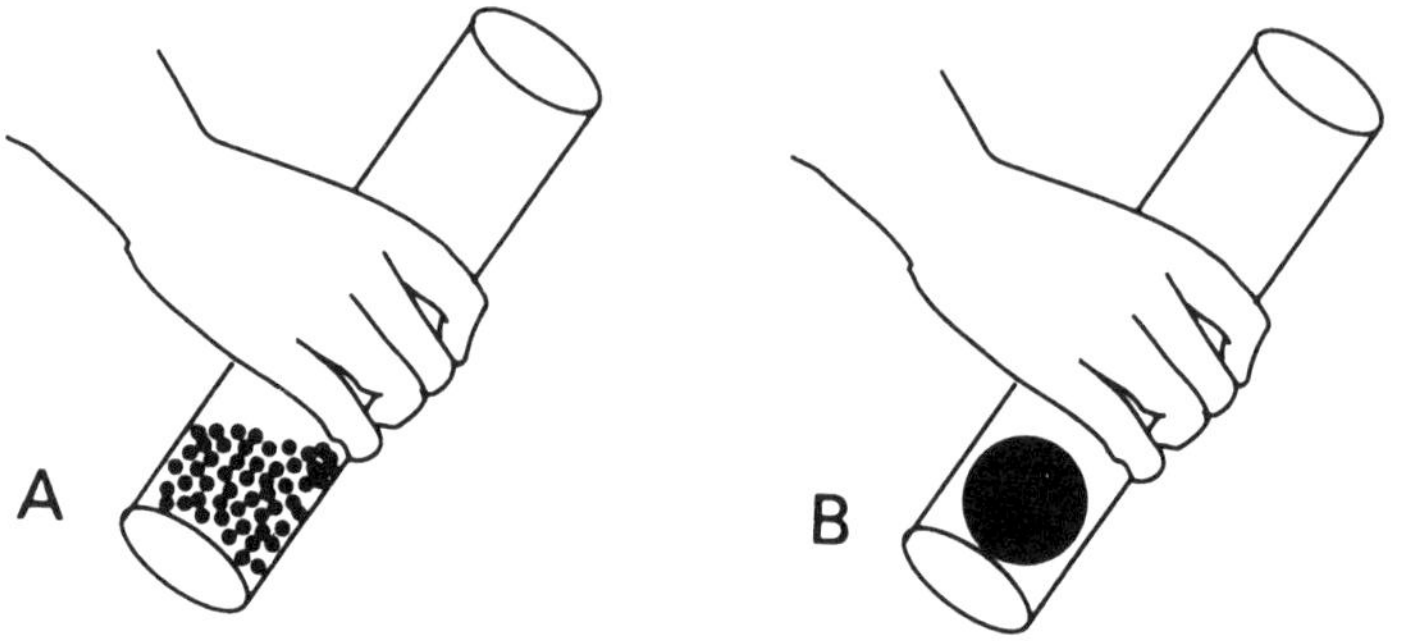

図17　Bahrick（1988）の用いたのと同様の絵。Aは砂粒の入った安全ガラスの筒。Bには大きなビー玉が入っている。生後三ヵ月になると，赤ん坊はAとBの音を知っているかのように振る舞う。ある音とそれに対応しないイメージをひとまとめにすることを赤ん坊に教え込むことは不可能だった。

音とイメージの連合が恣意的なものでないことが確認された。大きなビー玉は物のぶつかる音を出すはず、砂粒はシュッシュッという音を出すはずであることを赤ん坊は心得ていた。異常な関連づけを学習するのを拒むかのようだった。諸々の感覚データは赤ん坊にとって強力な類似性を秘めていて、まったく経験がなくても、また、あらかじめ学習しなくても、いわば自然にこうした類似性を感知するらしい（図17参照）。

このことから、様態のない表象の存在が確認できる。物質界のイメージをもたらす抽象概念は、経験で得られる与件《データ》や環境と相互交渉する以前に存在していると思われる。われわれの目の前にある場面およびモノの抽象的で様態のない表象の中では、当然、数のことが問題になる。赤ん坊は子グマのぬいぐるみを一匹見ても三匹見ても、同じものを表象しているのだろうか。それとも単数と複数を識別しているのだろうか。われわれのほとんど全員が話すことを学習する能力を持っているが、数学者になるのはごく少数である。だが、世界の果てに住む人たちにも基本的な算術能力が認められる。プラトン以来、合理主義者や「ア・プリオリ」派の哲学者が主張するように、われわれの認知装置は生まれつき数学者、論理学者なのかもしれない。

これと反対にピアジェは、赤ん坊にはあるモノの一群に含まれる要素の数は、配置を変えると変化するように思われると主張した。配置を変えても要素の数が変わらないという保存性の観念は五〜六歳ごろになって獲得されるというのである。しかし、その後の実験によると、この問題はまだ決着がついていないことがわかる。

ある研究チームは、生後七ヵ月の赤ん坊が、要素が二、三個の集合についてであれば、要素の数だけが異なる場合、識別できることを示した。(42) もちろんこの実験では、赤ん坊がモノ相互の距離や配置の密度といった手がかりに依存していないことを確認しなくてはならなかった。(43) すべてのチェック・テストを行った上でのことだが、赤ん坊は四つ未満の要素の集合なら数の評価が正確にできると断言してもよいようだ。その後の研究でも、生後一週間の新生児で同じ結果が得られた。(44)

算数的能力は確かに研究しにくい。数は抽象概念だからだ。しかし、この「抽象」という特性を用いて、きわめて巧みに実験をまとめた研究者がいる。(45) 彼らは、赤ん坊が聴覚的感覚と視覚的感覚における事象《イベント》やモノの数と関連させて、この二つの感覚を結びつけられるかどうか検討した。実験では二枚の絵を同時に提示した。一方の絵では二つのモノを示し、別の絵では三つのモノを示した。

次に太鼓を二度たたいて聞かせて、赤ん坊がどちらの絵を見るか観察した。その後で今度は太鼓を三回たたいてみた。すると赤ん坊は、聞こえた音と一致する絵を見た。このことは、生後七ヵ月未満の赤ん坊が、算術的特性と関連させて音刺激と視覚データを正確に結びつける能力を備えていることを意味している。こうした能力を説明するには、かなりのレベルの抽象能力が赤ん坊にあるという仮説を立てなくてはならない。赤ん坊は少なくともごく基本的な数はわかるらしい。最近では、生後五ヵ月の赤ん坊が、要素の数がきわめて少ない場合、ある場面にいくつモノがあるのか見分けて、足し算や引き算のような操作を暗算でできることが明らかになった(46)。

以上のデータから、赤ん坊は、視覚データや聴覚データを処理できるだけでなく、人間が合理的生活を組織する手立てとするところの、もっと抽象的な操作の予備的なものをいくつか備えているのがわかる。

＊　＊　＊

砂粒が轟音をたてて地面に落ち、花崗岩が音もなくひっそり地面に落ちるような倒錯した世界を想像してみよう。水を叩くと木のような音をたて、サテンの布地がきしむ音をたてる様を想像してみよう。もっと一般的に言うと、われわれのごく基本的な知覚の間に矛盾が生じて、ごく当たり前に予期していることが突然裏切られる様子を想像してみよう。成人はこうした奇妙な世界に直面すると、悪夢に投げ込まれたような、あるいは、異常な合成イメージに満ちた宇宙に運びこまれたような思いにとらわれるだろう。「現実」の物質界と長年付き合って慣れ親しんだものが、すべて急にひっくり返されたように感じるだろう。しかし赤ん坊は、成人の環境世界を構成しているものについて限られた経験しか持っていない。赤ん坊はまだ何も「学んで」ないも同然だ。それでいて、基本的知覚データの調和に変化が起きると、成人とまったく同じように面くらう。赤ん坊にとって、外部世界とは不分明で混乱したカオスではない。どんなことも起こり得るカオス、何も予期していないので驚くこともできずポカンと向き合っているほかないようなカオスではない。むしろ反対に、赤ん坊が見たり感じたりするものは恣意的であるどころか、人類に固有な遺伝形質の認知的表現にほかならない、いくつかの法則に制約されているのである。

人類が適応による進化の長い過程の結果として存在していることをわれわれは知っている。人間が外部世界についてあるイメージを持っているのは、まさにこの進化のメカニズムのおかげであろう。このモデルはわれわれの遺伝形質の一部分を成している。したがって、人間を形態学的、解剖学的、生理学的に研究するのと同じように、認知装置の機能について研究することも重要である。いずれにしても、相対主義の擁護者たちのように、生得的なものは何もない、安定したものは何もない、とお題目を唱えるよりも、こうした研究を行うほうがよい。

すでに見たように、空間からモノまで、赤ん坊には外部世界の豊かなモデルが備わっているようだ。しかし、われわれが知覚するのは、形や色や方向や音だけではない。われわれは他者とともに生き、他者と一緒に複雑な社会的絆を織り上げている。おそらくこの絆は、われわれのうちに深く根を張っているのだろう。一人にして置かれたら新生児は生きていけない。われわれが他者、すなわち自分の同類と維持している関係は、われわれの生存にとって不可欠なものだ。われわれの探究をさらに押し進めて、遺伝形質のなかの何によって同類の識別が可能になるのか探究することにしよう。

これが第Ⅳ部の課題である。

Ⅳ　自己と他者

赤ん坊は自分の受け取るさまざまな刺激のなかから、人間を自分の同類として見分けることができるのだろうか。それとも社会的環境と接触するうちに、同類の概念が少しずつできあがっていくのだろうか。後者が正しいとすると、マムシやオオヤマネやヒバリやモミの木を、さらには自動車やコンピュータを自分の同類と見なすことも十分にあり得ることになる。われわれは同類としての人間を認知することを学習しなくてはならないのだろうか。それとも、高度に進化した種の多くの場合と同様に、同類という概念はむしろ人間に固有な遺伝プログラムの一部分なのだろうか。だが、この仮説は、科学者や哲学者の全面的な賛同を得るにはいたっていない。しかし、人間や動物を用いた最新の実験によると、他者をもう一人の自己、すなわち自己の同類と認知する一種の生得的素質が人間にあると今日では断言できるようだ。この同類認識の能力は、人間のプロトタイプ的イメージを構成するいくつかの身体的・心理的特徴に基づいていると思われる。

SF映画に登場するマグマが人間に見えることはほとんどあり得ない。反対に、E・Tやトールキンの『ホビット』に登場するゴーレムやミッキーマウスのようなキャラクターは、外見は人間と異なっていても人間によく似た行動をする。確かに同類を認識するとき、外見はある役割を果たしている。しかし肝心なのは外見だけではない。身体障害者はやはり人間であることに変わりない。しかし、人間に様子が似ていても、立像やロボットを同類とはけっして見なさない。われわれが同類を認知する能力は一体何によって決定されているのだろうか。また、こうした能力は赤ん坊ではどのような形で出現するのだろうか。

1　身体と他者

まちがいなく人間の外見は、軟体動物や魚のプロトタイプと明らかに異なったプロトタイプを定義している。また、われわれがこうしたプロトタイプ的外見について直観的なイメージを持っていることも確かである。たとえわれわれわれに絵の才能がなく、おかしな形の怪物のようなものしか描けないとしてもだ。他人のしぐさをまねようとする自然な能力がわれわれにあるのがその証拠だ。しぐさをまねるには、相手の動作を自分の筋肉と関連づけなくてはならない。つまり、われわれが人体の抽象的図式を持っている必要がある。この図式によって、視覚と行為の自然な対応が可能になるのである。こうした表象の生得的基礎を明らかにするために、新生児が周囲の人をまねる能力を検討することにしよう。

模倣

まねる、つまり模倣は高等脊椎動物に広範に見られる行動である。今世紀前半には生物に固有な資質をあえて前提にしないで模倣によって学習を説明するのが主流だった。特に行動主義者のなかには、模倣こそ、子どもが親の発する話し声や周囲で聞こえる歌声をまねて話すことを学ぶ根本的メカニズムだと考えた者もいた。さらに拡大解釈が行われて、他者との相互作用や推論さえも学習をつうじて完全に発達するのだと主張された。

しかし、模倣は単純な行動ではない。模倣とは感覚をつうじて受けた刺激を、ほかの人間のうちに知覚した動作と同じ動作を生み出しうるような運動プログラムに結びつけることである。あらかじめまったく知識が無いのに、新生児がどのようにして模倣を利用して学習できるのかよくわからない。自分の身体と自分の見ているものを対応させるためにはどんな動作をするべきかを、どうして発見するのだろうか。さらに、模倣が可能になるには、自分の身体と他者の身体に類似性があるという観念を、新生児がすでに持っている必要があるのではないだろうか。模倣による学習が可能になるには、模倣のしかたを学習しなくてはならない。これが行動主義者が突き当たった矛盾である。こうした堂堂巡りを断ち切るために、別の視点から問題を検討する必要があるのではないだろうか。

月刊
機
2020
6
No. 339

発行所　株式会社 藤原書店©
〒一六二-〇〇四一　東京都新宿区早稲田鶴巻町五二三
電話　〇三・五二七二・〇三〇一（代）
FAX　〇三・五二七二・〇四五〇
◎本冊子表示の価格は消費税抜きの価格です。

編集兼発行人
藤原良雄
頒価 100円

「新型コロナ・パンデミック」の状況下、ウイルスと人間との関係を問う。

ウイルスとは何か

村上陽一郎氏　中村桂子氏　西垣 通氏

WHOが新型コロナ禍にパンデミック宣言を発して三カ月経つ。現在も日本での緊急事態宣言は解除されたが、まだまだ続行中である。「ウイルスvs人間」「ウイルスとどう闘うか」……などの文字がメディアに躍る毎日だが、そもそもウイルスとは何であり、人間とどのような関係にあるのか。今月は、ご専門の違う三人の専門家にご意見をうかがった。〝生命誌《バイオヒストリー》〟のパイオニアの中村桂子氏、科学史という視点から村上陽一郎氏、AI（人工知能）とウイルスという視点から西垣通氏に寄稿をお願いした。

編集部

●六月号目次●

一九九五年二月二七日第三種郵便物認可　二〇二〇年六月一五日発行（毎月一回一五日発行）

ウイルスと人間の関係の長い歴史

生命誌研究者　中村桂子

ウイルスとは何か

二〇二〇年の年明けには、日本人の多くが「今年はオリンピック・パラリンピック開催で外国から大勢の人が来日する、賑やかな年になるだろう」と考えていたのではないだろうか。それが、中国武漢に始まった新型コロナウイルス感染がまたたく間に世界へと広まり、世界保健機関（WHO）が〝世界的大流行（パンデミック）〟と宣言するまでになったのである。海外との往来はおろか、近くのレストランへ行くことさえできなくなろうとは、予想もしなかったことである。

今年の予測のもう一つは、人工知能（AI）などの新技術で外出先から家電製品が操作できる便利な社会になるというものだった（5G社会）。ところが新型コロナウイルスへの対処としては、一人一人が石鹸でていねいに手を洗うことが最も有効であり、実はそれ以外によい方法はないのである。専門家がつくった機械が何でもやってくれることがあたりまえになっているところへ、自分の身は自分で守る以外にないというメッセージが出されたわけだ。

この事態は、実は私たち人間が生きものであるという事実から生じていることである。本稿の役割は、この事実を具体的に考えることである。数千万種とも言われる多様な生物の中で、人間だけは技術開発によって文明社会を産み出し、自然界に存在する敵から守られた形で生活している。人間を死に追いやる天敵は、病原微生物（ウイルス、細菌、真菌、原虫）だけと言える。その一つであるウイルスが今回猛威を振るっているわけで、そもそもウイルスとは何者なのかということを見ていきたい。

「動きまわる遺伝子」

ウイルスは、通常病原微生物の仲間に入れられるが、生物とは呼べないというところから始めよう。私はこれを「動きまわる遺伝子」と捉えている。生物は細胞からできており、栄養分をとり入れて増殖、分裂する能力を持っている。実は細胞の中には遺伝子としてDNAが入っている（総体をゲノムと呼ぶ）。この

DNAがその細胞の性質をきめるので、そこにあるDNAによってヒトはヒト、イヌはイヌとなるのである。ウイルスはその遺伝子部分だけを、脂質から成る殻で包んだものなのだ(遺伝子は壊れやすいので)。それが他の生物の細胞の中に入り込み、その力を利用して自分を増やしていくのである。この時入り込まれた生物(宿主)に炎症が起き、新型コロナの場合肺炎から死につながる。

ここで、生物界でのウイルスを考える立場として、どうしても触れなければならないことがある。先に「動きまわる遺伝子」と書き、DNAとしなかったのには理由がある。コロナウイルスの遺伝子はRNAなのである。細胞では、遺伝子は必ずDNAであり、その指令の下ではたらく係としてRNAが存在するのだが、ウイルスの場合、子孫に性質を伝える役割をする遺伝子がRNAである仲間が存在する。実は今、地球上に生命体が誕生した当初は、RNAが遺伝子の役割をしていたのではないかという考えが強くなっている。ウイルスにはその頃の生物界の姿が記録されているのかもしれない。

このように見てくるとウイルスは、生物界全体、さらには四〇億年近い生物の歴史の中で、非常に興味深い存在であることが分かる。ところで、「動きまわる遺伝子」であるウイルスは、普段は人間を含むさまざまな動物の体内で静かにしているのだが、時に他種に感染して病気を起こすのだ。コロナは自然界ではオオコウモリにいたものだとされる。

紙幅が尽きたので詳述はできないが、「動きまわる遺伝子」の仲間として、細胞のDNA(ゲノム)内にあってその中を動くトランスポゾン、細胞内で動くプラスミドがある。そして細胞外へと出ていくのがウイルスというわけだ。このように「遺伝子」という基本物質(であると共に情報)が動きまわることによって、進化の促進など、生物のありように大きな影響を及ぼすことがわかりつつある。

事実、**哺乳類の子孫誕生に不可欠な胎盤機能に関わる遺伝子が、ウイルスによって運び込まれたことが知られている。**病原体としてのウイルスとは闘わなければならない。しかしそれと同時に、**現在の科学技術一辺倒での闘いに偏らず、長い生命の歴史の中にあるウイルスと人間の関係を意識して、我々が生きものとして生きることの意味を考えることが重要である**ことを指摘したい。

新型コロナウイルスが起こした不安定な状況の一刻も早い終息を願いながら、そう考えている。

ヴィルスとの付き合い

科学史家　村上陽一郎

ヴィルスと聞くと、反射的に「濾過性病原体」という言葉が浮かんでくる。父親が病理医だったので、戦前すでにこの表現にはなじんでいた。ヴィルスがすべて「病原体」であるわけではないが、人間との関りで言えば、ヴィルスは圧倒的に病原性である。もっとも、私が最初にヴィルスという言葉を本格的に知ったのは、タバコモザイク病ヴィルスで、ヒトの病原体ではなかった。もともと「濾過性」という概念も、このヴィルスの研究から始まった。スタンレイ（W. M. Stanley, 1904-71）が、一九三五年にこのヴィルスを単離した挙句、桿状の結晶として取り出すことに成功したことは衝撃的だった。生き物と思われていたものが、単なる化学物質であったのだから。スタンレイは、この仕事を主として一九四六年ノーベル化学賞を受賞している。

次に出会ったのが川喜田愛郎先生の名著『生物と無生物の間』（岩波新書—青版）であった。これが名著であることは、今古書市場で、一万円を超える高値で取引されていることだけでも明らかだろう。この本は文字通り、学生時代の愛読書の一つであった。余計なことだが、今世の中によく知られている生物学者F氏の最初の一般的著作は、この書のタイトルをそっくり戴いて、最後の一字を平仮名にしただけのもので、私としては今でも納得していない。

ヴィルス感染症克服の歴史

さて、ヴィルスが原因となる主な感染症は、歴史的に見れば、天然痘であり、スペイン風邪のインフルエンザ、小児麻痺の名前で知られたポリオであろう。そのほか狂犬病、日本脳炎などが歴史の中で伝統的なヴィルスを病原体とする感染症だった。いずれも人間の社会が長く付き合ってきた病気で、そのなかで、人類は十分有効と思われるワクチンを生み出してきた。したがって、これらの感染症に関しては、原則的に克服してきた、ということができる。ただ、インフルエンザだけは、異型が出易く、そのために、他のヴィルス性の感染症のように、定まったワクチンを開発できない上に、終生免疫が得られないため、克服とは言い切れない状態が続いている。

もっとも家畜業者にとって、大きな関心事である豚熱（豚コレラの俗称で知られる）も伝統的なヴィルス性感染症である。私事に亘るが、私の伯父中村稕治は戦前の朝鮮半島で、豚コレラをはじめ、牛疫、ニューカッスル病（野生、家禽のトリ一般の感染症）などのワクチンの開発に従事していたし、日本に戻ってからは、現在家畜関係のヴィルス性疾患のワクチン製造の主要な役割を担っている、日本生物科学研究所の設立に尽力した。こうした家畜のヴィルス性感染症のなかには、ヒトには感染しないとされているものもあるが、ヒトの感染症では、動物が媒介するものも少なくないし、「人獣共通感染症」も数多いので、農学（獣医学）との連携は、この分野では必須である。なお、私のような世代の人間にとっては馴染み深い「法定伝染病」という言葉は、今は家畜関連においてのみ存在し、ヒトの場合は、結核予防法やエイズ予防法なども一括して、新たに制定された「感染症法」（略称）によって、詳しく、細かく類別された「指定感染症」類が規定されている。

新しいヴィルス感染症とヒト

話を戻そう。ところが、ここ半世紀ほど、新しいヴィルス性の感染症が次々に出現したのである。最初の衝撃はＨＩＶを病原体とするエイズであった。人間の免疫系の細胞に働きかけて機能不全を惹き起こす厄介な病気である。鳥インフルエンザは、養鶏業者にとって脅威であるばかりでなく、ある異型はヒトにも感染し蔓延する可能性を孕むものとして注目されている。そして二一世紀に入って相次いだＳＡＲＳとＭＥＲＳという二種類のコロナ・ヴィルスによる感染症、そして今日の新型コロナ・ヴィルス（COVID-19）である。このヴィルスは、その「生き方」（そもそもヴィルスは「生き物」ではないが、「生き物」の中では「生き物」のように振舞う）が極めて「賢い」のが特徴のようだ。例えばエボラ出血熱は、余りにもヒトの致死率が高く、患者が移動する前に死んでしまうので、広がり難い。パンデミックを起こさない理由はまさにそこにある、と考えられている。

しかし今回のヴィルスは、感染率は非常に高く、致死率はほどほど、これが「生き抜く」ための戦略としては、有利に働いている。こうしてみると、ヒトの側からみて、ヴィルスがどのような特徴をもっていようと、いずれも、厄介な相手であることに間違いはないことになる。この戦い、どう見通しをつけるべきか。

コロナは計算機《コンピュータ》と人間を区別する

東京大名誉教授・情報学　西垣　通

ウイルス防止策はどこに

「ウイルスを防ぐにはどうすればいいんでしょう?」という質問をときどき受ける。ほとんどの場合、コンピュータ・ウイルスのことなのだが、最近はそうでもなくて、世界中を恐怖に陥れている新型コロナ・ウイルスを指すこともあるから注意が肝心だ。言うまでもなく、両者はまったく別ものである。

コンピュータ・ウイルスというのは、0／1のデジタル情報の塊からなる有害プログラムのこと。通常のプログラムは製作者やユーザの意図にそった作動をするのだが、コンピュータ・ウイルスは無断で他のコンピュータのメモリにそっと忍びこみ、ユーザにとって困った悪戯をするプログラムなのだ。大事な情報を盗みだしたり、コンピュータを作動不能にしたり、妙な情報を出力したりする。

一方、コロナのような本物のウイルスは、人工物ではなく生物の一種である。――というと反論が出てくるかもしれない。よく細菌（バクテリア）と混同されるが、ウイルスは細菌よりはるかに小さいし、生物の細胞の中に入り込まないと単独では生きていけない。だから、生物に含めない議論もあるのだ。だが本稿ではひとまず、ウイルスを「寄生生物」という生物種に分類しておこう。

寄生しないと作動できないという点では、コンピュータ・ウイルスも同様である。それはオペレーティング・システムなどの内部に潜むことで、はじめてその機能を発揮する。だが、もともと人間が論理的につくったプログラムだから、中身をよく調べれば原因はかならず究明できる。あらかじめ仕掛けを作り込まないかぎり、自分で勝手に変異することもないので、何とか対策も立てられる。

しかし、生物のウイルスはそうではない。どのようなメカニズムで生きているのか、最先端医学でも完全には分析が可能でないのだ（もし可能なら、とっくに制圧できているはず）。さらに相手はもの凄い速度で自己変異する鵺《ぬえ》のような存在である。研究者にも急に襲いかかってくるので、対策を立てようにも困難が山積しているのではないだろうか。

AIはコロナを撲滅できるか

最近、ＡＩ（人工知能）への期待は高まる一方である。やがて人間より賢い超知能が出現すると予測する学者もいる。脳とはつまり情報処理機械であり、コンピュータの能力は日進月歩だから、やがて人間を凌ぐのは当然だというわけだ。

私は生物と機械（非生物）のあいだには根本的な相違があると考えている。だが彼らは、両者が連続していると確信しており、生物を特別扱いするのは旧弊な誤りだと強く主張する。

では、はたして賢いＡＩが、新型コロナ・ウイルスを撲滅してくれると期待できるのだろうか？

現在でも、関連する医療データ処理に役立つことはあるかもしれない。しかし一般にＡＩは、過去の大量データの分析には有効だが、現在のような全く未経験な局面では、データ不足のため有効性が乏しいのである。

それだけではない。ＡＩがコロナと有効に戦えない真の理由は、「コロナは生物と非生物を厳密に区別できるが、ＡＩはそうではない」からなのだ。

コロナは生物の細胞に感染して生きるだけであり、それが「ウイルスの知」なのである。一方、人間の学者の多くは、「コロナ・ウイルスもＡＩも情報処理をおこなうという点では同じだ」という思い込みに囚われている。一方「ＡＩの知」は、（仮に人間を凌ぐとしても）人知の延長上にあり、ゆえに生物と非生物を区別しないから、ＡＩが自ら主体的にコロナ・ウイルスを撲滅しようとしたりはしないだろう。

あらゆる生物は、それぞれの身体器官にもとづいて、世界を認知している。そのありさまは各自で違う。自分で世界のイメージを創りあげ、そこで何とかうまく生き抜こうと、もがきながら活動しつづける。そのためのツールが「知」というものであり、コンピュータもＡＩもロボットも、ホモ・サピエンス特有の知の一部分にすぎない。それらは人間という生物の特性で限界づけられているのだ。

にもかかわらず、われわれはいつしか、どこかに「（人間を離れた）絶対的な知」が存在し、われわれはそれに向かってどんどん進歩している、という神話を信じ込むようになった。情報テクノロジーとグローバル経済がそういう進歩を支えてくれる、というわけだ。

ところが、そこへ突然、新型コロナ・ウイルスが赤信号を出したのである。これが暗示するものは一体何だろうか。

十九世紀にすでに地球史的視野をもっていた大歴史家ミシュレの日記。本邦初訳

大歴史家ミシュレが遺した日記

大野一道

「ルネサンス」を見出した歴史家

ジュール・ミシュレは、フランス語で「再生・復活」を意味する普通名詞「ルネサンス」を、歴史上の一時代をさす固有名詞として使用した史上初の歴史家だった。この一事をもってしても、彼は大歴史家と呼ばれてしかるべきだろうが、その生涯を貫く思索と仕事を俯瞰するとき、じつは宇宙全体をつらぬいて流れ続ける大いなる生の、個々の現象における「死と復活」の感知こそが、彼をして歴史における「ルネサンス」を見出させたのだと分かる。彼はその考察を、「大いなる生」へと、つまり人類の歴史を越え、鳥や虫、海や山といった対象へとつねに広げていった。そこには地球の歴史と宇宙の歴史、つまり万物に普遍する生命そのものへの関心が、いま言うところのビッグ・ヒストリー的関心が、すでにあったようにも思われる。

そうしたミシュレの、彼個人の生の軌跡、日々押し寄せる日常的瑣事とともに、それを越えた大いなるもの、人類や祖国やそこに生きる人々や、自然への思いを共感こめて綴った記録がここにはある。「この移ろいやすい生の、人間と呼ばれるこの露の、一人ひとりが持つその煌《きら》めきの、その連続のうえに、わたしは思想でもって機《はた》を降りたい」（一八四一年四月四日の日記）という言葉通りのものがここにはある。

学者として、家庭人として成長

本書は、先に出した『全体史の誕生――若き日の日記と書簡』（藤原書店、二〇一四）の日記部分の、特に「青春日記　一八二〇―二三年」の続きをなすものである。「青春日記」は無二の親友ポワンソに読んでもらおうとして綴られ始めたものだ。ただしその時期を挟んで、ミシュレは自分用のメモのようにして、創作に関する考えや、その他企図した様々のことを「アイデア日記」（一八一八―一九）として綴り、また読んだ本の一覧を「わが

読書日記」（同）として残した。『全体史の誕生』にはそれらすべてが収められている。今回訳出した成人してからの『日記』は、右にのべた各種の日記すべてを含む本来の意味での日記であり、本書はその前半部を訳出したものである。

『全体史の誕生』では、ミシュレの幼年期からの歩みとその精神の成長が目の当たりにできる。そこには、民衆のなかに生まれ民衆のなかで育っていく彼の姿が、貴重な友情と学びの軌跡とともに記録されている。その彼がやがて大歴史家と呼ばれるような一家をなすのだが、そこに至るまでの経緯、すなわち学者としていかに一本立ちをし、家族をもうけ、公私ともに一人前となって活躍することとなったかが、本書（つまり彼三十二歳から五十歳）の時期には見てとれるだろう。

▲J・ミシュレ(1798–1874)

民衆の側に立って

民衆として生き民衆の視点を見失うことなく歴史研究に励むという、若き日から育まれたその基本姿勢は、成人してからも揺るぐことはない。仕事の面でそうした姿勢が貫かれるのはもちろんだが、日常生活においても同様で、たとえば、時の国王ルイ＝フィリップの娘の家庭教師に選ばれ、定期的に宮殿にまで出講していた時期があるが（一八三〇―四二）、ミシュレはときおり宮廷の人々に、知っている貧者の話をしては、そういう人への援助をしてもらう（一八四三年二月二十日）。王族以外の金持ちにも同様の支援を頼むこともある。もちろん彼自身も手助けをする。貧民街を訪れたり、外国人を含む自分の学生たちで困っている者への援助を惜しまない。教師ミシュレと教え子たちとの交流の様子も、この『日記』の随所でうかがえる。

実生活でのこうした活動以外に、彼の思索、世界観そのものが、社会の下部、民衆の視座から構成されていたように感じられる。世俗的権力と一体化し、上から民衆の精神を支配し続けるキリスト教の特にカトリックへの反発も生まれ、とりわけキネとともに行ったイエズス会との戦いは、大学とキリスト教との、学問の自由と信仰との戦いとして当時大問題となったものだ。が、その真っ只中（一八四三年六月五日）、「キネがトクヴィル〔…〕

には気をつけろと言う」との記述がでてくる。リベラル派カトリックのトクヴィルは、ミシュレから見ると民衆の側に立つ者ではなく、むしろ敵対者の一人となっていた。

またミシュレの（この当時の）本務校コレージュ・ド・フランスの同僚ミッキェーヴィチとも、歴史を導く真の要因に関してミシュレは対立し、歴史の最下部にいる民衆こそが、究極的には歴史を作ってゆくという信念を表明しているが（一八四五年二月二十二〜二十三日）、くわしくは解説を参照されたい。

ミシュレと社会主義

このように、ミシュレはラディカルという点で一貫していた。しかしいわゆる社会主義には与しない立場だったと思われる。「ルイ・ブランとバルザックには悪印象」（一八四五年二月二十日）と書いているのは、これら二者の立場はある意味正反対だが、ともに金持ちと貧乏人、プロレタリアートと有産者を対立させて物事を考えるという一点では同じであり、ミシュレはそれに反発しているのだ。彼に言わせれば、肝要なのは友愛による社会改革を求め、対決ではなく調和を目指すことだったからだ。すべての社会変革は、「子供たちに、友愛を欲するようにさせる友愛みちた教育を授ける」（一八四七年二月十一日）ことから始めなければならない。これが、ミシュレの変わらぬ信念である。

プルードンにたいしても「野蛮な出版物」（一八四五年四月一日）と書いているところから分かるように、全面的に共感してはいなかったようだ。ついでに言っておくと、マルクスへの言及は一度もない。おそらく当時のフランスで、マルクスはまだ無名の存在だったのだろう。むしろピエール・ルルーの特異な社会主義が注目を引いていたはずで、ミシュレは一八四二年三月二十八日の日記で、ルルーの宗教じみた社会思想を詳細に批判している。

以上、ミシュレの基本的立場を知る上で、本書がどんなに意味深いかを紹介した。ここから推察できるように、ミシュレの仕事（『フランス史』、『フランス革命史』、さらには地球史ともいえる『海』、『山』その他）すべての下書きないし素描のようなものが、この『日記』には含まれており、彼の人柄のみならずその仕事ぶりを知り、そして何よりも、その思索の今日性を考えるうえで、本書は宝の山となることを確信する。

アナール派とミシュレ

最後に、今日《こんにち》のフランス歴史学には言うまでもなく、世界の歴史学に多大な貢献をしたアナール派と、ミシュレとのつながりについて言及しておきたい。一九二九年、マルク・ブロックとともにアナール派を創建したリュシアン・フェーヴルは、実はミシュレの孫弟子にあたる。この事実は日本ではまったくと言ってよいほど知られていない。ミシュレが〝アナールの父〟といわれる所以《ゆえん》である。この『日記』が書物として世に出るまでの過程が、何よりもその事実を明らかにしてくれるはずだ。

何よりもお読みいただきたいのは言うまでもなく「日記」本文である。単なる政治史や経済史を超え、文化史とか精神史と呼ばれるような面へと関心をたかめていったのが「アナール派」の特徴だとしたら、ヨーロッパ各地を旅し、多くの専門家に会い、無数の資料を渉猟し、名だたる歴史的建造物、大聖堂・教会、美術館・博物館等を実地に見て歩いていたミシュレの姿勢に、そうした面への志向がすでに垣間見えるように思われるからだ。

(おおの・かずみち/中央大学名誉教授)

話題の全著作〈森繁久彌コレクション〉（全5巻）、完結！　最終配本

父のこと

森繁　建

父はホテルより旅館が好きで、父の寝室は畳でした。畳に敷かれた布団の枕もとの両脇には、いつも様々な本が数冊ずつ積んでありました。また朝は、主要新聞七、八紙を寝ながら仰向けのまま広げ、全てに目を通すのが日課でした。

こう書くと活字好きと思われますが、活字好きというより無類の好奇心の持ち主、という方が当たっていると思います。枕元の本もおそらく、新聞の最下段の広告の中から見つけ購入したのでしょう。

加えて毎週数種類の週刊誌、毎月『文藝春秋』、『中央公論』、『小説新潮』、『群像』、『オール讀物』と、批評家か文学を生業としているような人以外では購入しないような量の本が、地元の本屋から届きます。それは昭和二八年頃からで、当時すでに毎年十本以上の映画に出演し、特に昭和三十年には「夫婦善哉」で俳優として不動の地位を固め、益々多忙を極めた年代です。私たち家族ともあまり会う機会のなかった父が、いくら好奇心が強いといってもこんなに本が読めるものか、もったいないなと思っていました。

しかし父は読んでいたのです。

昭和三十四年十二月号の『オール讀物』に掲載された、動物文学で著名な戸川幸夫氏の中編小説「オホーツク老人」を見つけ、読み終え感動した父は、直ぐに東宝に映画化を進言しました。当時東宝では、翌年の制作計画は組み終わり割り込む余地はない状況でした。どうしても映画化を実現したい父は、自主製作を決意し、この映画製作のために、森繁プロダクションを設立しました。

年が明けると直ぐ、全く未知の地、知床半島に赴き、父は撮影を始めました。原作を手にしてからわずか十か月という異例の速さで完成にこぎつけ、昭和三十五年十月に映画「地の涯に生きるもの」の封切りにこぎつけました。後年全国で歌われるようになった「知床旅情」は、ここで生まれたのです。

父の寝室の隣には、四畳ほどの書庫があり千冊位の蔵書がありました。父の没

後、世田谷文学館に寄贈しましたが、今でも家の書架には、父愛用の『辞海』、『広辞苑』、『大辞林』、『新明解国語辞典』、『成語林』、『現代実用辞典』、『漢文名言辞典』に加え、『隠語大辞典』等という普通の人は購入しないような辞典まであります。それぞれの辞書には、ティッシュやメモの切れ端が挟んであり、懐かしくて取り除けられません。

　辞書群の上の棚には、愛読の詩集が並んでいます。大木惇夫『戦友別杯の歌』、土井晩翠『万里長城の歌』、三好達治『御霊を故山に迎ふ』、萩原朔太郎『利根川のほとり』、オマル・カイヤーム作、矢野峰人訳の『ルバイヤート』集成「何地よりまた何故と　知らでこの世に生まれ来て　荒野を過ぐる風のごと　ゆくへも知らに去るわれか」等、幾編かの好きな詩は暗誦しており、酒を呑みながらよく聞かしてくれた父の声が今でも深く耳に残っています。これらの詩を読むことも好きでしたが、父も多くの詩を作りました。九十歳の平成一五年発売された最後のCD「森繁久彌望郷詩集」は父の愛誦詩集ですが、巻頭にはその時作った自作の詩が収録されています。

　父の好奇心を満たすのは、活字ばかりではなく人の話もよく聞きました。老若男女を問わず、自分の目の前に来る人の話に真摯に耳を傾ける姿を良く目にしました。それは俳優と言う仕事柄、日ごろからあらゆる場面で情報を吸収しようという役者根性は間違いないでしょうが、そればかりではなく自分の知らない事を知りたいと思う気持ちが強いからだと思います。その「好奇心」と深い関係にあるのは「吸収力」ではないかと思います。父は大変耳が良かった。若い頃悪性の内耳炎を患い大手術をしたため、左耳の聴力は弱かったのですが、絶対音感に近い、音を聞き分ける力をもっていたように思います。

（後略　第五巻「月報」より）

（もりしげ・たつる／森繁久彌子息）

森繁先生は凄い人！

安奈　淳

森繁先生……お顔を思い浮かべると、今も心に温かい懐しさを覚えます。

十三年間在籍した宝塚を退団し、外の芸能界など全く知らない私に、本当のおじいちゃん（すみません！）の様に、気さくに声をかけて下さった森繁先生。

〝屋根の上のヴァイオリン弾き〟で次女ホーデルの役を頂き、ただただ夢中で演じていた舞台。まだまだ男役のクセが抜けなくて、さぞや歯がゆい思いをされたと思います。

私が大好きだったアナテフカの淋しい駅の親子の別れの場面では、いつも泣けて泣けて……。演じる者が本当に泣いてしまってはいけないと判っていながらも、ポロポロ流れる涙を止められないのです。

お父さんと別れたくない……できるならこのまま大好きなパパの傍にいたい！　森繁先生の瞳をみつめながら歌う私は、完全に森繁ワールドにはまっているのでした。

それからこんなことも……三女のチャバが恋人と遠くへ去ってしまったシーン。私は紗幕の後ろで、長女ツァイテル達と輪になって踊っています。森繁先生扮するテヴィエは、娘を想い昔を懐しみながら、下手の端の荷車に腰をかけ切々と歌います。〝♪可愛いチャバ……〟とか何とか……。

ある日、どうしたことか歌詞を全て忘れてしまわれたのです。初めから終わりまで〝♪チャバチャバチャバチャバ……〟誰かが不謹慎にも〝洗たく屋かァ？〟

又ある時、客席の後方で幼い男の子がバタンバタンと椅子を揺らしている内にはさまってしまい大泣き！　ちょうど大勢の出演者が舞台で芝居の最中です。突然先生は素に戻り〝うるさい‼〟と大声で喝！　舞台も客席も一瞬凍りついた様に……客席係が急いで泣きわめく子供を扉の外へ。しばらく固まった私達は何事もなかった様に芝居を再開したのですが、そんな経験したことのない私は動揺してしまい、後の芝居をどう演じたのか全く覚えていません。大事件でしたが今では笑い話ですね。

テヴィエ役は素晴らしかったけれど、口ヒゲには相当苦労してらした。日本人だから直毛。中にはクセッ毛の人もいるでしょうが、それでは外国人にならないので何日か毎にパーマをかけるのです。口の回りのヒゲに小さなロールを巻き、何十分かひたすら我慢。そばに居た私に、〝くさいくさい〟。パーマ液の匂いは鼻にツーンとくるのです。かわいそうだった……。

その頃母は病気で舞台を観ることが出来ず、それを知った先生は何と自作の詩を色紙に書いて下さり私に託されました。母はそれを病室の壁に掛け、辛い闘病生活に希望を見出していたのです。そんな心優しい方は何でも超一流にこなす天才！　中国の漢詩などスラスラとよどみなく口にされ、その記憶力の凄さに驚いたことも幾度か。勿論絵も描き、詩も作られ見事なのです。

私が大病した時にも、多忙の中お手紙を下さり励まして頂きました。どんなに嬉しかったか。私が初めてテレビの二時間ドラマに出演した時、放映されたのを御覧になり一言。〝ヘタクソだねェ〟……その通りです。歯に衣着せぬ言葉は納得することばかりです。

芝居の台本も〝台に本だから、台の上から自分で台詞を起こしていくんだよ〟と言われました。書かれているセリフをそのまま丸呑みするのではなく、自分の言葉にし嚙みくだく。今は殆ど長期の舞台で芝居をすることもなくなり歌を中心に活動していますが、先生から伺った様々なお話しは、芝居に限らず私の歌にも生きているのです。

先生から見れば頼りない未熟な私だったでしょうが、今こうして何とか元気に舞台に立ち歌っている私を、天国から先生はどう思って見てらっしゃるかしら？

（第五巻「月報」より）

（あんな・じゅん／女優、歌手）

名コラムニストが、人間とは、思想とは何かを問う！

虚心に読む

――書評の仕事 2011-2020――

橋本五郎

小林秀雄の読書論

読書の意味について、きわめて明快に論じた文章があります。小林秀雄が昭和十四年四月号の『文藝春秋』に書いた「読書について」（『小林秀雄全集』第六巻、新潮社）です。そこには読書の「神髄」ともいうべきものが表現されているように思います。

「読書の楽しみの源泉にはいつも『文は人なり』といふ言葉があるのだが、この言葉の深い意味を了解するのには、全集を読むのが、一番手つ取り早い而も確実な方法なのである」

「書物が書物には見えず、それを書いた人間に見えて来るのには、相当な時間と努力とを必要とする。人間から出て来て文章となつたものを、再び元の人間に返す事、読書の技術といふものも、其の処以外にはない」

「書物の数だけ思想があり、思想の数だけ人間が居るといふ、在るがまゝの世間の姿だけを信ずれば足りるのだ。（中略）人間が現れるまで待つてゐたら、その人間は諸君に言ふであらう。君は君自身でゐ給へ、と」

『「二回半」読む』に続く第二書評集を出すにあたって、なぜ書評なのか、なぜ書評することに魅力を感ずるのかについて改めて考えています。はっきりしていることは、書物、そこには「人間がいる」からです。そのことを小林秀雄は余すことなく指摘してくれています。書評とは、その本の中に人間を見つけることなしに書けないことなのです。

本書に収録されている書評に大小の違いがあっても、最低限、「二回半」読むことと、人間を見つけようとしたと思っていただければ幸いです。

西田幾多郎の読書論

その一方で、哲学者西田幾多郎は「読書」（『西田幾多郎随筆集』岩波文庫）でこのように書いています。

「書物を読むということは、自分の思想がそこまで行かねばならない。一脈相通ずるに至れば、暗夜に火を打つが如く、一時に全体が明《あきらか》となる。偉大な思想家の思想が自分のものとなる。（中略）偉大な思想家の書を読むには、その人の骨というようなものを摑まねばならない」

▲橋本五郎氏（1946-）

西田はカントやヘーゲルの全集を持たなかったといいます。なぜなら、「アリストテレスならアリストテレスに、物の見方考え方というものがある。そして彼自身の刀の使い方というものがある。それを多少とも手に入れれば、そう何処までも委しく読まなくとも、こういう問題は彼からはかくも考えるであろうという如きことが予想せられるようになる」からだというのです。

私は離れの書斎に全集だけをまとめた一室を持っていますが、西田のこの文章に遭ったとき、全集をそろえればいいというものではない、人と思想の本質を摑み取ることが大事なのだ、とガツンと殴られたような気がしたものです。第二書評集を出すにあたって、こんなことも去来しました。

作者が訴えたいことを理解する

本書では、『読売新聞』の書評欄に書いたものだけでなく、中曽根康弘さんの『自省録』や、阿部眞之助氏の『戦後政治家論』、渡邊満子さんの『祖父　大平正芳』などの著書の解説も収録しました。字数に比較的余裕があることで、凝縮された新聞書評とは違う味わいが出せたのではないかと思ったからです。

書評するにあたって最も心がけているのは、虚心に読むことによって、何よりもまず作者が訴えたいことを理解することだと思います。果たしてそれが出来ているかどうか、読者の皆さんの前で「まな板の鯉」のような心境です。

（本書「はじめに」より）

（はしもと・ごろう／読売新聞特別編集委員）

『虚心に読む』 内容

はじめに

第Ⅰ部 「自由」と「民主」

●**学問と思想** 丸山眞男『政治の世界 他十篇』／三谷太一郎『学問は現実にいかに関わるか』／平川祐弘『竹山道雄と昭和の時代』／服部龍二『高坂正堯』／竹内洋『革新幻想の戦後史』他

●**国家とは何か** 岡義武『独逸デモクラシーの悲劇』／塚本哲也『メッテルニヒ』／猪木武徳『自由の条件』／早川誠『代表制という思想』／待鳥聡史『民主主義にとって政党とは何か』／小林直樹『暴力の人間学的考察』……他

●**人と政治** 阿部眞之助『戦後政治家論』／岡崎守恭『自民党秘史』／渡邊満子『祖父 大平正芳』／長谷川和年『首相秘書官が語る中曽根外交の舞台裏』／中曽根康弘『自省録』／上田七加子『道ひとすじ――不破哲三とともに生きる』……他

幕間1 戦後日本と小泉信三 没後五〇年に際して

第Ⅱ部 日本とは何か

●**歴史のなかの日本** 辻井喬『司馬遼太郎覚書』／渡辺浩『日本政治思想史』／中野三敏『江戸文化再考』／磯田道史『無私の日本人』／家近良樹『西郷隆盛』／瀧井一博『伊藤博文』／北岡伸一『門戸開放政策と日本』／河上肇『貧乏物語』／後藤新平研究会編『震災復興 後藤新平の一二〇日』／岩見隆夫『敗戦――満州追想』ほか／村井嘉浩『復興に命をかける』／古川隆久『昭和天皇』／原武史『皇后考』……他

●**日本の根源** 梅原猛『人類哲学序説』／竹村牧男『日本人のこころの言葉 鈴木大拙』／徳富蘇峰『終戦後日記』／長谷川三千子『神やぶれたまはず』／長谷川宏『日本精神史』／澤村修治『唐木順三』／熊野純彦『本居宣長』／竹内洋『大衆の幻像』……他

幕間2 橋本五郎文庫のこと

第Ⅲ部 生きるということ

●**生きることの哲学** 加賀乙彦、津村節子『愛する伴侶を失って』／中村紘子『ピアニストだって冒険する』／与謝野馨『全身がん政治家』／宮城谷昌光『窓辺の風』／倍賞千恵子『倍賞千恵子の現場』／瀬戸内寂聴、ドナルド・キーン『日本を、信じる』／森本哲郎『書物巡礼記』／井筒俊彦『井筒俊彦全集』／粕谷一希『内藤湖南への旅』／星野博美『今日はヒョウ柄を着る日』／阿川佐和子『強父論』……他

●**文学の力** 梓澤要『捨ててこそ空也』／浅田次郎『一路』／西條奈加『九十九藤』／葉室麟『玄鳥さりて』／山本周五郎『ながい坂』／夏樹静子『孤独な放火魔』／津村節子『紅梅』／乙川優三郎『脊梁山脈』／宮本輝『田園発 港行き自転車』／内館牧子『終わった人』／小池真理子『死の島』／高樹のぶ子『格闘』／米澤穂信『Iの悲劇』／佐江衆一『黄落』……他

あとがき

虚心に読む

書評の仕事 2011-2020

橋本五郎

四六上製 二八八頁 二二〇〇円

■橋本五郎氏 好評既刊書

範は歴史にあり 二五〇〇円

約十年にわたる名コラムを初集成！ [4刷]

宿命に生き運命に挑む 二六〇〇円

歴史と書物に学ぶ名コラム集、第二弾！

「二回半」読む 二八〇〇円

書評の仕事 1995-2011

書物を繙き、歴史に沈潜する、清新な書評集

■橋本五郎氏 好評関連書

北羽新報社編集局報道部編

廃校が図書館になった！ 二〇〇〇円

「橋本五郎文庫」奮戦記

廃校になった母校に二万冊の蔵書を寄贈！

連載　今、日本は　14

三代目政治家の横暴

鎌田　慧

「売り家と唐様で書く三代目」

アベノマスクの張本人をテレビで見ると、江戸川柳が口をついて出てくる。三代目になると、たいがい祖父がつくった財産を食いつぶす。斜めに掲げられた「売家」の看板は、遊び人得意の雅《みやび》な書体で書かれている。

　保守系の政治家は、ジバン（選挙区）、カバン（資金）、カンバン（名前）の三バンを譲り受けて、商家のように政治家業を世襲する。「法をも破壊する悪政の飛沫」（本誌四月号）とコロナウイルスになぞらえて書いたのは、岸信介元首相の三代目の飛沫ということだった。私物化と側近政治はもはや病膏肓《こうこう》。

　黒川弘務・東京高検検事長個人の定年延期を、あろうことか閣議決定して、検事総長に据えようとする横車。首相の身内優遇、公私混同は後進国の権力者よりもみみっちい。森友、加計、サクラと利益誘導は歯止めがなくなった。

　これまで、安倍首相は、格差拡大アベノミクス支持の日銀総裁、「政府が右というのに左とは言えない」といってのけたNHK会長、さらには憲法違反の「集団的自衛権の行使」を容認させた内閣法制局長官の任命、と出世をエサに駒扱い。ご都合主義的な人事を強行する政治を打ってきた。

　その挙げ句の果てが、検事総長支配の画策である。検事総長は「首相の犯罪」をも摘発する、検察トップ。この独立、中立、公平が侵されたなら、独裁国家となる。検察の手兵化である。

　さすがに、この法を法とも思わない横暴には、弁護士会ばかりか、元検事総長たちも猛然と反発して、ルイ十四世、「朕は国家である」の亡霊、と決めつけた。東京高検の元特捜部長たちも意見書を提出した。そしてSNS、ツイッターでの批判が沸騰。

　三代目首相は国会でシドロモドロ。ついに今国会での成立を断念した。秋の国会を狙っている。六〇年前、祖父の岸首相は、日夜、日米安保反対の国会包囲デモを受けていた。怒りの持続がますます必要だ。

（かまた・さとし／ルポライター）

リレー連載　近代日本を作った100人　75

井上馨——井上馨と明治日本の経済近代化

由井常彦

渋沢栄一と井上馨

明治日本の経済近代化は、渋沢栄一が終始リーダーシップを発揮したが、明治政府の側では井上馨の活動が傑出している。渋沢は産業建設に取組み多数の会社の設立にかかわった。これに対し井上は政府にあって企業家の発見と支援、機会の供与に一貫し、近代経済社会の創成をおしすすめた。

井上馨は、明治四年から六年まで大蔵大輔の任にあるが、渋沢栄一も大蔵大丞の任にあり、同じ役所で密接な関係にあったことは留意に値する。以来明治の半世紀の間、政界にあって井上は、渋沢の目覚ましい活動に関心を払っており、対するに渋沢は、重要な事あるごとに井上を訪問あるいは井上を招待するなど最大限の敬意を払うことをつねに忘れていない。

大蔵省退官後も井上は元老として経済問題につよい発言権を持ち続け、財界に影響力を行使したから、彼のもとで成長する財界主流は、「政商」グループであり、井上が「政商の守護神」たる側面は払拭すべくもなかった。周知のように井上にとって三井は、もっとも信頼できる政商グループであった。

経済についての鋭い感覚——井上のメキシコ弗《ドル》の買付

井上馨は、明治維新の元勲のなかでも、経済についての鋭い感覚の持ち主であった。この点は強調しすぎることはない。それに彼は、行動力と問題処理能力において抜きんでていた。これらの能力、とくに後者にみる能力は、盟友の伊藤博文と共有するところであった。

井上馨の天性ともいえる経済についての感覚・行動については、幾つかのエピソードが知られている。いま維新政府の経済官僚となった当時の一、二を記してみよう。藩債処分にかかわる政府のドル買いは、若い井上の面目が躍如している。

維新政府が発足したときの重要な問題に、旧藩から引き継いだ藩債の処分(整理)があった。幕末諸藩は軍艦や銃砲を藩債

▲井上　馨（1835-1915）
長州藩出身の明治時代の政治家、元勲（侯爵）。長州藩士出身で、松下村塾に学び、文久三年（1863）伊藤博文とともに貨物船でイギリスに密航、帰国後開国派のリーダーとなる。明治維新後、外交および経済の分野で閣僚となり、明治十八年には外務大臣に就任、条約改正につとめた。鹿鳴館に表象される彼の欧化主義はよく知られている。
伊藤博文とは盟友であり続け、明治時代を通じて政治家として影響力を行使して顕官となったが、総理にはならなかった。文化財のコレクションでも著名な存在であった。

で買い付けたが、結局は貿易通貨たるメキシコ弗《ドル》（過去に大量に開発され貿易に通用していた）で始末しなければならなかった。これに対し新政府も、メキシコ弗の買付も三井などの業者に委託すると思われていたが、井上の大蔵省の動きは当初はっきりみえなかったようである。井上は、公的に知られる委託買付では市価の騰貴が不可避なことから、既存の有力な業者に委託せず、ひそかに横浜に出張し、料亭で遊興を装いつつ、手を廻して徐々に買い付ける方策をとっている。そして市場が、気がついた時には政府は目的を達成していたという。この挙には、チャンスに敏な田中平八（天下の糸平《いとへい》）ら相場師たちを口惜しがらせている（長井実『自叙益田孝翁伝』）。

小野を排して三井を選ぶ

明治政府の経済閣僚たち、大隈重信（佐賀）、井上馨（山口）、伊藤博文（山口）らはいずれも、当面の理財すなわち経済の必要については、既成の大商家の資力・信用と機能にまつ他ないとし、財政資金はこれを大蔵省為替方《かわせがた》として、三井・小野・島田の有力な三家に任命することとした。これら三家は国内各地に支店網を持ち、資力・信用に富み、経営活動も活発であったからである。ただし客観的根拠にもとづくよりも「通念」「世評」を出るものでなかったろう。これに対し井上は自身で、各家の経営のいわば調査を試みている。

彼の調査では、小野は業務は活発なものの、例えば広島・岡山・神戸の支店では、同一の取引が行われているような杜撰《ずさん》なことが指摘された（『世外井上公伝』第二巻）。事実明治七（一八七四）年、政府から小野にたいする政府の貸出にみあった抵当の提出を求められるにいたって、小野の経営は破綻をよぎなくされている。

（ゆい・つねひこ／三井文庫文庫長）

■〈連載〉沖縄からの声［第IX期］1（初回）

沖縄〝復帰〟の日に

波照間永吉

折しも今日（五月十五日）は四八回目の沖縄「復帰」の日である。一九七二年、琉球大学の学生であった私は、高揚感とは全然別な場所にいた。あの日が大雨であったことはうすうす覚えていたが、その日自分が何をしていたかはほとんど忘れてしまっていた。必要があって当時の日記などを開いてみたら、那覇の与儀公園であった〝復帰に抗議する集会〟に出ていた。でもなぜそのことを忘れていたのだろうか。忘れたいことであったのだろうか。

沖縄の「復帰」は当時の沖縄人の主体的選択である、というところから思考を展開する人がある。なるほど、そうではあろう。しかし……、とその「復帰」を自明のこととしきれない私がいる。果たして、私たちは日本人か。沖縄の人間の多くが、日本人である前に我々は沖縄人である、と思っているのではなかろうか。その思いは、海外のウチナーンチュの三世や四世の方々と話をしていると、より強く感じる。それは何故だろうか。近代沖縄社会が日本人によって様々な差別を蒙ってきたことは歴史的事実である。そしてその沖縄差別は移民世界でも同じであった。今の若い人たちには分からないことではあるだろうが、私たちの年代までの沖縄人にはそのような認識や感覚があるのではなかろうか。これをみんな覆い隠して、「日本人」にはなりきれない、ということである。

その意味で元県知事西銘《にしめ》順治が、沖縄の心はと問われて「日本人になりたくてなりきれない心」と言った言葉は、私たちにも分かる。しかし、今や私たちは「日本人になりたい」と思わなければならないのだろうか。薩摩入り、琉球処分、天皇制、沖縄戦、日本国憲法、日本式民主主義などなど、琉球・沖縄の過去から現在まで、私たちに深く関わってきた日本人の思考や枠組みを一度、突き放して考えるべきである。沖縄自立を説く人々も「我が国は」とか「この国は」という言葉を使ったりするが、その国とはどこか。まずは「我が国」とか「この国」という意識を措いて、少なくとも琉球・沖縄という視点から「日本は」という言葉でみるようにしていきたいと思っている。

（はてるま・えいきち／名桜大学大学院教授）

■連載・花満径　51

高橋虫麻呂の橋（八）

中西　進

　それでは、続いて橋の上で演じられる日本最初の「橋合戦」を、『日本書紀』はどう描いただろう。虫麻呂も知っていただろう「橋」の実景である。

　近江方から将軍の智尊《ちそん》なるものが進み出て来た。彼は精鋭の兵を楯として一斉に放たれて来る矢に真向かいながら、橋の中程の板三丈ほどを剝ぎ取らせ、橋の中央を切断したかと思うと、代りに長板一枚を橋桁の上に置いた。これを踏んで躍り出して来る者があれば、板につけた縄を引いて、川へ落そうとする仕組みと見えた。大海人《おおあま》方も進み出ることを躊《ためら》うしかない。睨み合いがしばらくつづいた。と、大海人側から勇敢な若者が躍り出た。大分君稚臣《おおきだのきみわかみ》——先ごろ、鈴鹿の関で大津皇子に従う者どもが合流した、その中の一人だった。

　稚臣《わかみ》はまず矛《ほこ》を刀にかえ、甲《よろい》を二重に着けたかと思うと刀を抜いて板を駆け抜け、近江方の仕掛けた綱を切り落とした。そして全身に矢を浴びながら敵陣に切り込んで来た。

　その勢に気押されたか、近江方の軍兵が浮足だち、一せいに逃れ散ろうとした。智尊《ちそん》が逃げる兵を斬ったけれども、浮足をとめることはできず、全軍が総崩れとなり、大友とその側近が僅かに免《のが》れ逃げただけであった。智尊《ちそん》も橋の辺りで斬殺された。

　こうして橋は、生活上の便益のために架けられたものながら、まずそれを破壊することから、舞台としての役割を始めた。

　皮肉にも、破壊された中でもとくに仕掛けられた罠《わな》をめぐる攻防にスリリングな興奮があって合戦がショーたり得た。それが橋合戦の第一号であった。しかし柿本人麻呂は、橋のドラマに与せず、戦いを原野に置き換えて一途な叙情詩を完成した。

　一方虫麻呂は合戦には与せず、橋ドラマを従来の民俗の中に戻して、夢幻の「橋の上のショー」を試みたのである。

（なかにし・すすむ／国際日本文化研究センター名誉教授）

連載　歴史から中国を観る　6

一帯一路とコロナとペスト

宮脇淳子

中国の習近平国家主席が、二〇一三年に発表した「一帯一路」は、アジアとヨーロッパを陸路と海路でつなぐ物流ルートをつくり、貿易を活性化させようというものである。もちろん、中国を中心とした広域経済圏をつくる構想で、かつてのモンゴル帝国をもう一度というように私には見える。

習近平の盟友の王岐山は、二〇一五年に中国共産党指導部の招待で北京を訪問した米国のフランシス・フクヤマ、青木昌彦両氏に、日本の歴史学者、岡田英弘を知っているかと問うた。王は、二〇一三年末に台湾から繁体字漢語訳が刊行された岡田著『世界史の誕生』を読んだらしい。十三世紀のモンゴル帝国こそがアジアとヨーロッパをつなぎ、ここから本当の意味の世界史が始まる、という岡田説を気に入ったのだ。

中国人にとっては、一度でもシナ本土を支配したことがあるモンゴル人も満洲人も、つまりは中国人なのだから、国力に自信がついた今となっては、モンゴル帝国と同じくらいに拡大することが「中華の夢」だと考えるようになるのは、自然の成り行きだった。

かつて東西貿易でもっとも恩恵を受けたのはイタリア商人だったが、今回もイタリアは、「一帯一路」構想に熱心に賛同した。中国の武漢市で発生した新型コロナウイルスが、ヨーロッパでまずイタリアに広まったのを見て、十四世紀に、ヨーロッパ人口の三分の一が亡くなったペスト禍を連想しないわけにはいかない。

ペストの発生源は、モンゴル草原にいるタルバガンという齧歯《げっし》類であるが、侵略ではなく経済活動によってヨーロッパにペスト菌が持ち込まれたのだ。一三四七年、クリミア半島のカッファから船出したジェノバのガレー船が、シチリア島にペスト菌を運んだのが始まりである。

ペストの大流行による人口激減はヨーロッパ史の流れを変えたが、モンゴル帝国の没落も招いた。今回のコロナ禍では、中国という国家の異形さが際立っている。この後の世界はどう変わるのだろうか。（みやわき・じゅんこ／東洋史学者）

■連載・アメリカから見た日本　6

銃社会、アメリカ

米谷ふみ子

　側近がコロナ・ウイルスだと教えても、トランプ大統領は記者会見で「中国ウイルス」と言い続けるので、全国の学校が閉じる前、アジア系の学生がいじめを受けていた。それゆえか多くの日系人が銃を買いに並んでいる、と新聞に出ていた。アメリカは銃社会である。

　一九六〇年、奨学金をもらって、NH《ニューハンプシャー》州の芸術家村に初めて行ったとき、当時ベストセラー作家だったリック・フリードが「僕のスタジオでパーティをするから来い」と言ったので、行くと、机の上にピストルが剝き出しで置いてあった。身の毛がよだった。パーティに来た人々が誰も気にしていないのにも驚いた。

　結婚してからNY郊外に住んでいた時も、近所に住んでいた作家のジョン・チーヴァーや小さい出版社をしていたソール・スタインの家でも廊下に銃が立て掛けてあったのを見て、文学関係のインテリたちが無頓着だったのにも驚いたのだった。

　その頃、ある音楽会に行った時、人権擁護協会の弁護士をしているという昔の夫の友達にばったり逢った。

　彼に「日本ではアメリカの占領軍が銃規制を徹底的にし、当時一軒ずつ進駐軍の兵隊が捜査に来ましたよ。私よく覚えています。当時占領軍は平和憲法を初め、女性には妊娠中絶の権利を認め、国民健康保険制度や、引退者の生活保障も施行したのに、この国に来て驚いたのは引退者の生活保障を除いては何もないんですよね」と私の驚きを喋ると彼は、

「あの時僕は日本でマッカーサー司令官の下で働いていたんです。彼は世界のどこかで理想的な国を創ろうと案を練っていたんですよ。まずアメリカにと考えたんだが、アメリカはマッカーシズムが吹き荒れていて手の付けようもなかった。それで、日本でしようということになったんですよ」と述べた。

　マッカーシズムも日本にとっては反対に御利益があったのだと悟ったことだった。私の二世の友達は、日本に行くと銃規制があるのでほっとする、といつも言っている。

（こめたに・ふみこ／作家、カリフォルニア在住）

Le Monde

■連載・『ル・モンド』から世界を読む［第Ⅱ期］46

コロナとカラス

加藤晴久

「パリでもその他の地域でも、外出禁止令への《違反》を告発する通報が警察に寄せられている。限定された現象だとはいえ、今の状況と、かつての時代（傍点加藤）を想起させる現象である」

「《カラス》が戻ってきた」と題する四月一一日付記事のリードである。

一九四〇年から四五年までのナチス・ドイツによる占領下、対独協力ヴィシー政権下のフランス（カミュが『ペスト』で描いた状況）で、密告者は「カラス」と呼ばれた。「カラス」に密告されてアウシュヴィッツに送られたユダヤ人や逮捕された対独抵抗運動の活動家もいたが、大半は、近隣同士の揉めごとに発する恨みとか自分の生活に関する不満とかに発する妄想ゆえの告発だった。

コロナの時代の「カラス」も変わらない。感染の世界的拡大はユダヤ人／アラブ人の陰謀だ、速やかに抑止せよ、といった類《たぐ》いの人種差別的妄想に発するものもあるが、大半は個人的な不満や恨みに発する告発である。

通報を受けて警察が駆けつけたところ、共同住宅の中庭で女性二人が休んでいただけ。どうやら普段から騒音問題で揉めていた階下の老婆が呼んだらしい。

パリ十区の小広場に約八〇人がたむろしているというので出動したところ、ホームレスの人たちが支援団体のボランティアから食事を受け取っていた。ホームレスなのだから「外出禁止令」に違反しようがない！

しかし、毎日、看護に献身している女性の自宅に、引っ越せという匿名の手紙が来た、というのはもはや笑えない話である。同じ建物の住民からだろう。

もっと厄介なのは、フェイスブックやツイッターを使って、あることないことを書き立て、不信、猜疑、憎悪を掻き立てようと意図する連中。市民としての義務を果たしている、社会正義のために闘っているつもりらしいが……

もうお分かりであろう。フランスだけの話ではない。「カラス」は日本でも猛威をふるっている。戦争中も「一億一心」のスローガンのもと、特高への密告が流行った。

（かとう・はるひさ／東京大学名誉教授）

五月新刊

"学問の思想家"を照射！

内田義彦の学問

山田鋭夫

戦後日本を代表する経済学者であり、「学ぶこと」と「生きること」を一つのものとして、学生たちに深く、やさしく語りかけ続けた内田義彦（一九一三―一八九）。「市民社会」とは何かを全身で問い、生涯にわたって「生きる」ことの意味を探求し、掘り下げていった内田を師と仰ぎ、読み込み、語り合い続けたもう一人の経済学者が、渾身の力で内田義彦の思想の全体と格闘。

四六上製　三八四頁　三三〇〇円

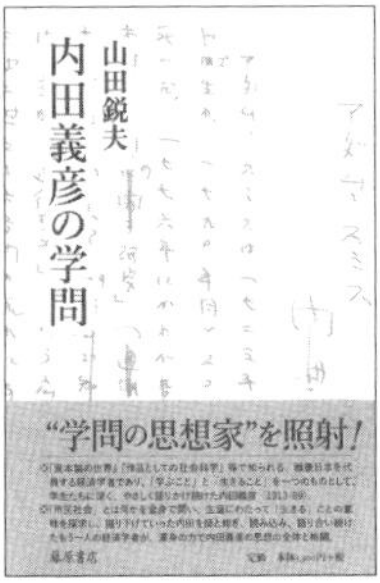

医をもって人を救い、世を救う

評伝 関寛斎 1830-1912

極寒の地に一身を捧げた老医

合田一道

順天堂に学び、典医・軍医に抜擢されるも、惜しげもなくその地位を去り、市井の人びとに尽くす。晩年には、平等社会の実現を志して、北海道・陸別の極寒の原野の開拓に身を投じた無私の人、関寛斎。徳冨蘆花、司馬遼太郎らも注目したその波瀾の生涯と信念を、多くの史資料および現地探訪に基づいて描いた決定版評伝。

四六上製　三二八頁　二八〇〇円

「マタギの真実がここに」（瀬戸内寂聴）

黒田勝雄写真集 最後の湯田マタギ

推薦＝瀬戸内寂聴

奥羽山系の懐に抱かれた雪深き山里、岩手県西和賀郡湯田町で、シシ（熊）獲りを続けてきたマタギたち。二十年間湯田に通い、「最後」のマタギたちとともに狩猟の現場に分け入り、またマタギの里の暮らしや民俗に迫った稀有な写真集、ついに刊行！

寄稿＝菅原良／黒田杏子

B5上製　一四四頁　二八〇〇円

「在日」と「日本」を全身で問う

金時鐘コレクション 全12巻

10 真の連帯への問いかけ

「朝鮮人の人間としての復元」ほか　講演集I

［第6回配本］

在日朝鮮人と日本人の関係を問い直し、"連帯"と詩を追求する、七〇年代～九〇年代半の講演を集成。

〈解説〉中村一成

月報＝金正郁／川瀬俊治／丁海玉／吉田有香子

口絵2頁

四六変上製　三九二頁　三六〇〇円

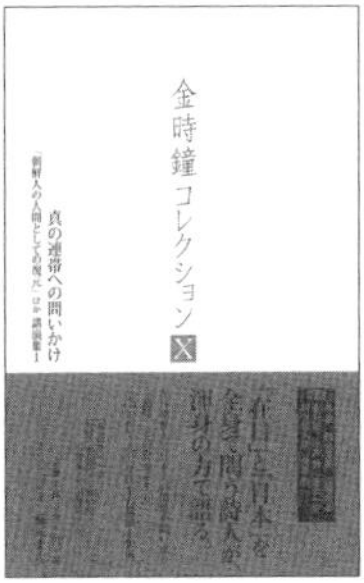

読者の声

大地よ！■

▼他社出版の本ですが、それを読んでから、すっかり宇梶さんのファンになりました。そこで、また、宇梶さんの本を読みたいと思い、この本を購入させて頂きました。

この本を読んで、アイヌについて学ぶことは、人間の原点に戻ることだと思いました。アイヌの教え（考え方）、言葉を軸に生き直していきたいと思います。

アイヌ文化に興味があるので、宇梶さんにアイヌ模様の意味とか、食文化、アイヌ語についての本も出版して頂ければ嬉しいです。

貴重な体験、家族のことなど、おしみなくつづって下さった宇梶さんに感謝したいと思います。

（愛知　パート　**福島洋美**　41歳）

▼ご本人様とは知人を通じましてお知り合いになりました。

大切な〝時〟を共有した時もありました。改めて感動し、短時間で読んでしまいました。私も残された時間を大切に生きたい。

（千葉　主婦　**高安清美**　76歳）

▼どんな状況にあっても、ひるまず、生命の尊厳へのたたかいに向っていった宇梶フチの生き様が胸を刺しつらぬいた！

（北海道　施設指導員　**中島啓幸**　50歳）

いのちを刻む■

▼昭和二十二年の生れ、まだ若い。私は昭和六年、富山の滑川市の貧農の生まれ。三男ですから家に居れない。極貧を押して上京し大学を卒業したが、朝鮮南北戦争が終って全国の不況は大変でした。

知らない道を歩いて来て三叉路でどの方向へ行くかを貴方が決めて来た。それが今の道ですから。素敵な奥様と進んで来た道。これからも健康で活躍して下さい。

木下氏の続編があれば頂きたいです。

（東京　元会社経営　**黒川権義**　88歳）

▼つい先日たまたま深夜に見たTV番組で強く印象になり、『岐阜新聞』の書評（三月二十九日）も読み、本屋で探したらすぐ入手できました。

特異なエンピツ画家として前から知ってはいましたが、自分の病気の妻を描く事になって更に興味が深くなりました。TVでは娘さんが統合失調症とのこと。私には一層考えさせられました（多分実母と同病と思う）。今後の生き方、作品がずっと気になります。

（岐阜　医師（精神科）　**伊藤逸郎**　72歳）

全著作〈森繁久彌コレクション〉①　道——自伝■

▼森繁さんの全体像が見渡せる試みに感激・感謝のみです。

（神奈川　会社相談役　**喜多謙一**　79歳）

米軍医が見た占領下京都の六〇〇日■

▼太平洋戦争が風化されようとしている中で、この本は戦争の悲惨さを後世に伝える貴重な本です。

著者の克明な調査により、正確に戦争直後の様子を伝えている。特に市民生活への影響を書かれている部分がいいと思う。当時としては珍しいカラー写真がリアルさを増している。

（東京　**松本義勝**　74歳）

機 no. 334「出版随想」■

▼拙は、当該頁の文章・内容には、いつも触発されてやまない心情にかられます。

そこにも記されているように、「今最も大切なことは」「一人一人の日本人が、自治的自覚をもって」「世界に恥ずかしくない誇りを持った人間として生きていくこと」。そのことのいっそうの大切さを、改めて喚起を促していることです。

それは、考えてみれば、あるいは、改めて喚起されなくとも、ごく当りまえのことですが、しかしわれらの見え感じられる「日常」の負の状況は、日々、年々グローバル化しつつあるからです。それは際限なく、いわば拡大再生産の一途とさえ、と、そんなことをつとに思い考えるものです。これはよくいわれている「名言」の一つだと考える拙ですが「その負の状況」は、おおかた、「そのときの支配的な思想は支配階級の思想である」なる「ことば」「名言」です。そのことを自らに銘記させながら、真の「抵抗」とは今は何かを求めて生きていくことの価値の大切さを、ここでも思ったしだいです。

（香川　**西東一夫**　84歳）

※みなさまのご感想・お便りをお待ちしています。お気軽に小社「読者の声」係まで、お送り下さい。掲載の方には粗品を進呈いたします。

書評日誌（三・一九〜四・一五）

(書) 書評　(紹) 紹介　(記) 関連記事
㋑ インタビュー　Ⓣ テレビ　㋶ ラジオ

三・一九　㋑聖教新聞「いのちを刻む」（「文化」）／「鉛筆画が開く世界」／「自伝『いのちを刻む』の著者　木下晋氏に聞く」）

三・二二　(記)新美術新聞「いのちを刻む」（「美・友・人」）／「56年目の自分との再会」／木下晋）

(記)朝日新聞「世界の悲惨」（「情報フォルダー」）

㋑朝日新聞(be on Saturday)［社主・藤原良雄］（「フロントランナー」）／「時空を超えて言論を育む」／「『大切なのは覚悟。信じ、押し切れるか』」／小泉信二）

三・二三　(書)毎日新聞(夕刊)「全著作〈森繁久彌コレクション〉」（「名優・森繁久彌が描いた自身と時代　著作集刊行」／戸田栄）

三・二四　(紹)エコノミスト「近代家族の誕生」

三・二六　(書)日本経済新聞「日本を襲ったスペイン・インフルエンザ」（「活字の海で」）／「繰り返されるウイルスとの戦い」／「歴史人口学者の遺作が警鐘」／前田裕之）

(記)朝日新聞［三・二二記事への声］（「みなさんから」）

三・二九　(紹)京都新聞「消えゆくアラル海」（「新刊の本棚」）

三・四月号　(紹)外交「消えゆくアラル海」（「新刊案内」）／「干上がるアラル海　農学者の貢献いかに」）

四・二　(書)週刊文春「日本を襲ったスペイン・インフルエンザ」（「私の読書日記」）／「日本を襲ったスペイン風邪」／鹿島茂）

四・四　(記)読売新聞「機(no.336)」（「五郎ワールド」）／「香り高き高雅の人逝く」／橋本五郎）

四・九　(書)読売新聞「いのちを刻む」（「文化　アート&エンタ」）／「木下晋さん初の自伝刊行」）

四・一二　(書)日本経済新聞「消えゆくアラル海」（「この一冊」）／「巨大な環境破壊　調査に奮闘」／山根一眞）

四・一五　(書)解放新聞「大地よ！」（「屈辱の歴史を生き、常にそれと向き合い」／「芸術、運動を通して乗り越えてきた道のりの書、希望の道」／島田あけみ）

(記)朝日新聞「全著作〈森繁久彌コレクション〉③情──世相」（「折々のことば」／鷲田清一）

四月号　(紹)月刊美術「いのちを刻む」（「新刊案内」）

七月新刊予定

＊タイトルは仮題

「日本には二つの中心がある」

楕円の日本

日本国家の構造

山折哲雄
川勝平太

「日本」における芸術・文化・宗教の二千年史を、グローバリゼーションの今、どう捉え直すのか？ 国家と国土、権力と権威、聖と俗、芸術と宗教などの「二つの中心」によって織り成される日本の知と文化が、今どうあるべきか、宗教学者・山折哲雄と、経済史家・川勝平太が徹底討論！

［附］川勝平太「十三世紀日本の軸の思想――親鸞を中心に」書下し一五〇枚

生きものは、変わってゆく存在

中村桂子コレクション いのち愛づる生命誌 全8巻

3 かわる

生命誌からみた人間社会

［第6回配本］

「生きること」を中心にする社会を実現するためには、人間も多くの生きものたちの中の一員であることを自覚する方向に、私たちの意識が根本的に変わる必要がある。悲惨な東日本大震災のあとに、われわれはどう変わるのか。　〈解説〉鷲田清一

〈月報〉稲本正／土井善晴／大原謙一郎ほか

九ヶ国語に翻訳の名著、待望の新版

赤ちゃんは知っている〈新版〉

認知科学のフロンティア

J・メレール、E・デュプー

加藤晴久・増茂和男訳

序に代えて＝小林登

赤ちゃんには生まれつき言語能力があるのか？ 認知科学の世界的権威が、乳幼児の視覚、聴覚、空間と物体の認知、自己と他者の認知、そして言語獲得の過程を、豊富な実験例によって描き、赤ちゃんが生まれつき持っている能力を明快に説き明かす名著待望の復刊。

日本人にとって「好奇心」とは何か？

好奇心と日本人〈新版〉

多重構造社会の理論

鶴見和子

〈序〉芳賀徹「鶴見和子『好奇心と日本人』に寄せて」

古代から現代に至るまで、日本人が外来の文化を貪欲に取り入れる駆動力となってきた「好奇心」。その「好奇心」を手がかりに、日本の自前の「社会変動」のパターンと、その結果としての「多重構造社会」の形成を読み解いた、社会学者としての面目躍如の書、待望の復刊！

6月の新刊

タイトルは仮題、定価は予価。

民衆と情熱（全2巻）
大歴史家が遺した日記 1830-74
I 1830〜1848年 ＊
J・ミシュレ
大野一道編 大野一道・翠川博之訳 口絵8頁
四六変上製 六〇八頁 六二〇〇円

全著作〈森繁久彌コレクション〉（全5巻）
5 **海――ロマン** ＊ 完結
〈解説〉片山杜秀
月報＝司葉子／安奈淳／岩代太郎／黒鉄ヒロシ／上條恒彦／富岡幸一郎／森繁建
口絵 モノクロ4頁／カラー4頁
四六上製 四八〇頁 二八〇〇円

虚心に読む ＊
書評の仕事 2011-2020
橋本五郎
四六上製 二八八頁 二二〇〇円

7月以降新刊予定

楕円の日本 ＊
日本国家の構造
山折哲雄・川勝平太

好評既刊書

中村桂子コレクション いのち愛づる生命誌（全8巻）
3 **かわる** ＊ 〈解説〉鷲田清一
生命誌からみた人間社会
月報＝稲本正／土井善晴／大原謙一郎ほか 口絵2頁

赤ちゃんは知っている〈新版〉 ＊
認知科学のフロンティア
J・メレール＋E・デュプー
加藤晴久・増茂和男訳 新版序＝小林登

好奇心と日本人〈新版〉 ＊
多重構造社会の理論
鶴見和子
〈新版序〉芳賀徹「鶴見和子『好奇心と日本人』に寄せて」

〈増補新版〉**海から見た歴史**
ブローデル『地中海』を読む
川勝平太編
網野善彦／石井米雄／ウォーラーステイン／川勝平太／鈴木董／二宮宏之／浜下武志／家島彦一／山内昌之

金時鐘コレクション（全12巻）
10 **真の連帯への問いかけ** ＊
「朝鮮人の人間としての復元」ほか 講演集I
〈解説〉中村一成 口絵2頁
月報＝金正郁／川瀬俊治／丁海玉／吉田有香子／
四六変上製 三九二頁 三六〇〇円

黒田勝雄写真集
最後の湯田マタギ ＊
黒田勝雄 推薦＝瀬戸内寂聴
B5上製 一四四頁 二八〇〇円

内田義彦の学問 ＊
山田鋭夫
四六上製 三八四頁 三三〇〇円

評伝 関寛斎 1830-1912 ＊
極寒の地に一身を捧げた老医
合田一道
四六上製 三二八頁 二八〇〇円

感情の歴史（全3巻）
A・コルバン／J-J・クルティーヌ／G・ヴィガレロ監修
I **古代から啓蒙の時代まで**
G・ヴィガレロ編 片木智年監訳
カラー口絵24頁
A5上製 七六〇頁 八八〇〇円

全著作〈森繁久彌コレクション〉（全5巻）
4 **愛――人生訓** 内容見本呈
〈解説〉佐々木愛
月報＝池辺晋一郎／本條秀太郎／林家正蔵／原荘介
口絵2頁
四六上製 三六〇頁 二八〇〇円

日本の「原風景」を読む
原剛 写真＝佐藤充男 カラー口絵8頁
四六判 三二八頁 二七〇〇円

＊の商品は今号に紹介記事を掲載しております。併せてご覧戴ければ幸いです。

書店様へ

▼4月発刊のアラン・コルバンほか監修『**感情の歴史I**』（全3巻）が早速5／16(土)『毎日』「今週の本棚」にて三浦雅士氏が絶賛書評！▼5／2(土)『読売』「五郎ワールド」にて橋本五郎氏が『**釈伝 空海**（上）・（下）』を紹介。▼第70回ベルリン国際映画祭・エキュメニカル審査員賞を受賞した想田和弘監督の映画『精神0』。精神科医・山本昌知氏の引退と、その後を見つめたドキュメンタリーです。小社では教育学者大田堯氏との共著『**ひとなる** ちがう／かかわる／かわる』がございます。是非一度ご展開を！▼『**大地よ！ アイヌの母神、宇梶静江自伝**』が共同配信にて書評掲載。（河津聖恵氏評）。6／7(日)『読売』書評のほか今後もパブリシティが続きます。在庫のご確認を！▼『**日本を襲ったスペイン・インフルエンザ**』が再び重版（12刷）。5／12(火)NHK BS1スペシャル「ウイルスvs人類3 スペイン風邪 一〇〇年前の教訓」（磯田道史氏紹介）ほかにて取り上げられております。引き続き大きくご展開を！
（営業部）

出版随想

▼今や新型コロナが話題にならない時はない。四六時中、われわれの生活にコロナが入り込んでいる。六月九日現在、世界の感染者は、七〇一万人、死者は四〇万人。日本の感染者は、一万八〇〇〇人、死者は九三〇人（ジョンズ・ホプキンス大統計／国内はNHKまとめ）。感染者の内、死者の割合は、平均五〜六％。世界人口七七億の中での死者の割合は、〇・〇〇〇五％だ。これを多いと見るか少ないと見るか、見方は様々だ。ただ、今の時点で今回の新型コロナ禍が終わったと見るのは早計だと考えている専門家は多い。今から百年前に起きた通称「スペイン風邪」の時も、速水融氏の『日本を襲ったスペイン・インフルエンザ』によると、一九一八年春から一九二〇年春まで約二年余、途中収まった時もあったが、三回の波が押し寄せて、延べ国内で四五万人、国外で二九万人の日本人が亡くなった。世界でも四五〇〇万人の死者が出たといわれる。今後の対策も今から十全に練って置く必要がある。

▼今月は、そもそも「ウイルスとは何か」という特集を組んでみた。われわれ人間に襲いかかってくるウイルスの正体とは何かを、三人の識者にそれぞれのお立場からご寄稿をお願いした。なかでも驚いたのは、中村桂子さんによる、ウイルスが哺乳類の胎盤形成に重要な役割を果たしている、という件り。勿論人類も然り。因みに、ウイルスは、この地球上に姿を現したのが三十数億年前。人類はたかだか二〜三十万年前。ウイルスの発見が、電子顕微鏡が発明された一九三〇年代。〇・〇〇〇一ミリという微小で肉眼では見えない代物。

▼ウイルスと本当に人間は闘うことができるのか。当時、〝感染症対策の第一人者〟といわれた後藤新平ですら、台湾でマラリアに罹患し、帰国してからもその後遺症でかなり悩まされたといわれる。ウイルスとの共存しかないとなれば、われわれ人類は、これまでの来し方を見つめ直し、新しい第一歩を踏み出すことしかないように思われる。如何なものか。（亮）

模倣は比較的研究しやすい。このため、今世紀はじめころから小児医学の教科書には新生児の模倣がしばしば記述されている。[1] とはいうものの、つい最近まで、生後かなり時間を経ないと赤ん坊は模倣ができないと主張されていた。こうした思いこみを覆すにはマラトスの仕事を待たねばならなかった。[2] マラトスが生後一ヵ月半から三ヵ月の赤ん坊で行った研究で、非常に早期から模倣が可能なことが判明した。自分の顔と成人の顔を視覚的に対応させることを学ぶ以前から、赤ん坊はすでに、成人の表情に相応する顔つきを表出できるのである。マラトスはまた、模倣反応は成長につれて増大しないことも確認した。むしろ成長するにつれて模倣反応は衰え、生後三ヵ月目ごろに消失する。その後、大体九ヵ月目ごろに別の形の模倣反応が現れる。このとき、模倣は自動的なものではなく、すでに赤ん坊自身の自発的なコントロール下にあるものと思われる。

以上の結果を再現し拡張しようとして多くの研究が試みられた。失敗したものも多かったが、ある驚くべき事実が明らかになった。[3] 新生児が特定の顔つきを模倣するのは比較的容易に観察できるのに、顔以外の体の部位のしぐさは模倣反応を誘発しないのだ。新生児には自分の手や脚は見えるのに口や目は見えないという事実を考え合わせると、この傾向は不思議である。自分の口を見たことのない赤ん坊が、どうして他人の口の動きをまねられるのだろうか。他人をまねて脚を動かすほうが、ずっと自然で簡単に見える。次に示す実験によると、実はそうではなく、われわれの想像に反して、最初に模倣されるのは、確かに顔のいろいろな表情なのである。[4]

赤ん坊の近くでモデル役の人が、四〇秒ごとに一定の表情をする。実験者はなるべくモデルの人

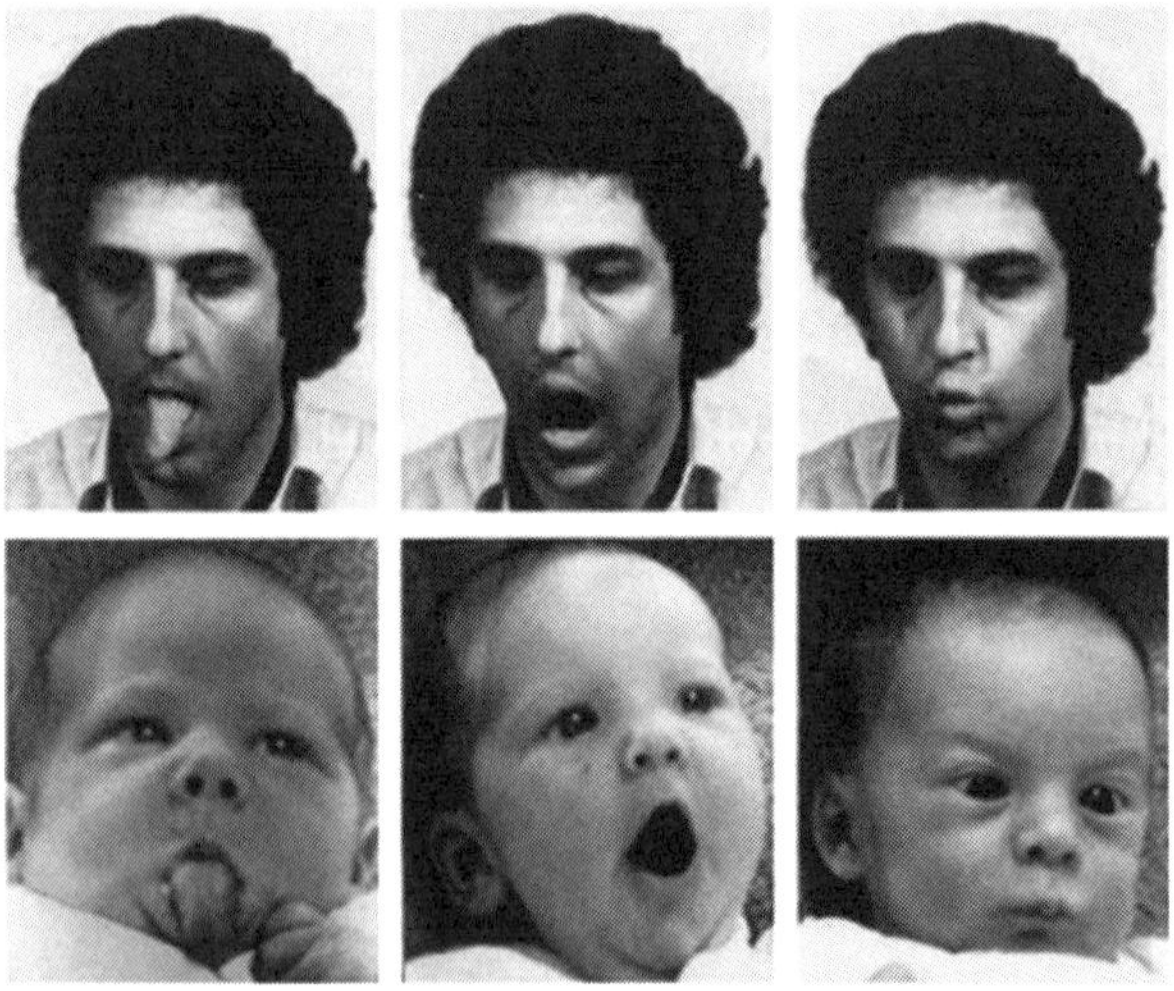

写真12　Meltzoff 及び Moore の実験（1983）で示されたのと同じ、顔つきの例と新生児の模倣。

の表情を見ないで、赤ん坊のするすべてのしぐさを克明に記録する。赤ん坊はすっかり興奮した様子で、舌を突き出したり、口を開いたり、腕を振ったりする。それでも実際にはかなりの頻度でモデルの人に似たしぐさをする（写真12参照）。

新生児を使った実験には特別な慎重さが必要だ。この赤ん坊がいろいろな表情を模倣できるかどうか確認するには、自分の舌を突き出して様子をうかがっているだけではだめだ[5]。観察した反応が実際に模倣行動に起因するとしたら、特定の顔の表情は模倣するが、ほかのしぐさはほとんど模倣しない、それどころか模倣できないことをどう説明したらいいのだろうか。それはどうしてなのだろうか。これは本当に模倣なのだろうか、それとも小児科医の用語を借用するなら、単なる「原始《アルカイック》」反射なのだろうか。こうした行動は、本当に成人の模倣を先取りしていると考えていいのだろうか。

　こうした問いに答えるには、赤ん坊のデータと動物で収集したデータを比較する必要があるようだ。動物行動学者のティンバーゲンは、特定の感覚的刺激に決まった行動で反応する動物のいることを明らかにした(6)。たとえばカモメのヒナは、赤い点のある白い円筒形が視野に出現するとくちばしを開く。同様に、トゲウオは腹が赤みを帯びたほかの魚を見ると、一定の連続した複雑な行動を行う。新生児の模倣はこれらに似たものなのだろうか。

　いま述べた動物の反応は、生得的で決まりきった反応である。しかし肝心なのは、こうした反応がその引き金になる刺激と必ずしも似ていないことだ。たとえばカモメが円筒形のものを見てくちばしを開けても、自分が円筒形になるわけではない。同様に、トゲウオが自分に近づいて来る魚に似せて体の色を赤く変化させるのでもない。それに対し、赤ん坊は自分の知覚する顔の表情を模倣する。

　ピアジェは、自分の幼い娘が口を開けたり閉じたりしてマッチ箱の開閉を模倣することを指摘している。しかし、バウアーがこの観察の普遍性に異議を唱えて、新生児は「自分の体のいかなる部分もマッチ箱には似ていないのをよく知っている。マッチ箱の開け閉めを自分自身の体と関係づけたりはしない。したがって、マッチ箱を模倣することはあり得ない」と述べたのはどうやら正しい(7)。

　とはいえ、バウアーの指摘が適切なものに思われても、実験データは予想されるほど明快ではない。というのも、早期の模倣が非常に単純な反射によるものだということを示す実験結果もあるからだ[8]。図式化された刺激が顔の反応を引き起こすことがある。たとえば輪を見せて、そのまん中に鉛筆を出し入れすると、新生児は舌を突き出す。厚紙の円筒を見せて、その口の部分を押しつぶすと口を開けたり閉じたりする。これは厳密な意味の模倣ではなく、むしろ、特定の刺激に対する本能的で図式的な反応である。きわめて早期には、新生児には模倣能力がないのかもしれない。特定の設定の刺激がある反応を引き起こす、そして観察者が、いわば偶然に、モデルの動作との一致を見てとってしまうだけなのかもしれない。

反対に、新生児の模倣は外的刺激と内的感覚を結びつけることによって行われる、また、それが可能なのは、生得的な身体図式のおかげだと考える研究者もいる[9]。たとえばメルツォフは、一定の時間をおいて反応が始まるようにしても赤ん坊は模倣反応をすることを明らかにした。この実験では、モデルの人がある表情をしている間、赤ん坊におしゃぶりを吸わせる。そして少し後でモデルの人がいなくなり、おしゃぶりを取り上げると、何も刺激がないのに赤ん坊はモデルの表情を模倣した。こうした観察は、動物の反応とは違って、刺激と身体図式の関係は抽象的表象に基づいていることを示していると思われる。

実は、身体図式を前提とする解釈と、模倣を引き起こす生得的メカニズムを想定する解釈は、見かけほど相容れないわけではない。ある単純な身体的図式のおかげで誕生直後から模倣は可能である、しかもその身体図式とは、ある種の刺激とある種の運動を連結させる「配線済み」のネットワークのことにほかならないと考えることもできるからである。かなり成長が進み、経験を重ねるなかで、こうしたメカニズムは、大脳皮質のようなもっと発達した中枢で管理されて、成人にふさわしい形態をとるようになるのである。動物では固定した模倣行動は（食物の摂取や交尾のような）最重要の機能に関係するが、赤ん坊では模倣行動は間主観性、つまりほかの人間との社会的関係にかかわっていることにも注目する必要がある。

顔の認知

赤ん坊は、人間というものはある形の顔を持っているということを学習しなくてはならないのだろうか。それとも同類のほうを自分から好んで向こうとする図式を生得的に備えているのだろうか。自分の種に属する者は、翼ではなく腕が、またひれではなく脚のついた体を持っていることを学習しなくてはならないのだろうか。それとも、そうしたことはすでに知っているのだろうか。顔の知覚の初期形態に関する研究によって、こうした問いに答えが出せると考えられる。われわれが想像するように、模倣が遺伝形質の一部である基礎的身体図式を前提にしているとすれば、赤ん坊には人の顔を認知する性質があるのかどうかを調べてみることも可能である。

しばしば引用される実験であるが、産まれて数分しか経っていない新生児に、図18で示したような図式的な顔や変則的顔、白い楕円の顔の輪郭を提示した。[10] これらの絵はすべて同一の明度を持ち、左右対称で同じ輪郭をしていた。これらの絵を新生児の目の前で左から右に動かして、顔と目の動

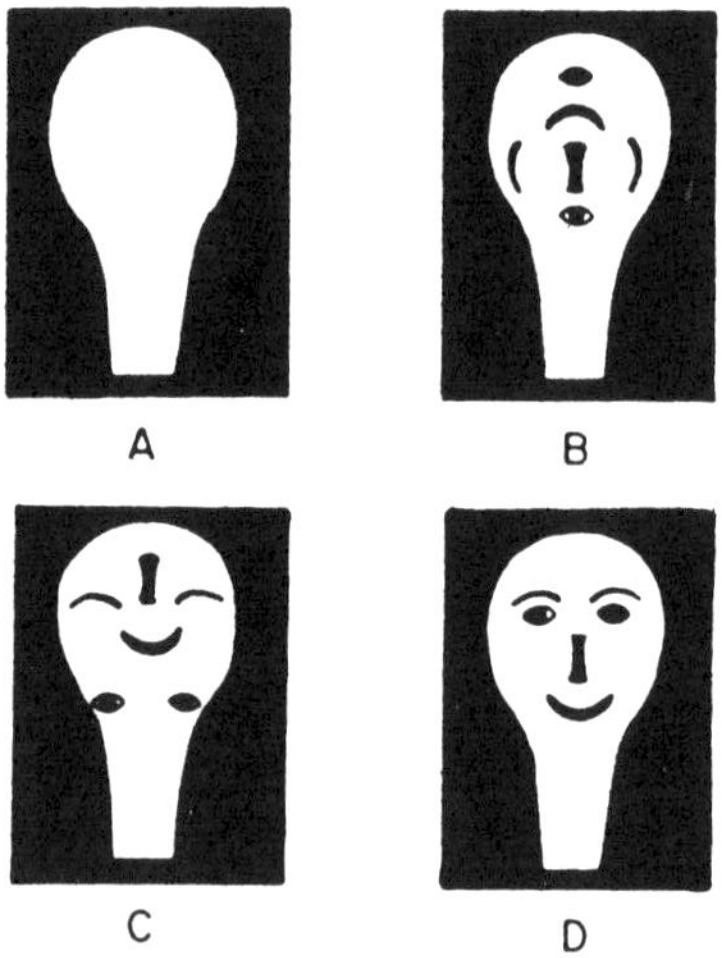

図18　新生児の顔の知覚の実験で用いられたのと同様の刺激。Aは顔の輪郭。BとCは顔のお化け。Dは図式的な顔（Dodwell ほか、1987）。

きを記録した。赤ん坊を抱いている人には、どんな刺激が現れるのか教えず、また、刺激が見えないようにした。すると、新生児が図式的な顔を変則的顔よりよけいに追視すること、そして、変則的顔を白い楕円よりよけいに追視することが確認された。この実験は、新生児は自分の同類の顔の図式を持っている、そして、それと一致する刺激によけいに注意を引かれる、ということを示唆している。

　実験的研究によくあることだが、いま述べた発見の少し後で、別の方法を用いたところ、異なる結果が得られた[11]。図式的な顔の刺激とほかの形の刺激を並べて示した場合も、新生児は図式的な顔の方を好んで見るはずと思うだろう。ところが、生後約一ヵ月の新生児は、図式的な顔も変則的顔も同じようにじっくり見つめる[12]。生後二ヵ月になると、図式的な顔に視線を向けるようになる。また、図式的な顔が自分の目の前で動くと、変則的顔よりも、そちらを向こうとする傾向が強くなる。しかし、新生児に顔と顔のお化けを並べて示したときは特に好みを示さない。静止した顔を好む傾向は、生後二ヵ月にならないと現れない[13]。

以上のような観察に刺激されて、モートンとジョンソンは顔の認知は二つのメカニズムに従うという考え方を提示した[14]。彼らによると、赤ん坊には誕生時に人の顔を探知するシステムが備わっている。もっと後になってさらに別のメカニズムが配置され、これによって環境からの情報に基づいて見慣れた顔の認知ができるようになるのだという。最初のシステムは、多くの場合、周縁視力から得られる動的情報を用いて、視野のなかで人の顔が現れる部分に注意を導く役目をする。たとえば、図式的な顔が視野に現れると、変形した顔よりも頻繁に長時間赤ん坊の注意を引く様子が何度も観察できた。図式的な顔を見つめて追視する行動は生後四〜六ヵ月で衰える。このとき、われわれの遺伝形質の一部を成し、同類のほうを向かせる装置の構成要素の一つになっている上丘《レチノ・コリキュレール》メカニズムが発動しているのだという。このメカニズムは、目に見えるすべての顔を網膜の中心窩の真ん中に位置させる役目を持ち、二番目のシステム（生後二ヵ月ごろに現れて、中心窩に集められた静的情報を処理するシステム）の出現にとって重要な役割を果たす。この二番目のシステムによって、赤ん坊は自分の周囲の一人一人の顔の表象を獲得し、その結果、すでに示したように、生後三ヵ月目ごろに特に自分の母親の写真が認識できるようになるのだという[15]。

ただし、少なくとも一見したところ、いま述べたモデルに当てはまらない結果もあることに注目しなくてはならない。モートンらは、新生児は二番目のメカニズムが配置されないうちは顔が認知できないに違いないと考えた。しかしある実験では、生後一週間以内でも母親の顔を認知することが判明している。[16] この実験では、平均で生後四八時間の新生児を、窓を二つ開けた仕切りから三〇センチ離れたところに置いた。この二つの窓から、母親と、髪の色が同じで顔かたちの似た別の女性とが顔を見せる。彼女らは無表情を保ちながら赤ん坊の目を見つめるように求められた。さらに実験者は、仕切りに香水を吹きかけて母親の香水の匂いがわからないようにした。すると、どちら側の窓に来ても、赤ん坊は母親の顔の方を見る傾向を示した。図式的な顔さえ認知できないはずなのに、母親の顔を認知する能力を持っているのは意外な感じがする。このパラドックスはいくつかの理由で説明できる。

すでに見たように、生後二ヵ月未満の赤ん坊は図形の内部に注意を集中させるのは苦手だ。むしろ全体的な形に注意を引かれる。したがって、普通の図式的な顔を変則的な顔と弁別できない。全体の形、つまり楕円形しか知覚しないのである。その代わり、ある図形の内側を動かしたり、あかりで点滅させたりすると、特徴の細部の違いに気づくようになる。この現象から、本物の顔と単なる顔の絵を認知するときの違いが説明できる。特別に訓練を受けた人でもない限り、顔をまったく動かさないでいることはきわめて困難だ。特にまばたきしたり、唾を飲み込んだりしないでいるのは大変である。したがって赤ん坊は本物の顔を目の前にすると顔の特徴に注意して、二つの顔を区別している僅かな違いに気づくようになると思われる。静止イメージを用いた実験では、まさに枠組み効果があるために、赤ん坊の能力が過小評価される。ただし、この枠組み効果は、赤ん坊が静止した顔を処理できるようになって少し経ったころ、つまり生後四ヵ月ごろになくなる。ところで、本物の顔と図式的な顔の絵にはほかにも違いがある。たとえば絵のほうは扁平であるのに、本物の顔には凹凸がある。立体視力が配置されるのは生後一八ヵ月経ってからだが、それ以前でも、陰影や顔の微妙な動きなど、図式的な絵には欠落している奥行きの要因が感じとれる。

いずれにせよ、母親の顔の認知メカニズムは、ともかく早い時期から配置されるようだ。それに対して顔に似た刺激の方を向く傾向は誕生時から配置されている。その後二ヵ月経ってから、別のメカニズムが現れて、見慣れた顔のアルバムのようなものを作れるようになるのらしい。

新生児は人の顔がどんなものかを学習する必要はない。むしろ、あたかも人の顔が何なのかあらかじめ知っているかのような具合だ。同類の顔のプロトタイプに相当する図式が誕生時から備わっているように思われるのである。

身体図式

新生児が白い円盤より人の図式的な顔を好むことを立証した研究がいくつかある。同様に、実験に基づいた研究によって、新生児に、自分の同類の身体特徴に似たものを喚起する刺激に対する選り好みがあるかどうか決定できる。しかし残念なことに、身体全体の認知に関する研究はごく少数しかない。それでも、真っ暗ななかを歩いたり走ったりしている人間の姿を撮影した映画を用いた実験が行われたことがある。(17) この実験では図19で示したように、人体でもっとも特徴的な十一箇所の関節に一つずつ豆電球を取りつけた。映画を見ていると成人にはおもしろい錯視が生じる。つまり、十一個の点が動いているのが見えるだけでなく、移動のテンポに従って人間が歩いたり走ったりしているような図式的イメージが再構成されるのである。早さが変化すると、歩いているか、または、走っているか、そのどちらかにはっきり切り替わる。

以上のような成人の運動知覚は学習の結果だという説明が可能かもしれない。人間が走ったり歩いたりするのを何度も見ることによって、わずか十一個の点が動くのを基にして運動中の人間の骨格を頭のなかで再構成することを学習する、というわけである。しかし、人間には誕生時から人体のプロトタイプ的図式が備わっていて、この図式のおかげで、さまざまなイメージを再構成して、(極端に単純化されてはいるが)人体イメージにまとめ上げるのかもしれない。

いま述べたようなアニメーションを、生後三ヵ月の赤ん坊と五ヵ月の赤ん坊に提示してみた。すると、歩行や走りに対応した十一個の点の一連の動きを赤ん坊が弁別しているのがわかった。しかし、赤ん坊は光源の絶対的スピードの変化に反応しているだけではないだろうか。同じ十一個の光源を提示しても、人体の運動に対応させないと、成人はもはやまとまりのある図柄を認識しなくなる。「歩行」と「走り」が弁別できないのである。同様に、光源の配置を変えたり、光源で示される人体像を逆さまにしたりすると、赤ん坊も、もはや何も認知できないようだった。したがって、

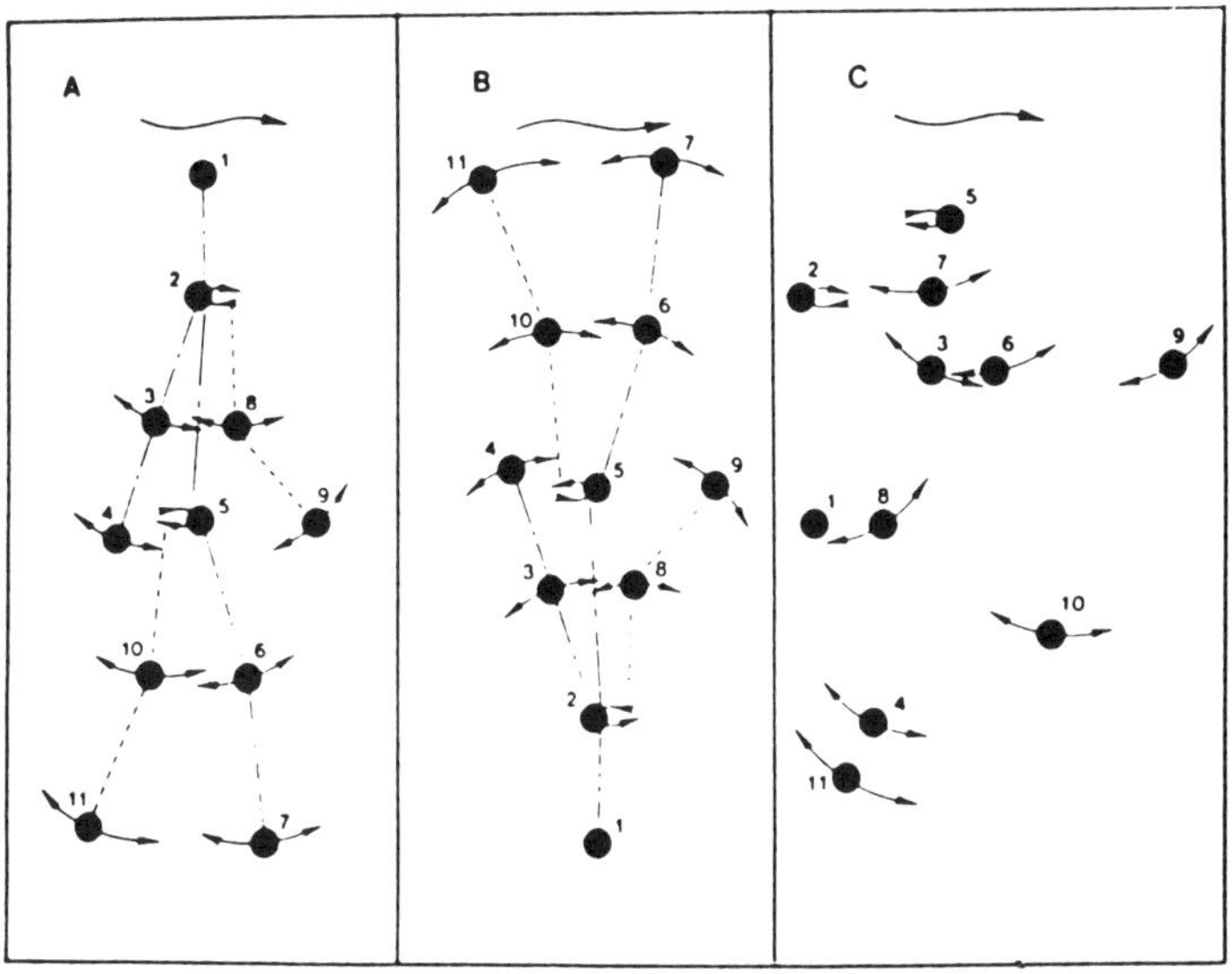

図19　Berthenthal, Proffitt 及び Cutting（1984）の用いた刺激。Aは11個の点が動くことによって得られる運動中の人間の動きを示している。BはAと同じイメージだが，上下を逆さまにしたもの。Cでは11個の点の一つ一つがAやBと同じ運動行程を持っているが，スクリーン上で任意の位置に置かれている。Aの点，つまり歩いている人間に対応する点だけが一つの図としてまとめられることを実験は示した。

十一個の点が「走り」から「歩行」に移るときに生じる絶対的なスピードの変化だけでは、識別反応を引き起こすことはできないようだ。

赤ん坊は生後三ヵ月ですでに、動いている点を結びつけて動的表象にまとめるのである。ただし、この動的表象は点が上下正しい向きで移動する人間の姿に対応していないと出現しない。強引な説をでっちあげるのなら話は別だが、これがまず妥当な解釈である。したがって、人体図式の表象が存在するのだと考えなくてはならない。この表象は生得的で抽象的な性格を持ち、生後三ヵ月から機能し始め、運動の制御を可能にし、ほかの人間の身体イメージの認知を可能にすると考えられる。この解釈は実験的裏づけがあり、実験者に新たな問いを提起するメリットを持っている。特に、チンパンジーや駆けている馬のように動きのあるイメージに赤ん坊がどう反応するかという新たな問いを提起する。また、こうした行動がすでに新生児の段階でも観察できるかどうか、さらにこの行動は、たとえ限定的なものであれ、自然界の生物力学的《バイオメカニック》運動とあらかじめ何らかの接触を持つことを前提にしているかどうか、という問題も浮上してくる。

当面は、人間には誕生時に自分の身体のコントロールだけでなく同類の認知を可能にする身体図式がある、という仮説を採用しておこう。人間が同類について持っている表象は、少なくとも部分的には生得的なものである。したがって、われわれは同類の顔の形や体の形を学習によって取り込む必要がないことになる。遺伝形質がわれわれをあらかじめプログラミングしているのだ。

とはいえ、他者の身体的外観についてわれわれに備わったプロトタイプ的表象は、われわれが毎日の経験で出会う多様性ゆえに変わる可能性がある。顔の知覚の研究によると、見慣れた顔の心内《メンタル》辞書を作り上げるのに、われわれは「平均的な顔」とでもいうようなプロトタイプを用い、個々の顔をこのプロトタイプに対する変異として表象しているのだという。自分と異なる民族に属する顔は、われわれの持っているプロトタイプと大きく隔たっているのですべて同じに見える。もちろん、この民族の多数の成員を知り、別の新しいプロトタイプを作り上げて違いがわかるようになれば話は別だ。顔の認知は柔軟かつ複合的な過程だが、人間の遺伝形質の一部である専門化したメカニズムがなければ成り立たない。

ところで、われわれが同類について持っている基本的表象が身体的特性だけに由来しているのではないのは明らかだ。同程度に、いやそれ以上に、心理的機能に依存している。われわれの同類には、われわれ自身に似た精神活動があるに違いない。われわれにはさまざまな信念や欲望や意図があり、それらがわれわれの行為を決定している。たとえば自動車を買いたいが金が足りない、そこで安くてよい中古車を見つけようとして新聞を買い、三行広告欄を見るなどがその例だ。われわれの欲望や必要はわれわれの信念と相互作用しつつ、これから実行する行動計画を決定する。われわれは皆、こうして問題を解決することに慣れている。そして同類の成人も同じような行動様式を持っていると考えている。しかし、言語を持っていない新生児は、あるいは動物は、どのようにして他者との交流のなかでそのような心理過程をマスターするのか、これはなかなか想像がつかない。われわれが他者も持っているはずと考える「心の理論《セオリー・オブ・マインド》」は、他者との相互作用から生じるのだろうか。それとも、この理論もわれわれの遺伝形質の一部分なのだろうか。

2　他者の思考

他者が心的表象を持っていると見なす能力の研究が新たな関心を呼んでいる。これは成人や赤ん坊の研究ではなく、サルの研究からもたらされた。サルの研究をしている心理学者がきわめておもしろい行動に気づいたからだ。

心理学者のH博士はサルの学習能力を研究していた。日が経つにつれて、あるメスのチンパンジーと仲良しになった。毎朝出勤してくると、必ずドライ・フルーツかクルミの実を「ガールフレンド」にプレゼントした。「ガールフレンド」はほかのチンパンジーから離れて檻の奥から出てきて、手を伸ばしてプレゼントを待ち望むようになった。プレゼントも、チンパンジーの行動もやがて習慣になったのである。しかしある朝、大変驚いたことに、H博士のほうに進み出てきたのは「ガールフレンド」ではなくほかのチンパンジーだった。「ガールフレンド」は檻の奥でじっとしていて、呼んでも応じなかったので、結局この「未知の女性」にフルーツを与えた。翌日研究所にやって来ると、いつものように「ガールフレンド」が自分のほうに手を伸ばしているのが見えた。何も疑わずに彼女にクルミを与えた。チンパンジーはH博士の手首をつかみ、爪を剝ぎ取ってしまった。博士の悲鳴も甲斐なく、ほかの人が助けに入るいとまもあらばこそ、だった。

チンパンジーの認知能力研究の第一人者のプレマックから、これと非常によく似た話を聞いたことがある。プレマック夫妻は、ものを差し出すとつかむ習慣を身につけたメスのチンパンジーを相手に研究を行っていた。二人は檻の周りに白線を引いて、チンパンジーが手を伸ばせる範囲を示しておいた。ある日、チンパンジーが何かを白線と檻の間に落とした。妻のアンヌは親切心からそれをチンパンジーに返してやろうとした。ところがチンパンジーはアンヌの手をつかんできつく嚙んだ。あまり強く嚙んだので、十五年ほど経ったいまでも傷跡が残っている。

H博士は、自分の身に起こったことはチンパンジーの嫉妬のせいだと考えた。一方プレマック夫妻は、妻の事故を、相手が人間であれ動物であれ、チンパンジーには他者を考慮に入れた行動プランを立てる能力があることの証拠だと解釈した。このチンパンジーはどうやら妻のアンヌを嫌っていたようだ。アンヌが反応するだろうと知っていて、彼女の腕をつかんで嚙むことができるような位置にものを投げたのだ。他人の行動を予測しているからこそ、自分の行動を組織することができたのである。

実際には、チンパンジーの行動についていくつか説明が可能である。たとえば、チンパンジーは友好的な態度からひどく獰猛な攻撃的態度に脈絡もなく豹変するという説明も可能かもしれない。

しかし、チンパンジーを研究している心理学者たちは、けっしてチンパンジーを怒らせてはならないと認めている。H博士の研究協力者は皆、複雑な社会的・心理的表象をチンパンジーが持っていると見なして、「嫉妬」のせいだと言っている。「嫉妬」というからには、チンパンジーは、ある暗黙の合意で自分とH博士が結びつけられているのに博士は自分を裏切ったと信じていることになる。さらにこのチンパンジーが、「ボーイフレンド」の「貞節」を試そうとして、オリの奥に引っ込んでいたのだとも考えられる。この説明では、チンパンジーに人間とよく似た感情や欲望や意図があることを想定している。

ある行動が意図的であるためには、その行動によってある欲望が満たされるのでなくてはならない。さらに欲望を満たすために、自分が持っている知識が利用され、行動を導くのでなければならない。チーズをかじっているネズミの前で眠りこけているネコの脚を誰かが動かして、ネコは意図的行動をしているなどと言うのは滑稽なことだ。明らかにネコはネズミを捕まえる欲望を持っていないし、脚を伸ばせば欲望が満たされると思っていない。意図的行動と言いうるためには、欲望が存在しなければならない、そしてその欲望を充足する方法を計算することが可能になるような情報の文脈が存在しなければならない。言い換えれば、抽象的な精神状態（つまり欲望）と（欲望の充足をめざす）実際の行動を結ぶ因果関係がなくてはならない。

他者がさまざまな意図を持っていると見なすには、非常に複雑な心的表象を抱く能力が前提になる。成人はもちろんだが、赤ん坊は現実についてある心的表象を持っている。この心的表象は、見かた次第で、外部世界の「素朴な理論」であるも言えるし、真の「心的世界」のミニチュアであるとも言える。こうした観点からすると、意図や欲望や目的はわれわれの「心的世界」の焦点のようなものだと考えられる。人間は全存在をかけてこの焦点をめざし、この焦点と関連づけて自分の行為を組織するのである。しかし、われわれと同じように意図を持つ存在をわれわれの心的世界に含めると、心的世界は非常に複雑なものになる。他者がさまざまな意図を持っていると見なすということは、表象の表象を持つことができるということである。他者もまた自分と別の人間が表象を持っていると見なす能力があると仮定すると、事態は一層複雑になる。こうなると、心的表象がロシアのマトリョーシカ人形のように次々に入れ子状になるのがわかる。

この論法を逆手に取って行動主義者は反論するかもしれない。そうだとすれば、鳥が暖かさを求めて渡っていくのは、年に一度の観光旅行をしているのかね、と。また、白アリが働くのは、白アリはチーム・ワークの大切さがわかったからなのかね、と。心理学はこのような擬人化の行きすぎに常に抵抗してきた。動物や赤ん坊がこのような複雑な表象を持っていると見なす考え方は擬人化の一つのあらわれだと、特に行動主義者の側から強い反発を買うのが常だった。今日では行動主義者の理論的権威は大いに疑問視されているので、彼らの哲学的言辞を受け入れる必要はない。しかし、動物に精神状態があると考えるにあたって、行動主義者のように慎重に構えるべきそれなりの理由がなくなったわけではない。しかしながら、チンパンジーがいろいろな精神状態や社会的・心理的表象を持っていると見なさないと、前に述べたような行動を説明するのは難しい。そうした行動はまれにしか起こらないということを理由にしてこの問題をかわそうとしても無駄であり、それでは真面目な対応とは言えない。しかも、前述の例では、チンパンジーが意図を持っているだけでなく他者の行動を予測しているらしいので事態が余計に厄介である。

いずれにせよ、人間が精神状態を持っていること、同類にそうした精神状態があると考えていることはまちがいない。だからこそ、われわれは、行動する前に他者の精神状態を理解しよう、予測しようと努めるのである。そして他者の行動を観察するとき、ごく自然に二通りの説明をしようとする。まず、内的原因、すなわち、精神状態と結びつける。その一方で、物理的事象に基づく外的理由と関連づける。たとえば誰かがバルコニーから転落するのを見ると、自殺の欲求につながる精神状態を想定してその人の行動を説明したり、あるいは爆発とか誰かに押されたとか物理的状況を想定して説明する。このように、われわれは皆、他人の行動を説明することに熟達している。そしてまさにそのために、自分自身がどんな行動を選んだらいいのか予測することができるのである。

他者に精神状態があるという前提がなければ、物事を決定することができず、不安と不確かさで身動きもできなくなるだろう。混んでいる高速道路を一三〇キロでオートバイを走らせている男がいるとしよう。自分以外の運転手は無法者でしょっちゅう予告なしに車線を変更する連中だと考えたら、とてもそんなスピードで走れないだろう。他人の行動についてある種の確信に支えられていなかったら、危険を冒す行動などできないだろう。もし仮に、何が起こるかわからないとか、他人は自分を亡き者にしようとして正面からぶつかってこようとしていると考えようものなら、高速道路は地獄になる。普通はわれわれは、他人は自分の精神状態と似た精神状態を持っていると考えているのだ。車やバイクに乗るのは人を殺すためではなく、ある場所に行くためだ。他人もそうだとわれわれは考える。こうした予測がなければ、山でザイルパーティに加わったり、飛行機のパイロットを信頼したりすることは常軌を逸したことになるだろう。[18] こうした行動、またもっとずっと基本的な多くの行動が可能なのは、われわれが自分の精神状態を自然に把握し、自分の精神状態に似たものを同類が持っていると見なす性質を持っているからである。

人間は誰でも素朴物理学を持っていて、学校に行く前からある種の物理事象を予測することができるのだが、プレマックの主張によると、人間にはこの素朴物理学に類似した素朴心理学の理論が備わっているという。この素朴心理学の法則はどんなものなのだろうか。人間とチンパンジーはこの心理学を共有しているのだろうか。それとも人間に固有なものなのだろうか。いくつかの実験によると、チンパンジーとの相互作用の結果、チンパンジーがこの種の心理を持っていると見なしうることが明らかになった。[19] たとえば自分をいじめたり、だましたりする実験者の前では、チンパンジーは隠しだてをするような行動をする。反対に、率直で友好的な実験者の場合、実験者と共有する情報の質はまったく別のものになる。チンパンジーは、実験者の行動を協調のあらわれ、または競合のあらわれと見なすかによって、相手の行動に自分の行動を合わせることができると思われる。この例から、チンパンジーには「心の理論《セオリー・オブ・マインド》」がある、そしてこのセオリーを他者存在との相互作用に利用している、と認めざるをえない。

とはいえ、プレマックは論文においては、言語を持たない動物にこの種のセオリーがあると見なす場合、きわめて慎重な態度を取っている。このセオリーの源は何かという問題に関しては答えが出ていないからだ。予測を可能にするこうした抽象的表象の源は何なのだろうか。チンパンジーは他者の精神状態のすべてを学習しなくてはならないのだろうか。それとも、ある原始的な理解様式が、複雑な仕組みをした脳の遺伝形質の一部を成しているのだろうか。

確かなのは、サルが行動主義のエキスパートだということだ。強化を受けると、それに関連づけて自分の行動を適合させるすべを心得ている。自分の同類や時には人間について、どんな刺激がどんな反応の引き金になるのか知っていて、他者の行動をみごとにコントロールできる。サルが他者と交渉するとき一体どんな性質の表象を用いているのかさらに正確に知るためには、さらに多くの研究が必要である。しかしサルが、「彼は……と考えていると私は考える、と彼は考えている」式の心的表象を操るとはとうてい思えない。現実についていくつかの表象を抱き、他者との交渉において、ある表象からほかのある表象に移りかわる才能を備えているのは人間だけだと思われる。

それゆえ、視点を移して、まだ言語を獲得していない赤ん坊を研究するのは非常に興味深いことになる。赤ん坊は同類が精神状態や意図を持っていることを学習しなくてはならないのだろうか。それとも、大脳皮質が発達すると、精神のなかにこうした観念が自然に現れてくるのだろうか。心理学者がこうした問題に解答を得ようとしてなしとげた研究を参考にすれば、人間における同類の概念の知見を完全なものにできるに違いない。赤ん坊は生まれつき同類の方向を向く性質を示すようだが、外見を見て同類だと認知するということは、人間と認められるのに必要な、同じ様な心理的特徴が赤ん坊に備わっているということなのだろうか。新生児がごく自然に誰かほかの人に精神状態を付与するのは、同類を認知する様式から来ているのかもしれない。この認識様式を理解すれば、人間性のキー要素の一つを理解することになる。また、自分の同類と共同で生きていくようにわれわれを仕向けているものは何なのかを理解することになる。

幼児は他者の精神状態を理解しているか

すでに述べたように、ほかの人間を同類と理解するには、最初は身体的特性が基になる。しかし、身体的特性だけでは十分ではない。意図や欲望や信念を相手も持っていると考えることによってはじめて、同類だと認知できるのである。ほかの高等脊椎動物と共有しているこの能力はきわめて根本的なものなので、たとえば、最初は静止していたモノがひとりでに動き出すのを見ると、移動する意図を持っているのだとつい考えてしまうほどである。われわれ成人にはごく自然なこの傾向は、身の回りの人間と接触して学習した結果なのだろうか。それとも生得的な資質にしたがって、周囲の人間をこのように知覚しているのだろうか。

すでに見たように、赤ん坊の知覚の研究が長足の進歩を遂げたのはごく最近のことである。心理学者の間では、新生児は四歳までは他者に精神状態を付与することはできないという思い込みが広まっていたので、長い間、この研究分野はなおざりにされてきた。たとえばピアジェの発生的認識論では、子どもは自己中心的存在とされ、かなり年齢が進むまで自分の視点と他者の視点を区別することもできず、事象の物理的原因と自分の意図を区別することができないとされていた。当然、子どもは自分の精神状態以外のどんな精神状態も把握できないとされていた。いまでは自己中心主義の概念は子どもの行動を説明するのに適切でないと考えられている。心的機能が理解できるようになるまでに子どもがどんな問題に遭遇するのかということに光を当てたいくつかの実験がある。八〇年代初頭に行われた画期的な実験を見てみよう。[20]

ある女性（マリーと呼ぶことにする）が、ある部屋に子どもを連れていく。そこにはいくつか家具があり、実験者（たとえばジャンと呼ぼう）がいる。三人で一緒に人形を引き出しにしまう。次いでマリーは部屋を出て、子どもとジャンの二人きりにする。ジャンは子どもと示し合わせて、人形のありかを変えて箱のなかに隠す。まずジャンは、最初に人形を隠した場所と次に隠した場所を覚えているか子どもに確認する。次に、マリーが部屋に戻ったらどこをさがすと思うか子どもに聞く。すると、箱のなか、引き出しじゃない、とためらわずに答える。子どもは、隠し場所が変わったのをマリーが見ていないことを十分に理解している。にもかかわらず、情報が補充されなくても、信念は自然に見直されて訂正されるのだと思っているかのようなのである。

ほかにも同じような実験がたくさん行われて、精神状態を理解する能力は四〜六歳で出現するという説が裏付けられているかのようである。子どもはその年齢までに、意図や欲望や信念が何なのかという基本概念を恐らく持っている。しかし、こうした主観的な精神状態を制御する法則は理解していない。行動が予測できるようになるには、まず精神状態を支配する諸特性を獲得しなければならない、と考えられているのである。

こうした考え方を支持する実験は、方法的にはピアジェらの行った研究にかなり近い。ピアジェのグループによると、成人並みの思考を可能ならしめるような諸操作の大半は、四歳以前の子どもには不可能だという。ピアジェによると、たとえば四〜五歳以前は、子どもは同一性や可逆性などの根本的操作がまだ自由に行えないという。四歳にならないうちは、皿にグリンピースをのせてフォークを使って遊んでいて、豆をあちこち動かしても豆の数が変わらないことが理解できないし、飲み残したスープの量は器がどんな形でも一定だということが理解できないのだという。

今世紀の長い期間にわたってピアジェの影響力は甚大であり、心理学界は総体としてピアジェの影響下にあったので、いま述べたような実験は反駁の余地のないものと思われていた。六〇年代になってようやく、ピアジェ説の重大な問題点が明らかになり、彼の行った観察が、真の意味で批判的な見地からじっくり吟味されるようになった。[21] 特に、ピアジェが自分の実験のために考案した作業を行う際の子どもの反応を解釈することは必ずしも容易ではないことが指摘された。[22] 実際、ことばで答えなくてはならないかどうかによって、子どもの行動は根本的に異なることが観察された。

たとえば、つい先ごろ、子どもが相手の信念をどう理解しているのか評価するために、非言語的テストが用いられた。[23] 子どもにある物語を聞かせて、驚きや苦しみ、喜びの表情のお面を選ばせるのである。物語の主人公ははじめの話ではある信念を、二番目の話ではある欲望を持っている設定になっていて、話の終わりで信念は裏付けられたり、裏切られたり、また欲望は満たされたり、満たされなかったりする。子どもたちは主人公の精神状態を当てさせられるわけだが、具体的にはお面のなかから主人公の精神状態をもっともよく表している表情のものを選ぶよう求められる。信念については二つのお面（普通の表情と驚きの表情）が、欲望については三つのお面（満足や悲しみの表情と普通の表情）が子どもたちに示される。テストの結果から、三歳児でも欲望と信念の違いを理解していることが判明した。欲望と信念に基づいた人間の行為を予測してそれらを互いに関連づけることができるのである。三歳になると、ある人間がどのようにして自分の欲望を満たすのか説明するには、信念を考慮に入れることが必要であることを容易に納得する。ほかのもっと難しい実験では、主人公の信念がはっきりと述べられていないので、子どもたちはそれを推理するほかないような話の設定にした。しかし、そのときも三歳児は困難を覚えなかった。

さて、ピアジェらの実験といま述べた実験で、これほど子どもの行動が異なるのをどう説明したらいいのだろうか。物語の主人公がまちがった信念を持っているような状況に直面する場合はうまくいかない、と述べている研究者もいる。子どもは葛藤にぶつかる。主人公の信念がまちがいなのはわかっているのだが、同時に主人公の欲望に自己を同化し、主人公の信念を無視して、自分自身の信念に合致した答えを出すのである。しかし、こうした指摘が事実だとしても、まだまったく説明にはなっていない。

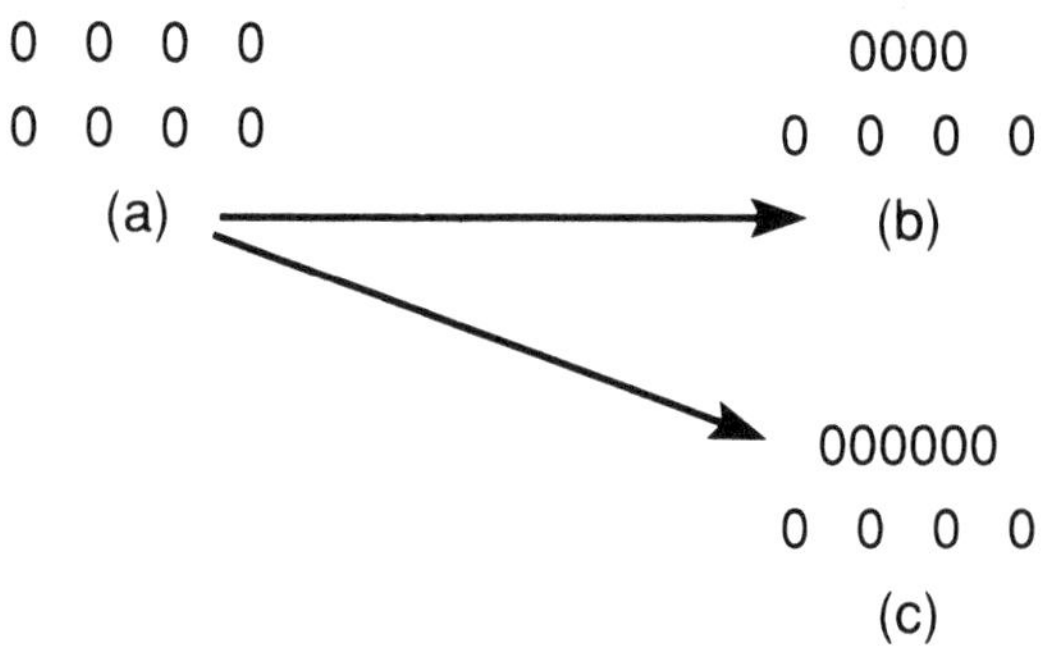

図20　幼児が数をどう把握するか評価するために Mehler 及び Bever が用いた配置（1967）。上の列と下の列でビー玉を 4 対 4 で並べると，子どもは同数だと言う。しかし，（b）では下（＝長い列）のほうが多いと言う。短い列にビー玉を二つ加えても（c），たいていの子どもは相変わらず下のほうが多いと言う。しかし，ビー玉をキャンデーに置き換えて上か下のどちらかを食べていいと言うと，キャンデーの多いほうを選ぶ。

むしろ、観察された違いは、反応を評価する手段の違いで説明できると考えられないだろうか。質問に答えて他人の行動をどう考えているのか言わなくてはならない場合、成績はあまりよくない。反対に、物語の展開に沿って、人物の気持ちをもっともよく表したお面を選ぶ場合は、成績はずっとよくなる。手段に注目するこの仮説にはそれなりの根拠がある。ほぼ二十年来、子どもの行動は言語を介して評価されるとあまりはっきり見えてこないことが確認されている。たとえば、子どもの反応のしかたは、実験者の質問に対する答えよりも行動で評価したほうが良好なことが明らかになっている。[24] このことを確認するために、われわれはピアジェの有名な実験を用いてみた。その実験は、幼児の数の概念を調べるために考案されたものだ（図20参照）。（a）で示された二列のビー玉を見ると、子どもは同数だと言う。これは実際に正しい。これに対して、(b) のようにビー玉の数は変えないで、一方の列の配置を子どもの目の前で変えて、ビー玉が多いのはどちらの列かと聞くと、たいていの場合、長いほうが数が多いと答える。さらに、図の (c) のように目の前で短い列にビー玉を加えても、相変わらず数が多いのは長い方という間違った答えをすることが観察できる。幼児は長さと数を混同し続ける。たくさんの子どもを被験者にした実験で、実際、このことが確認できると思われる。

われわれはビー玉の代わりにキャンデーを用いて、ピアジェの実験を追試してみた。幼児の反応は、初めはピアジェのグループが記述している反応に似ていた。しかし、二つの列のうち一方のキャンデーだけを食べてもいいと言うと、行動はがらりと変わった。どんな年齢であっても子どもが必ず選んだのは、キャンデーの多い列であって長い列ではなかった。こうしたことすべてから、幼児が見かけを当てにしないで、どちらの列のキャンデーがより多いのか見分けられることがわかる。このとき幼児は、できるだけたくさんキャンデーを食べるという自分の利益に従ったのである。

意見を言わせる場合と一列分のキャンデーを選ばせる場合とで幼児の行動が変わるのを、どう説明したらいいのだろうか。幼児が自然に抱く信念のうちに理由を求めるべきではないだろうか。数や量の保存性を調べる従来の実験でまちがうのは、普通は実験者の質問に答える仕組みになっているからだ。しかし、いくつかの研究によると、こうした失敗は一定の実験条件の下では起こらないことが証明されている。たとえば従来の実験のように実験者がビー球の列の配置を変えるのではなく、実験用に考案した子グマが箱から出てきて列の並び方を変えたら、どんなことになるのだろうか[25]。子どもの側から見ると、おもちゃの子グマが実験者のやることに割り込むことになる。実験者が並べたビー玉の配置を子グマが変えてしまう。実験者はイライラした様子でどちらの列がビー球の数が多いか確認するので手伝ってくれるように子どもに頼んだ。従来の実験で正答は一〇％しかなかったが、この実験では正答率は七〇％になった。

子どもは、おとなから質問されると、自分で答えがわかっているはずなのにどうして質問するのか理由を考えてしまうのだ、とこの実験の考案者は述べている。そのため、用心して、ワナがあるのではと考えるのだという。実験者が一方の列の長さを変えると、長さを答えに使うと考えられる。一方、子どもの側から見て子グマがビー玉の配列を変えた場合は、実験者はどちらの列がビー玉が多いのか実際にわからないと思えるから、子どもは情報提供を要求されて当然だと考えて率直に答えるのだという。この解釈では、子どもがかなり複雑な認知システムを持っていること、特に、心の理論をあらかじめ持っていることを認めていることになる。子どもは実験者の質問と、その質問を行う理由をあれこれ考える。子どもに質問するか、子どもに行動を促すかのいずれかで、別々の反応が観察されるのはそのためである。

こうしてみると、二歳半~三歳ごろの子どもはすでに、他者がいろいろな精神状態を持っていると見なしていると考えて差し支えない。自分の行動、あるいは反応のしかたを決定するのに、子どもは他者の精神状態についての推測を基にしている。実験に言語が介在すると、会話的な手がかりや推論的な手がかりに年齢に似合わず敏感に反応して、そうした手がかりを使ってどんな反応をしたらいいか決めるのである。つまり、低年齢の子どもでも、他者の行動を理解し予測するために、意図や欲望や信念といった概念を用いることができるのである。ただし、三歳の子どもが、自分の置かれた状況をすべて成人と同じように理解すると考えてはいけない。成長や成熟や情報収集の過程はまだ完了していないのである。

子どもが成人とまったく違った行動をする状況の例を示すこともできる。先ほどの実験から、精神状態をどう捉えているのか試されるテストで幼児がある種の困難にぶつかることがわかっている。この困難は理解のしかたが間違っているためではなく、むしろ子どもの置かれた状況そのものに由来する。たとえば、質問のしかたが反応の性質に影響することがある。心理学者から質問されても影響を受けないようになるには、子どもはさらに多くのことを学習しなければならない。もっとも、おとなでも流行や宗教やうわさや評判に影響される例がたくさんあるのだから、子どもにそれ以上のことを期待するのは無理なことだ。

どんなに低年齢の子どもであれ、ほかの人間のうちにいろいろな精神状態を想定していることはまちがいない。しかし、疑り深い読者は、子どもが三〜四歳以前に素朴心理学を身につけていることを示す証拠はまったくない、と反論なさるかもしれない。この反論は重要である。しかし、こうした読者には、新生児と三歳児の違いは学習過程のせいではなく、成長が原因だということが十分に考えられると反論しておきたい。環境の貧困にかかわる議論が、ほかのどの分野よりもこの点によくあてはまる。家族が赤ん坊に欲求や意図や信念がどんなものか教える（こうしたことは実験室ではけっして実現できない）と考えるより、むしろ人間はすでにごく幼い段階で生まれつき、精神状態とはどんなものか理解している、そしてそれをほかの人や自分自身を特徴づけるのに利用していると考えたほうが合理的だと思われる。子どもの遊びを見ると、学習で身につけたのではない生得的で万人共通の理論を使っていることがわかり、以上のことが確認できる。(26)

ふりをする

子どもは皆、幼児期に何かのふりをして遊ぶ。イスをオートバイにしたり、ピストルを撃つまねをする。こうした、ごく普通の行動は「ゴッコ」（［英］pretense）遊びと呼ばれている。子どもは何かの「ふり」をして遊ぶ。たとえば自分は医者だと言って、注射器を手にして注射をするふりをする。また、飛行機や自動車になったつもりでエンジンの轟々たる音を出したりする。いずれの場合も、子どもは自分が医者でも自動車でも飛行機でもないことを知っている。オートバイに乗っているのではなく、イスに座っているということを知っている。

われわれは皆、幼児がこのタイプの遊びをする例をたくさん知っている。だからと言って、この遊びがどんな認知能力を前提にしているのか解明されているわけではない。どうしてゴッコ遊びはこんなに普遍的なのだろうか。これから何か心理学的な知見が引き出せるのだろうか。子どもの信念の世界の解明につながるだろうか。もっと一般的に言えば、子どもが自然に作り上げる精神状態

に関する理論の起源を解明するのに役立つだろうか。(27)

ゴッコ遊びができるということは、きわめて特殊な表象を持つことができるということである。すでに見たように、人間は現実について抽象的表象を持っており、これらの表象を使って絶え間なく変化する感覚的刺激の流れを処理して、これらの刺激を、いくつかの特性を帯び、空間的に位置づけられたモノとして解釈できるようになる。しかし、これだけではゴッコ遊びを説明するには不十分である。というのも、バナナが受話器であるふりをするとき、子どもに幻覚や錯視が起きているわけではないからだ。実際には複数の表象を結びつけているのである。実際の感覚的データ（たとえば赤い受話器）にかかわる「一次的」イメージと、「二次的」イメージ（「赤い受話器が見える」といった式の表象）である。第一のイメージは感覚や行為と直接結びついている。たとえば、腹をすかせた虎の前では、あなたの知覚装置は現実に存在しているモノを同定して必要な反応をすぐに発動させる。アドレナリンの濃度が高くなり、ぶるぶる震え途方にくれてあたりを見回すことだろう。ところが、ソファーを虎と見立てるときは、あなたの反応はまったく違ったものになる。あなたが素晴らしい想像力を持っていて、虎の凍りつくような冷たい視線を思い描いたり、虎の息を「感じとる」としても、まったく冷静を保っている。別の言い方をすると、「切り離された」二次表象も、一次表象と同じように精密で現実的なものになりうる。しかし、二次表象はあくまでも作りものである。

レズリーは、このように現実について架空の表象を抱く能力は、他者がいろいろな精神状態を持っていると見なす能力とそれほど変わりがないと考えた。人間と同様に、自分を取り巻く存在者に精神状態があると見なすことのできるサルもいる。野を横切っていて、二〇メートル向こうで雄牛が頭を下げて足で地面をひっかいているのを認めたとしよう。われわれは当然、牛は「怒り」という精神状態にあると考える。もっと一般的に言うと、自分が怒りを引き起こすターゲットの役割を果たしている現実についての表象を牛が持っていると考える。実際には、現実について二つの表象が存在している。すなわち、われわれが持つ表象（これがわれわれにパニックを引き起こしている）と、雄牛が持っているとわれわれが考えている表象である。われわれはこれらの表象を操作することもできる。たとえば、牛の気を鎮めようとして死んだふりをしたり、くさむらに身を隠す。われわれはこうして、行動によって雄牛の心的世界を変化させようとするである。

こうして、ふりをすることと他者に精神状態を付与する能力に共通点があるのがわかる。両方とも、感覚から与えられた一次的表象に、もう一つ別の表象をつけ加える。この二次的表象は現実とは切り離されていて、ふりをする場合は純粋に架空のものになるが、もう一方の場合は他者の視点から見た世界に相当する。表象を現実から切り離す能力は、他者に対してだけではなくわれわれ自身にも適用される。われわれは自分で代用の世界を作り上げて、幻想に満ちた想像の世界に逃避することができる。

子どもがゴッコ遊びができるのは、どうやらこの切り離し能力のおかげらしい。こうした遊びは精神状態を理解していることをうかがわせるし、この遊びからその理解の様子を評価することもできる。しかし、この面での研究は十分に行われていない。実際は、ゴッコ遊びのように洗練されたあそびをする年齢になる以前から、子どもはすでに他者の心理について素朴な理論を備えていると考えられる。しかし、そうした能力の生得的基礎やそれらの発達段階、また、それらの前兆的形態は依然として未開拓の分野である。

より直接的に、より完全に赤ん坊の「素朴心理学」を明らかにするための新しい実験方法が必要である。この点に関して、プレマックが今後豊かな成果を生むと思われる一つの研究方向を示している。(28) プレマックによると、われわれの素朴心理学は知覚的な基盤の上に成り立っている。われわれは目を開けたとき、目に見えるモノを生命のないモノと生命のあるモノの二つのカテゴリーに分類する。前者は物理的法則に従っているだけで、押すと動く。後者は自分で動くことができ、内的因果律に従っている。こうした認識は、モノの概念や感覚的特性の概念と同じように、原初的かつ根本的なものだとプレマックは考えた。そこで彼は、さまざまな色の球がスクリーン上を移動する動画を作った。球は、ある場合は生命のないモノがぶつかり合うような印象を与え、ほかの場合には、自発的に移動して、見ている人に球には内的状態と意図があるような印象を与える。

小さな球についてわれわれがこうした直観を持つのは、人形劇や動画を擬人化して解釈する習慣がわれわれにあるためかもしれない。しかしプレマックによると、そのような直観は、モノの行動のある種の特徴に関連づけていろいろな精神状態をモノに付与する万人共通の能力に基づいている可能性もある、という。

いずれにしても、幼児が精神状態の働きについて持っている理解は学習過程の結果にほかならないという主張はまちがっている。おとなであるわれわれ自身、心的表象が現実と切り離された性質を持っていることをふだんははっきり意識していない。哲学者の本でも読んだのでない限りは、たいていの親は、普通の命題が真である、あるいは成り立つということと、誰かの信念に関する命題が真である、あるいは成り立つということの間の違いを自覚していない。その違いを日常生活では使い分けているのだが、十分にはっきりとは認識していない。となると、どうしてこの違いを子どもに教えることができるだろうか。この論拠だけでも、訓練による学習説に対するわれわれの懐疑は十分裏付けられたといえるだろう。学習の心構えがなく、学習が自分を導いてくれると前もって考えていない者を教えることは不可能だということも言い添えなくてはならない。もし子どもが自分にいろいろな精神状態があることを自分で想像できず、さらに自分と同じように他人も精神状態を持っていると考えられないとしたら、精神の諸特性についてどうして子どもに教えることができるだろうか(29)。

学習はすべてを説明できない。むしろ、学習そのものを説明する生得的資質、すなわち、学習を可能する先天的構造を想定しなくてはならない。言い替えれば、幼児が持つ素朴心理学の理論こそが、幼児が少しずつ学習していく可能性を保証しているのである。幼児が自分の行動を、また他者の行動についての推理を洗練していく過程を予告しているのである。

こうしてみると、同じ人間、同類という概念は生得的なものである。しかし、この概念は学習や文化によって容易に変更することができるものである。同類の仲間のリストから、ユダヤ人やアラブ人、黒人、スウェーデン人などを排除してしまうこともできる。「人種」という概念はよく事情を知らない人たちのでっちあげであるにもかかわらず、また、人種の境界線を引くのは難しいにもかかわらず、人種の概念を学習によって獲得することは可能である。われわれは何のことか分からないのに「ジャンク・ボンド」(高リスク・高利回り債券)やら「スターウォーズ」計画(レーガンが提唱)や「構造主義」やら「脱構築」やらについて語っているではないか。

これまで述べてきたデータに基づいて、誕生時の精神《エスプリ》に関していくつか仮説を立てることができる。

誕生時の精神

赤ん坊は生後数ヵ月経つと、視覚的・聴覚的刺激を知覚し、分類し、認知する。音源の空間的位置を特定すること、視覚的場面を立体的にとらえること、複数の感覚に由来する刺激をまとめて、それらをある同一の物理的対象に当てはめることができると思われる。

こうした行動のうちのあるものは、それに相当する成人の行動と比べるとかなり原始的である。そうした行動の多くは一定期間消失し、その後もっと成熟した形で改めて出現する。この現象はどう説明したらよいのだろうか。まず、こうした行動は単なる反射だと考えられる。しかし、それらは成人を特徴づける資質と関連しているということも考えられる。この後者の見方の方が、認知機能の分析、および、認知機能と特定の神経構造の関連の分析に、おそらくより有望だろう。

幼児の早期な能力をどう解釈したらよいのだろうか。新生児で得られたデータから、人間はまったく無垢のまま生まれて来たのではないと想定できる。新生児の遺伝因子には、初期の獲得内容を決定し、認知装置全体の設置をつかさどる情報や制約が含まれている。新生児の遺伝因子は、物理的・社会的環境に関する表象の指針となる一般的情報、万人共通の諸原理を蔵している。たとえば三次元の肉眼的空間の概念は、肉眼的なモノの概念や、位置、速度、固体性、不可入性、時間的恒常性、因果律といった基礎的特性と同じく、あらかじめ新生児に備わっていると考えられるのである。

こうした情報はいずれも、モノの空間的位置を視覚的・聴覚的情報から測定するメカニズムのように、専門化した諸メカニズムの形をとって、発達の決まった時期に顕在化する。こうして、さまざまなモノを表象し、情報を互いに関連づけ、ある種の推論を行うことを可能にする、環境の抽象的モデルが組み立てられる。生物学者ならこのモデルに進化論風な意味を持たせることだろう。人類は各個体が生存中に出会う物理的特性の忠実な地図を内在化させることによって安定した、と考えることだろう。各個体がこうした根本的特性を表象することができることは、学習ではなく遺伝で説明する。新生児は、環境から情報を引き出すことを可能にしてくれる物理的モデル、測定と計算の手段をあらかじめ持っているのである。このように考えると、新生児は海綿よりも科学者に似ている。新生児が学習するのは、条件づけによってではなく、あらかじめ設定された枠のなかで行う演繹によってなのである。

この、新生児が持っている物理的世界のモデルは素朴で大まかなものである。遺伝的に決定されているこうした手続きが進行するなかで、学習をつうじてさらに豊かな概念構造が獲得される。われわれの論理装置のおかげで、われわれは人間という種に固有の作業仮説と操作モデルを作り上げることができる。もちろん、一般相対性理論や量子力学は生得的なものでないが。この物理的世界のモデルは誕生時点で完全に機能する必要はない。それはちょうど骨格や大脳皮質や諸器官が、新生児で決定的に形成されている必要がないのと同じことだ。新生児においては、物理的世界のモデルはかなり原始的で、前ぶれ行動に似たいくつかのメカニズムの形態でしか顕在化しない可能性が十分にあるし、またそう考えるのが妥当である。物理的世界のモデルは、大脳皮質の構造が環境との接触をつうじて成熟してはじめて、完全な形態で顕在化する。

人間が持っている初期情報は、われわれが生きることを運命づけられている物理的世界だけにとどまらない。同類の概念や心的装置の概念も、やはりわれわれの遺伝形質の一部分を構成している。こうした概念は、新生児が自分自身の身体がどんなものかはっきりわからないうちから、人間の顔を優先的に処理し、ある種の表情を模倣する能力としてきわめて早期に出現する。さらに次の段階になると、写真などの、人の顔の静止イメージからその人を見分けられるようになる。したがって新生児には、物理的世界のモデルだけではなく、感覚で受け取った情報を処理するのに使用する同類の表象が備わっていると考えられる。人間のプロトタイプが備わっているからこそ、人体の身体的特徴を抽象して寄せ集めて、知覚した表情と運動制御装置をリンクさせて、顔に注意を集中させて、見慣れた顔のアルバムが構成できるのである。

さらに、このモデルは人間に固有な心理的特徴をまとめ上げる。あたかも障害のない子どもには精神の前理解が備わっていて、他者に意図や欲望や信念を付与しているかのようなのである。赤ん坊は、複雑な計算を始めて、世界はさまざまな種に分かれている、自分はそのうちの一つに属している、同じ種のメンバーは仲間のメンバーに好感を抱く傾向がある……ということを発見しなくても、同類を認知することができる。赤ん坊は物理学者のタマゴであると同時に、人相見、心理学者、社会学者のタマゴでもあるのだ。

赤ん坊は、彼（彼女）の行動を規定する遺伝形質を持ってこの世に生まれて来ると考えられる。こうした生得的能力のリストのなかに同類の概念が含まれている。われわれは、自分が他者とともに、すなわち、われわれの「同類」とともに、同一の種族を構成していることを学習する必要がない。すでに見たように、環境世界の諸々のモノのなかから、われわれの本当の同類を見分けることができるのは、他者のうちにわれわれ自身と同じ肉体的・心的特性の総体があることを認知する生得的能力のおかげなのである。[30]

われわれがある存在者を同類と認知するや否や、その存在者とコミュニケーションが可能だという考えが生じる。身振り手ぶりだけでなく、言語を用いたコミュニケーションのことである。人間に特有なシステムに従ってコミュニケーションを行う能力の存在は自明であり、いまだかつて否定されたことがない。チョムスキーが明らかにしたように、自然言語を統御している規則は非常に抽象的で数が多い。そのため、そうした規則を各個人が改めて発見するとは考えられない。むしろ、われわれの遺伝形質が「普遍文法」を規定していると考えるべきである。この普遍文法はある環境で現実化されて、フランス語や英語やバンツー語のような、一つの個別的な自然言語の文法として安定する。この現実化が正確にはどういう性質のものなのかまだ完全に解明されていない。しかし、どうやらわれわれは、この「普遍文法」の要請にかなった能力《コンピテンス》を自分の同類も当然持っていると考えていると思われる。

これ以上回り道をするのはやめて、認知科学の最先端分野、すなわち、言語の問題に取りかかることにしよう。言語学、言語心理学、神経言語学のおかげで、認知科学は長足の進歩が達成されたのだから。

V　言語の生物学的基礎

エフライムを逃げだした者が、「渡らせてほしい」と言って来ると、ギレアド人は、「あなたはエフライム人か」と尋ね、「そうではない」と答えると、「ではシイボレイトと言って見よ」と言い、その人が正しく発音ができず、「シボレト」と言うと、直ちに捕らえ、そのヨルダンの渡し場で亡き者にした。その時エフライム人四万二千人が倒された。

（『士師記』十二・五〜六）

新生児はまだ何も学習しないうちから、空間のなかのモノを同定し、同類であるヒトを認知することができる。しかし、こうした能力は特に驚くほどのものではない。カモのヒナやごく幼いサルにもこの程度のことはできる。では、一般に人間に固有なものと考えられている心的能力はどうだろうか。この能力も生得的なものなのだろうか。それとも、一般的な学習能力や、人間の場合、特別に発達した模倣能力に由来するのだろうか。文化の基礎である言語に関して、この問題がとりわけ重要になる。

心理学や言語学の歴史には、これこそは言語の起源の説明だと称する理論や仮説が目白押しに並んでいる。しかし、これらは皆ほとんど、たわいのないものであり、提唱者のあり余る想像力を示しているにすぎない。それらは結局のところ、バビロニアの神が言語を人間に啓示した式の考え方と大差ないしろものだ。幸運なことに、今日ではわれわれはその域を脱している。いまや言語の生物学的基礎を丹念に調べて、実験的基礎に基づいた、興味深い仮説を構築することが可能である。

1　チンパンジーは話せるか

言語の出現に学習が決定的な役割を果たすとすると、ある動物の言語能力は、その動物が進化のどのあたりの段階にいるかに一致するはずである。チンパンジーはアカゲザルのようなマカク属より早く、そしてマカク属はウサギやリスよりもたやすく言語を身につけるはずである。しかし、現実はそうなっていない。チンパンジーにはオオヤマネ同様、話す能力がない。しかしそれは、チンパンジーなどの大型ザルにとっては、いままで学習条件が好ましくなかったからではないのだろうか。九官鳥やオウムがことばをまねられるのだから、同じようにサルも、いやむしろサルこそ、話すことができるのではないだろうか。

第一次世界大戦以前から、アメリカ合衆国を中心にして、ほかにもロシアやドイツで大型ザルの言語能力を発達させようとする試みが行われた。[1] しかし、もっとも厳密な試みは、アメリカ人の心理学者夫妻の取り組みに始まったと言ってよい。[2] 二人はヴィッキーというメスのチンパンジーを引き取り、自分たちの息子と一緒に育てた。数年にわたって、同じように世話をし、同じように愛情を注いで、チンパンジーと赤ん坊を分け隔てなく扱った。チンパンジーと赤ん坊は一緒に眠り、一緒に食事し、一緒に遊んだ。話しかける分量も同じになるように努めた。サルと赤ん坊の生活条件は厳密に同一だった。

しかし、赤ん坊が普通に話し始めたのに、チンパンジーは立ち後れてしまった。飼い犬と同じようにわずかな単語を聞き分けることはできたが、一つも発音することができなかった。口に前足を当てて音を発するのだが、ほんのわずかでも言語に似た体系を用いることはなかった。その後、もっと洗練された実験がいくつか行われた。しかし結果はいつも同じだった。ヴィッキーの実験の結末を知ればそれもそのはずと納得がいく。ヴィッキーは人間のように話せるようにはならなかったが、驚くべき肉体能力を発達させ、彼女と同じ種のすべてのメンバーと同じように木に登れるようになったのである。飽くことを知らない遊び友だちだった人間の子どもはなんとかしてヴィッキーについていこうとする……放置すれば子どもが高いところから墜落することがほぼ確実になった。こうして子どもの生命の危険を前にして学問的興味を放棄せざるを得なかった。

ヴィッキーが示した能力の限界は、長年にわたって研究者の意欲をそいだ。しかし、一つの仮説が新たな道を切り開いたように思われた。ヴィッキーが失敗したのは、チンパンジーは声帯を使いこなすことができないためではないだろうか。そこでこのハンディキャップを補うため、たとえば音を出させて調音上の困難を克服できるようにする何らかの装置を用いる試みがなされた(3)。残念なことに、同じく手痛い失敗に終わり、実験を諦めなくてはならなかった。

以上の問題点を解決しようとして、別の研究者は聴覚障害者の用いる手話を援用した。たとえば、心理学者のガードナー夫妻はメスのチンパンジーのワシューを育てた。[4] 二人はワシューを実験動物と扱うことはせず、聴覚障害児に教えるように手話を教え込んだ。ワシューは、人間も手話でコミュニケーションを行う環境の一員になりきったのである。この実験は、アカデミックな世界を越えて強い関心を呼び、七〇年代に熱心な論議の的になった。

ワシューはかなり多くの身振り（いくつかの出版物によると数百の手振り）を認知し、使えるようになった。学習の過程でワシューはおもしろい過ちをいくつか犯した。たとえば、花を示すしぐさを香水を指すのに用いたし、また、傷を示すしぐさを実験室に水泳着で入ってきた人のへそを指すのに用いたりした。何よりも目を引いたのは、いくつか記号を組み合わせて文を作ることができるように見えたことであった。ガードナー夫妻には、ワシューが自然言語の基礎になっているシンタックスやセマンティックスに近いものを用いていると思われた。感動的ないろいろな逸話に裏付けられたガードナー夫妻の解釈によって、チンパンジーも、望ましい条件の下に置かれて生理的ハンディキャップを回避する手段がとられさえすれば、言語を獲得することができると、ついにアカデミックな世界が認めるまでになった。ダーウィンが進化論を提唱した直後を除けば、人間はこのときほど自分の「イトコ」と近く感じたことはなかっただろう。

それから何年か経ち、今日ではこの研究を客観的に評価できるようになった。ガードナー夫妻の伝える逸話や、二人が撮影し編集した映画や、実験結果の非公式な紹介が、二人の研究が基になった拙速で誇張された主張に一役果たしたのである。[5] ガードナー夫妻は無意識のうちにワシューの行動の歪曲したイメージを与えた。ワシューが手話で文のような発話をしていると見なしたのは、それはとりもなおさず、ワシューの「発話」から不都合な部分を取り除いて転記を行ったためである。たとえばワシューは、「キミ　ワタシ　バナナ　ワタシ　ワタシ　バナナ　キミ」というようにめちゃくちゃに記号を並べた。これをもっと人間の言語に近づけて「キミ　ワタシ　バナナ」と転記したのである。最大限言えることは、ワシューは、彼女の行動が強化されたときは、いくつかの記号を身の回りのモノと結びつける、ということのみである。したがって、ワシューが教えられたのは、厳密な意味の言語というよりも、一般的な意味のコミュニケーションである。記号を使うと実験者から評価される、別の言い方をすれば、本当の意味はなんであれ、記号と遊ぶとプラスの効果が得られることを理解したのだ。ワシューの行動は、「実験者が満足してテストをやめるまで、あるしぐさをする」とか、また、ある場合には、「全体的に見てこの状況に関与した一連のしぐさのなかから、あるものを選んでする」といったたぐいの、多かれ少なかれ、かなり複雑な戦略を反映していたのである。こうした行動はこれはこれで研究すれば面白い。また、こうした行動は、ワシューの知能の高さを示しているし、彼女の社会化の能力、人間とコミュニケーションを行う能力の高さを示している。しかし言語とは関わりのない行動である。というのも、ワシューが何かしぐさをするということは、その意味がわかっているという意味ではけっしてないからだ。強化によって教え込まれたのでしぐさができる。しかし、しぐさを理解しているのだろうか。

とはいえ、ワシューの例が失敗だと言うとまさかと思う人もいるかもしれない。実際、自分の周囲の人たちと高度なやりとりをして、確かな知能を持っていることを証明しているではないか。このように、明らかな認知能力を持っているのに、それが本当の言語能力とまったく関連性のないことをどう説明したらいいのだろうか。ガードナー夫妻の研究では、ワシューの限界の性質は正確にはわからない。幸い、プレマックが別のメスのチンパンジーのサラについて行った研究は、この点についてずっと参考になる。(6) プレマックの研究は非常に厳密な訓練に基づいていた。エコロジーに敏感な心理学者は、獲得内容を制御するために、サラを実験動物に変えてしまうという高い代償を支払わなくてはならなかったことを不満に思うかもしれない。行動主義者たちも、チンパンジーの実験結果が低調なのは学習環境が劣悪なためだ、としばしば主張した。しかし、貧弱とはいえ厳密な実験室の条件での下でこそ、サラがたくさんのことを非常に早く学習できたことを示すのは容易である。

プレマックは、サラとのコミュニケーション・システムとして、金属ボードに固定することができる磁石つきのプラスチック図形を用いた。図形はモノや属性を示すためのものであるが、それらモノや属性とは何の関連性も持たないようにした。たとえば「バナナ」を示す図形は、赤い三角形とか青い四角形を用い、黄色の半月形は使わなかった。約四〇の図形、すなわち単語がモノを指し、残りが属性（色、形、大きさ）や行為（取る、与える、置くなど）や抽象的関係概念（より大きい、等しい、異なるなど）を指した。

コミュニケーションの方法はこうである。まずサラに本物のバナナを示す。バナナをもらうには、二つの、ソシュールが言う意味で「恣意的」な図形のうちからバナナに相当するものを選んでボードに置かなくてはならない。図21は、サラに答えさせたいくつかの語彙連鎖、「シークェンス」の例を示している。一度に一語を学べばよく、当たる確率が五〇％ということで、この訓練の効果は上々だった。基礎語彙を獲得した後で、金属ボードの上に並べた語彙連鎖に答えるように訓練した。こうしてサラは、「語」が徐々に多くなる「文」に正確に応答することを少しずつ学習した。そうした文は、たとえば「サラ　オク　バナナ　サラ　リンゴ　バケツ」とか、「サラ　アタエル　バナナ　ランディ」のように翻訳することができる。

しかし、こうした反応をするからといって、サラが人間の言語を学習したと言えるだろうか。こうした問いに対して、何年か前に、ある心理学者がもっとも適切な答えを冗談めかした形で述べている。あるセミナーで彼が語った話なのだが、ある研究所で補助用具なしで空を飛ぶことをチンパンジーに教え込もうとした。数年後に、ある科学者が実験が成功したかどうかを判定するよう依頼された。あれこれ質問責めにするジャーナリストに彼は打ち明けた。チンパンジーは飛ぶことは学ばなかったけれども、ジャンプは実に上手だ、と。これと同じで、サラも言語をマスターしてはいなかった。確かに学習し、知識を一般化し、新しい領域に適用する驚くべき資質を示した。しかし、実験者と共有するコミュニケーション・システムを自発的に利用することはできなかった。という

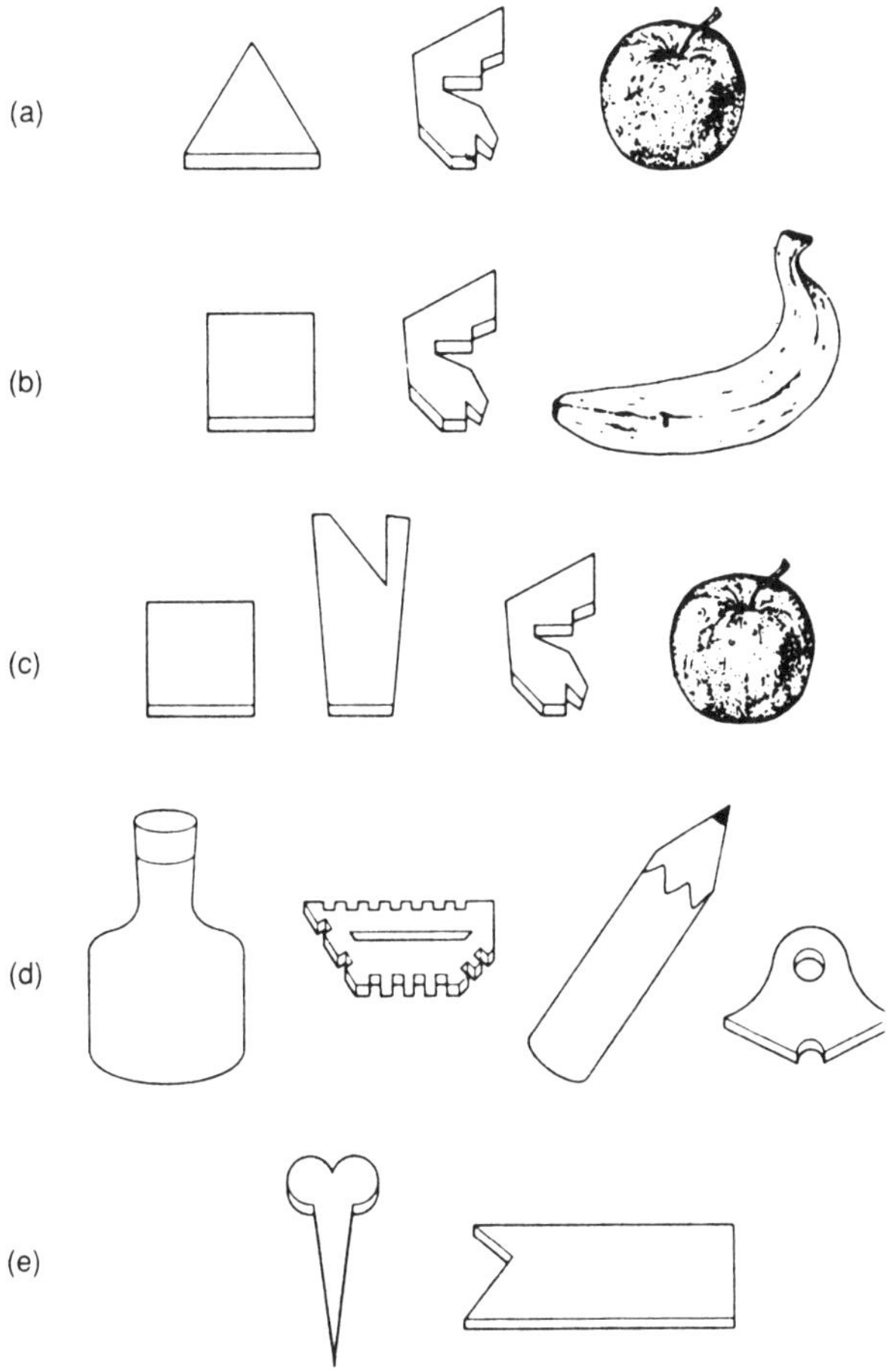

図21　図は，サラに答えさせた文の例を示している。
（a）「単語〈リンゴ〉はリンゴを指す」という文に相当。
（b）「単語〈バナナ〉はバナナを指す」という文に相当。
（c）「単語〈バナナ〉はリンゴを指さない」という文に相当。
（d）「ビンは鉛筆と同じか」という文に相当。
（e）「はい」か「いいえ」に相当。(Premack, 1971)

図22　四種類の動物の体を大脳皮質の割合で表したもの。

のも、プラスチック図形は、実験中のやりとり以外にサラにはなんの役にも立たなかったし、また彼女の関心を全然引かなかったからだ。サラは、実験で習った基本「語彙」を用いて、新しい文を作ってみようとはけっしてしなかった。

サラは話すことは学習しなかったが、われわれにたくさんのことを教えてくれた。自分の仕事は特に言語の定義に役立った、とプレマックが誇ったのも当然である。サラは単語を用い、記号を組み合わせ、質問に正確に答えることができた。では、彼女が言語システム、少なくとも原言語《プロト》を身につけるためには、さらに何が必要だったのだろうか。まず第一に、自分の使っているモノの形に関心を示し、実験者が自分にしたのと同じような質問を自分もすることが必要だった。また、記号の新しい組み合わせを試みるべきだった。言語システムは情報を伝えるだけでなく、情報を入手するためにも有益であること、言語システムには基本単語と、文形成の抽象的規則が含まれていることを理解すべきだった。しかし、そうしたことが何も起こらなかったのだ。

では、サラのように頭のいい動物でも、ほとんど言語能力を持たず、自分の文化を発達させることができないのはなぜなのだろうか。それは、人間の脳と動物の脳の違いのせいである。人間は、知能が衰えていても、たいていは言語を使用する能力を保持している。知恵遅れの子どももほとんどが話せるようになる。言語の獲得は全面的に知能と相関しているわけではない。それゆえに言語の獲得は人間という種に固有のメカニズムに依存している。そしてこのメカニズムは知能面のある種の欠陥に必ずしも影響されない、と考えることができる。

人間とほかの動物は多くの複雑な認知能力を共有している。しかし言語を獲得する能力のあるなしという点で人間と動物は根本的に異なっている。言語能力は人間という種に固有の大脳皮質の装置の出現に基づいている。大脳皮質の構造が、人間と動物それぞれがどんな能力を獲得できるのかを決定しているのである（図22参照）。

2 言語と知覚障害

言語能力はわれわれの学習能力よりも遺伝形質に依存していることを確認するもう一つの道は、言語と関連のある感覚器官に欠陥を持った人間にどんなことが起こるのか調べることである。成人がチェスの指し方を学んだり、ワインの利き酒の仕方を学んだりするのと同じように、子どもは話すことを学ぶのだとすると、ある情報が欠けたりすると子どもは大いに困るはずである。一度も口にしたことがなかったり、味覚を失ったりしていたら、一流赤ワインのマルゴーをサン＝テステフと区別することはできない。言語の学習が環境との相互作用だけに由来するとしたら、家族の言うことが聞こえない子ども、自分の回りの世界が見えない子どもは話すことを身につけられないはずである。知覚障害のために貧弱になった環境――その障害が生まれつきの場合は特に――は子どもが話せるようになることを妨げるはずである。

聴覚障害児

先天的な聴覚障害児は両親自身が聴覚障害者である場合は別だが、両親の使用する言語を獲得するのに大変な困難を覚える。相手の唇の動きや身振りや顔の表情が見えても、それらに対応する音声と結びつけることができない。この点では、目の前を通る自動車も傘にあたる雨粒も彼らにとっては同じようなものだ。周囲の出来事は形や動きや色や肌理に対応した記憶の痕跡を残す。しかし音に対応する痕跡はけっして残さないのである。音声データなしで外国語を話すことを学ばなくてはならないとしたら、どれほど大変か想像してみていただきたい。聴覚障害児はもっと大変だ。相手の唇の動きには聴覚的結果が伴っており、それが遠くに運ばれて、話し手が見えなくても相手に情報を伝達することをまず理解しなくてはならないからだ。さらに、伝達される音声はモノや感情や概念や文法的操作を指し示す単語であること、言語のこうした対応システムは恣意的であること、このシステムを学習しなければならないことを理解しなければならない。こうした困難さをかかえている以上、聴覚障害児は孤独と沈黙、そしてコミュニケーションのまったく無い人生を送るべく運命づけられていることになるのだろうか。

それが昔からの通説である。アリストテレスは、聴覚障害者は知能が低く無知だと書いている。古代ローマでは、聴覚障害者には市民権がなかった。十八世紀フランスの哲学者コンディヤックは、聴覚障害者は記憶がない、だから思考することができないと考えていた。

しかしながら、フランスのド・レペ神父にはじまる人々の業績によって、唇の動きを使うのは確かに困難だが、聴覚障害者は、健常者たちが声帯によって作り出される自然言語を用いていること、そしてその言語聴覚情報によって解読していることを容易に発見しうることが明らかにされた。さらにその後、聴覚障害者たちが、健常者の言語と同じように複雑で同じように自然な、しかし機能の仕方が異なる言語、すなわちサイン言語を学ぶことに何の困難もないことが明らかになった[7]。

二つの異なったタイプの手話システムがある。ひとつは「指文字《フィンガースペリング》」で、健常者が考え出したものである。もうひとつは「サイン言語」で、聴覚障害者が自発的に使用するものである。指文字では、アルファベットの一つ一つの文字に対応して手と指がそれぞれ違った形になる。指文字の単語は、われわれの使っている普通の口語の単語を構成している一つ一つの文字に相当する手の形の集合からできている。しかし、文が伝達される速度は比較的遅い。ほかにもまだ確認すべき理由はあるが、この理由から、指文字のシステムは言語の獲得にあまり適していない。先天的聴覚障害者の知能の発達に有害なことさえある。というのも、このシステムをマスターするのは大変難しく、その結果、学習の遅れがどんどんひどくなるからだ。一方、このシステムは健常者には便利なので、聴覚障害者とコミュニケーションをするのによく用いられた。聴覚障害者がこの指文字を使う際に経験する困難は彼らの知能の低さのしるしと見なされた。指文字は何世紀もの間教えられたが、最近になって状況が逆転した。

もう一つの手話は、英語や中国語と同じようにまさしく自然言語である。ド・レペ神父が述べているように、「聴覚障害者や発声障害者の自然言語はサイン言語である。彼らのサイン言語の唯一の教師は自然、そして彼ら自身のいろいろな必要である。それ以外の教師がいない限り、ほかの言語を身につけることはない」のである。[8] こうして、聴覚・発声障害者を教育する道筋がはっきり示された。聴覚・発声障害者は話すことができないのだから、また、音声記号は恣意的なのだから、彼らには口頭のコミュニケーション手段と同じ利点をもたらす手話を教えなければならない。

聴覚障害者たちが自発的に用いる手振りを観察して、ド・レペ神父は一つのシステムをまとめ上げた。これは大革命以前のフランスで広く受け入れられ、ヨーロッパ全土を驚嘆させた。ド・レペ神父と弟子のシカールの努力の結果、パリに聾唖学院が創設された。しかし残念なことに、この成功は束の間のものにすぎず、手話が改めて真剣に検討されるのに二百年ほど待たなくてはならなかった。[9]

手話

先天的な聴覚障害者の間では、ド・レペ神父のまとめたような手話が用いられる。手話では、手の形、手の位置、手の動きの三つの要素が組み合わされている。単語が音素の連続で構成されていない点でバーバル言語と異なっているが、手話で無限のサインを作り出すこと、複雑な文を構成することができる。シンタックスや意味体系《セマンティックス》は、明らかに話し手の属している言語共同体によって異なる。ちょうど花という概念が、フランス語では *fleur* ドイツ語では *Blume* イタリア語では *fiore* といった単語で表されるように、さまざまな手振り「言語」に固有なサインも異なる。バーバル言語の記号と同じように、手振りと手振りが指し示すものとの間にはなんら「自然な」関係はない。手振りはもともと模倣だったかもしれないが、その後、恣意的なものになったのである。

すべての言語において、基本的単位が組み合わされて単語ができ、次に文にまとめられる。すべての言語に動詞や名詞といった基礎的文法カテゴリーがあり、節、述語、主語、目的語がきちんと区別され、疑問文、肯定文、命令文が区別されている。こうしたレベルや区別によって、文法にかなった文をほぼ無限に生み出すことができる。たとえば、文法にかなった節がもっと長い文の構成要素になる。例をあげると「猫がその菓子を食べる」という節から「『猫がその菓子を食べる』ことは私には不快だ」の文ができる。これらすべての特性やほかの多くの特性が手話にも認められる。実際、音声の代わりに手振りを使うことを除くと、手話と普通の自然言語に根本的な違いがあるとは思えない。

聴覚障害者が指文字より手話を好むのは明らかだが、聴覚障害者が第一世代か第二世代かによって大きな差があることに気づく。手話を完璧にマスターするのは、聴覚障害を持った両親から生まれて、赤ん坊のときから手話にいつも接していた第二世代の聴覚障害者である。第一世代の手話使用者は大きくなってから手話を学ぶから、深刻な問題を抱えることが多い。ちょうど健常者がかな

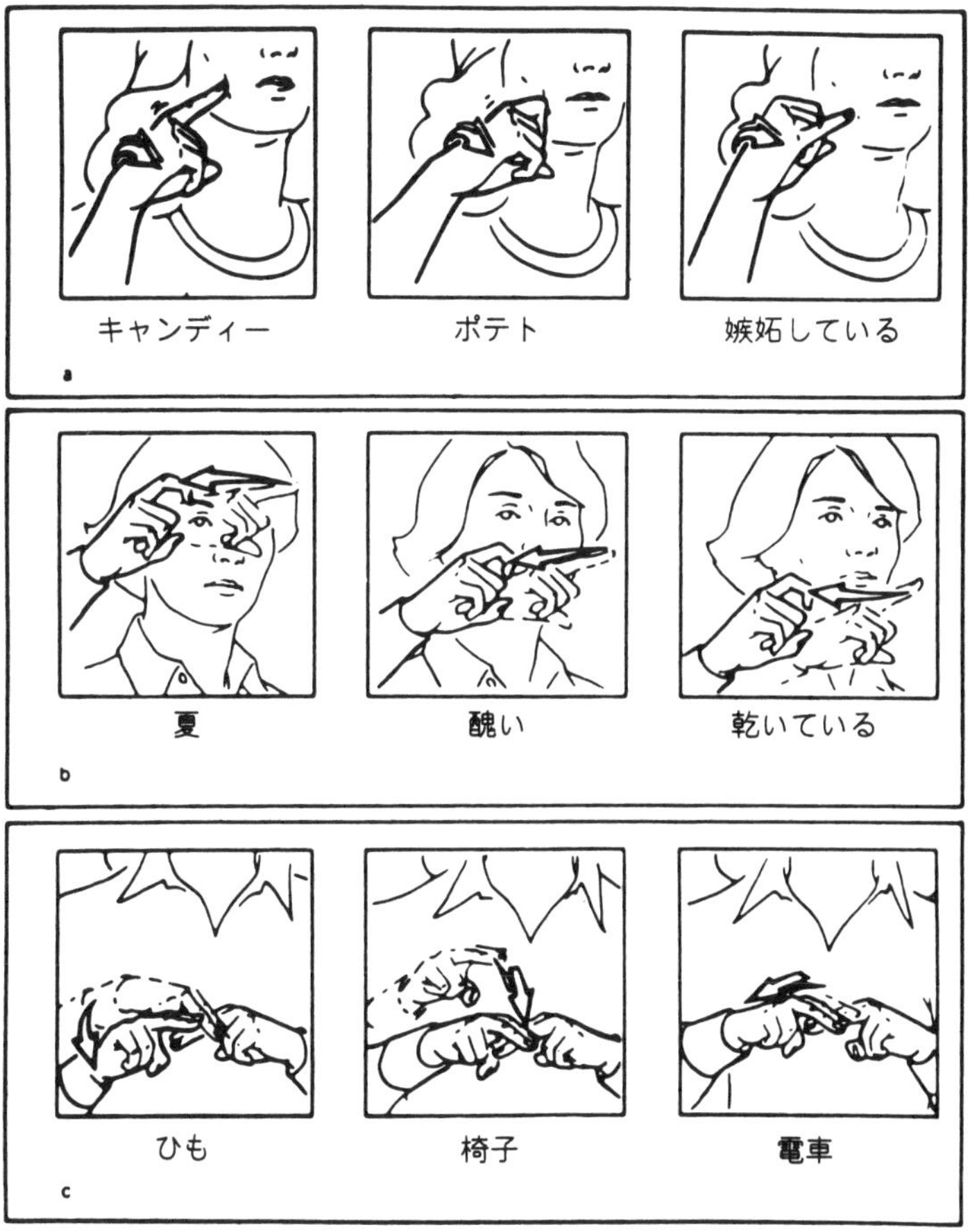

図23　Klima 及び Bellugi のまとめた「アメリカ手話」(1979) の語彙辞項に相当する九つの手振り。上段の三つの身振りは手の形だけが違う。真ん中の三つの身振りでは手振りを行う位置が違う。下段の三つの手振りは用いられている動きのタイプだけが違っている。

り大きくなって獲得した外国語を使うのと同じように、手話システムを使用する（図23参照）。

第二世代の手話使用者では、言語の獲得段階はバーバル言語の獲得段階に一致する。最初の手振りが現れるのは、耳の聞こえる赤ん坊がはじめて片言を言うようになる時期とほぼ同じころである。片言の次は単語になり、さらに文になり、文がどんどん長くなっていく。各年齢で表現ごとの平均単語数を見ると、手話を習得中の聴覚障害児と、英語もしくはフランス語を学習中の子どもとでほとんど差がない[10]。

さらに、聴覚障害児が貧弱な言語入力（ピジンの手話）を受けると、そうした入力を規則化して豊かにする傾向を示す。これは、耳の聞こえる子どもが自分の環境のなかで言語が混じり合い崩れたものを聞いてクレオールを作りだすのと同じである。

バーバル言語と手話を比べると、多くの類似点があることに気づく。たとえば、われわれはよく言い間違いをする。たとえば bar のような単語が、tard や dard と発音されることがある。フロイトは、こうしたタイプの「しくじり行為」は、行動に影響を及ぼす無意識的な過程が存在することの例証であると考えた。しかし、心理学者や神経心理学者によると、言い間違いや記憶違いの大部分は一定のパターンに従っている。すなわち、ある要素が形態的によく似た別の要素に取って代わるのである。一つの音素が一つの音素に代わる。二つ、あるいは三つの音素が代わることはない。同様に、/b/は/p/に、また/n/は/m/に取って代わるが、/c/が/u/に代わることはない。手話においても、間違いは間違いサインとターゲットサインの構造の類似によって説明することができる。

したがって、さまざまな手話は自然言語であり、話しことばの単なる変異体であると考えられる。このことから、きわめて劣悪な知覚インプットを受けても、人間は障害のない知覚システムの場合と同じように、豊かで複雑な言語を発達させることができることがわかる。つまり、言語能力の原因は、外的環境よりむしろ人間の脳の構造のなかに探さなくてはならないのである。外的環境は言語の、あらかじめプログラム化された、さまざまな発達段階を実現するだけだ。

要するに、高等脊椎動物は何でもかんでも学習できるわけではない。われわれが容易に獲得できるのは、人間という種に特有のプログラムによって学習するべく運命づけられた能力である。だからこそ、先天的な聴覚障害者も容易に手話が操れるようになるのである。手話は、言語一般を支配する遺伝構造に合致しているからだ。逆に、どんなに集中的に訓練しても、サルは自然言語の基礎になる文法をマスターすることはできない。

人間は無限に多くのことを学習することができる。数学や生物学や天体物理学をマスターすることができる。どんな鳥より高く遠く飛べ、コウモリより上手に暗闇のなかを航行できる装置、どんな魚よりも深く速く潜れる装置を作ることもできる。しかし、こうした可能性は、人間という種に固有な諸々の能力を用いてわれわれが作り出した文化の一部分なのだ。文化を産み出すわれわれの能力は確かに無限だが、それは人間に固有の、決定された固定した基礎の上に成り立っているのである。

このような見方をすると、「名詞句の発達に関わる、非常に複雑で、同時進行する分化と統合の過程は、条件反射の獲得よりは、むしろ胎児の生物学的発達と関連する」と思われる。(11) 聴覚障害児の場合と同じように、先天的な視覚障害児の例からもそのことがわかる。

視覚障害児の言語獲得

視覚障害児は、聴覚障害児より大きなハンディキャップをかかえているように思われる。視覚障害児にとって、世界は極端に貧弱な様相を呈している。家や木、山、自動車、家具など、われわれの日常世界を構成しているすべてのモノが見えないのだ。自分の触れるものがどんな色なのかわからないのだ。さらに、目の見える子どもは視覚で複数のモノを同時に把握できるのに、目の見えない子は触覚しか使えない。触覚は逐次的な情報しか与えてくれない。

聴覚障害者の場合、知覚情報は、完全ではないが、少なくとも視覚障害者が頭のなかで想像しなくてはならないことを見ることができる。たとえば話し相手の唇の様子を読み取ることができる。となると視覚障害者にとって言語の獲得は聴覚障害者よりずっと困難なはずである。ところが実際はそうではない。視覚障害児の場合も、言語の獲得はほかの子どもと同じように容易かつ迅速に達成されるのである。

たとえば、視覚障害児に母親が「箱の後ろに隠した青い立方体がまだ見える」と言っているのを観察すると、子どもはこのことばを理解しているような印象を受ける。どうしてそんなことが可能なのだろうか。視覚情報をまったく持たずに、「牛」と「馬」、「普通の乗用車」と「セダン型自動車」、「見える」と「見る」の違いを、どのように学習するのだろうか。こうした区別ができるというのは驚くべきことだ。ところが、信じられないかもしれないが、視覚障害者はまったく困難もなく話すことができるし、視覚的特性が問題になっている場合も、目の見える人が言うことをかなりよく理解できるのである。

心理学者は長い間、視覚障害者は言語を獲得する際にハンディキャップがあると信じていた。だから、アメリカのある言語心理学者グループの研究によって実際の様子が明らかになったのはごく最近のことである。[12] 視覚障害者が言語を獲得する過程は、生物学的要因こそ重要だと確信している研究者にとっても、あらゆる点で驚異的なものだ。

子どもは、単語が指し示すモノが目の前にあるときに、その単語が繰り返されるのを聞いて単語を学習するのだとわれわれは考えがちだ。親が子どもにイヌを示して、「イヌ」という単語を発音し続けると、やがてイヌと「イヌ」の連合が明白になる、というわけである。しかし、たとえば、親が子どもに「イヌ」という単語を教えようとしたときの状況次第では、イヌという単語は、「天気がいい毎水曜日の午後に公園の奥に座っている毛の生えたすべての動物」を指すのだと、子どもは考えてしまうのではないだろうか。単語の意味を一般化したり、またはその反対に、意味を不当に限定してしまうのではないだろうか。ある単語の意味を学ぼうとするとき、子どもがあれこれ行う推測の数は相当なものだ。その数は当該のモノを母親が指で指し示すことで減ることはない。私がイヌを指すたびに私が指しているのは、毛の生えた動物であったり、呼吸している動物であったり、あるいはまた尾や足であったりする。単語の意味を確定するのに視覚は役立たないように思われる。もし視覚だけで単語の意味を確定するとなると、むしろ混乱を起こしかねないのである。

子どもは満二歳を迎えるころ単語をしゃべり始める。最初は一語ずつ、そして、時間が経つにつれて単語のグループが少しずつ大きくなる。やがて親は、子どものおしゃべりの中に日ごとに現れる新しい単語や新しい言い回しをいちいち取り上げるいとまがなくなる。はじめのうちは、ほれまた新しいことばを言った、今月はこれだ、今日はあれだと感激していたのだが、ごく普通の当たり前のことになってしまったのでもう注意を向けなくなってしまう。たまに生き生きした表現とか、特に凝った表現を言ったりすると驚くが、それとてもすぐに、子どもが学習する厖大な量のことばの流れのなかに吸収されてしまう。

いわゆる「語彙の爆発」の時期までの単語獲得のリズムは、子どもが第一言語を身につける場合と成人が外国語を勉強する場合とではきわめて異なったものになる。成人はモノをたくさん知っていて、それの性質や働きを理解し、それらを分類することができ、それらを視覚的に詳しく頻繁に経験している。それなのに新しい語彙を獲得することには非常に苦労する。言語獲得において視覚、より一般的に言うと経験は決定的要因ではない。視覚や経験は確かに重要だが、それだけが言語獲得の要因ではないのである。

視覚障害児は、第一言語を学ぶ幼児とよく似ている。痛々しいほど頑張って第二言語をマスター

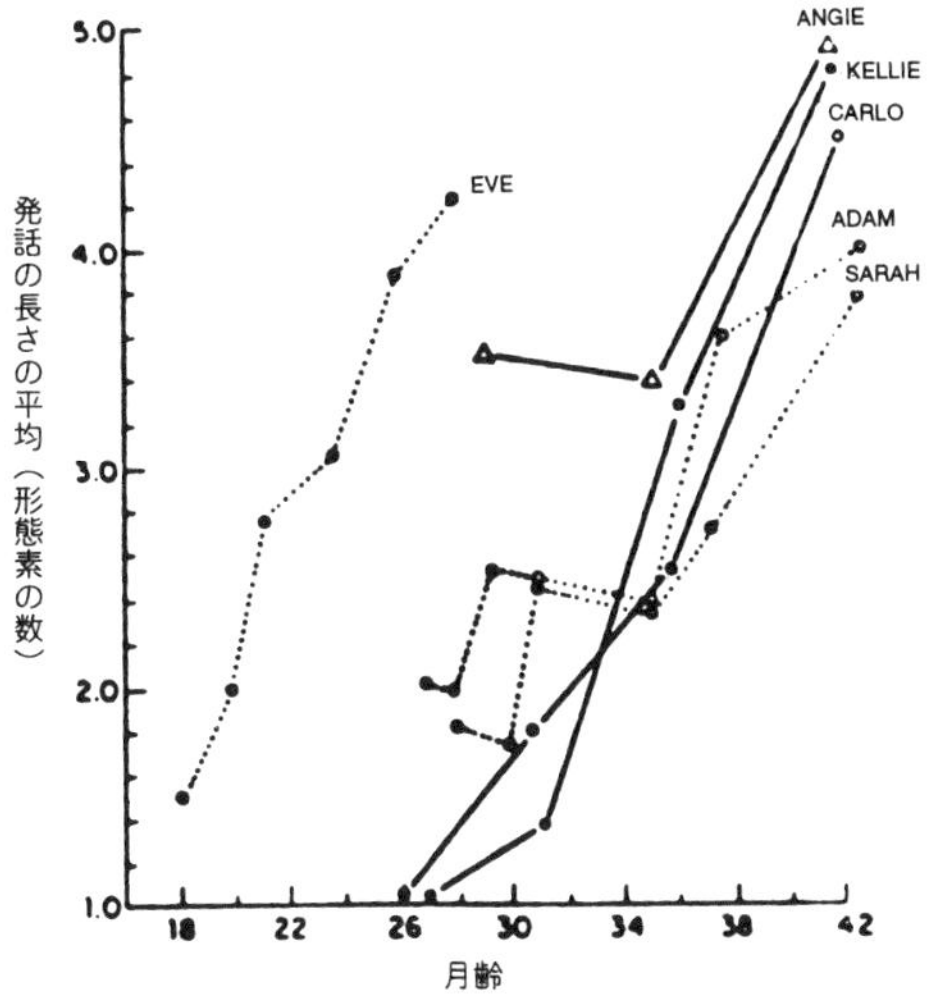

図表10　それぞれの線は、三人の視覚障害児（Angie, Kelli, Carlo＝実線）と三人の視覚障害のない子ども（Eve, Adam, Sarah＝点線）の言語獲得の様子を示している（Landau 及び Gleitman (1985)、Brown 及び Bellugi (1964) のそれぞれのチームの研究）。両方の子どもの言語獲得の様子が非常によく似ているのがわかる。

しようとする成人のような学びかたはしない。学習に遅れはまったくないし、彼の語彙には目の見える子どものそれと同じくらいの数の抽象的な単語や正確な表現が含まれている。視力障害児と普通の子どもの発達状況がよく似ているということは、視覚が言語獲得に決定的な要因ではないということにほかならない（図表10参照）。

しかし、目の見える子どもと見えない子どもですべてが同一というわけではない。たとえば目の見える子どもは、助動詞を正しく使うようになるのがずっと早い。また、目の見える子どもが「いま私はピザを食べている Je suis en train de manger une pizza.」と言うようになる年齢で、視覚障害児はまだ「私ピザ食べる Je manger pizza.」と言う。いくつかの研究グループがこうした遅れを指摘しているが、このことからすると、右に述べたことにもかかわらず、視覚障害児が正確に話せ

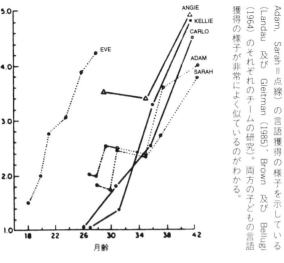

るようになるのは、目の見える子どもよりずっと困難だとつい考えがちだ。しかし、それはまったくの間違いである。この差異は、視覚障害児の母親が目の見える子どもの母親と違った言語行動をとることに原因がある。というのも、事実、視覚障害児の母親は、文のなかで使われていなくても意味を持つ単語を強調し、機能語を犠牲にする傾向があるからである。たぶん、こうすれば子どもの負担が軽くなると考えているのだろう。しかし、必ずしもそうとは限らない。むしろ実際は、こうしたやり方が度重なると、視覚障害児の注意を統辞的操作子である機能語以外の品詞に向けてしまい、彼らの文法情報は乏しいものになる。しかし、こうした差異は一時的なもので、視覚障害児は障害のない子どもにやがて追いつく。

視覚障害児が「見つめる」(regarder/look) のような知覚動詞をどう扱うかということに関心を持った心理学者もいた。「見つめる」という語は、モノや景色や場面を視覚的に把握するために目を用いる行為を指し、「見る」(voir/see) には含まれていない意図性が加わっている。したがって、「見る」はある状態を記述するのに使うが、「見つめる」のほうは、常にある行為を記述する。このような非常に微妙な区別を考えると、子どもがきわめて幼いときからこうした違いを獲得する能力を持っていることに驚かずにはいられない。さらに驚くべきことに、「見つめる」と「見る」の使い分けという点で、視覚障害児は健常児と同様にほとんど困難を覚えない。ただし、動詞「見る」に固有なニュアンスを視覚様態から自分にとって優先的な知覚様態である触覚に移行させる。こうして、視覚障害児の会話では「オモチャを見なさい Vois le jouet.」とか「雨を見なさい Vois la

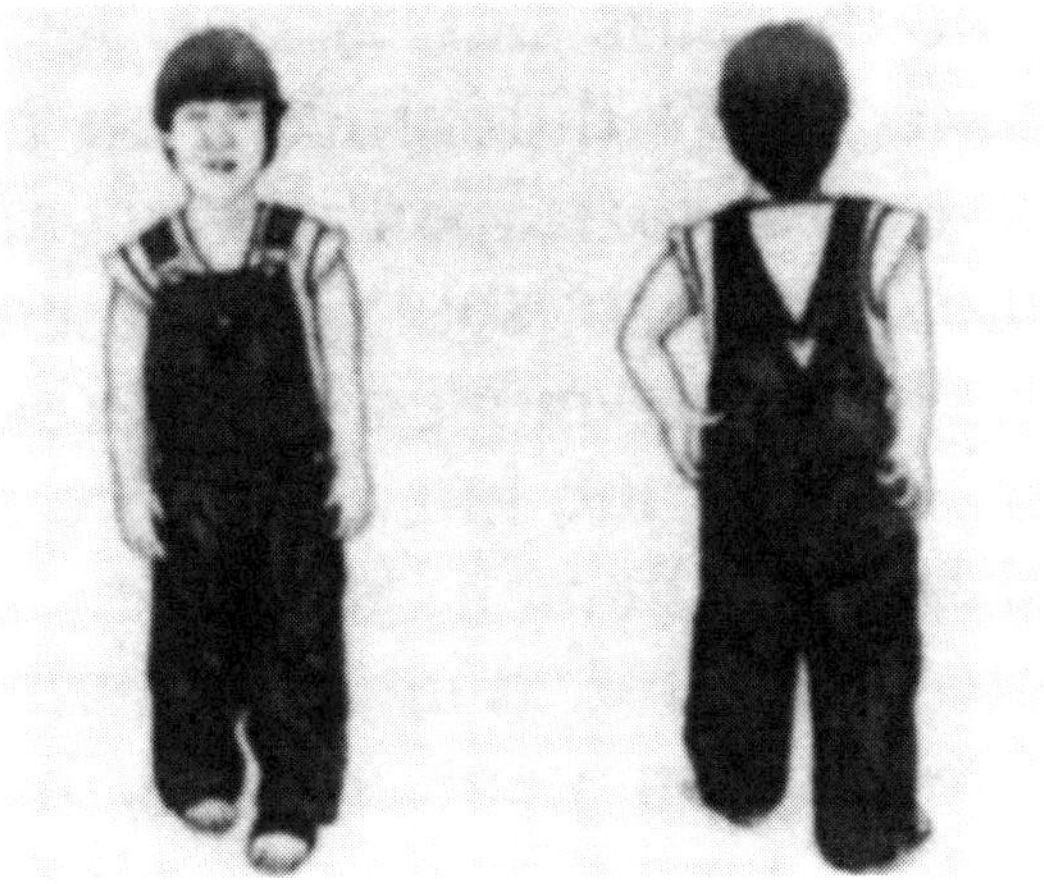

図24　母親が「ズボンのお尻が『見える』ようにしなさい」と言ったときの視覚障害児の反応（Landau et Gleitman, 1985）。

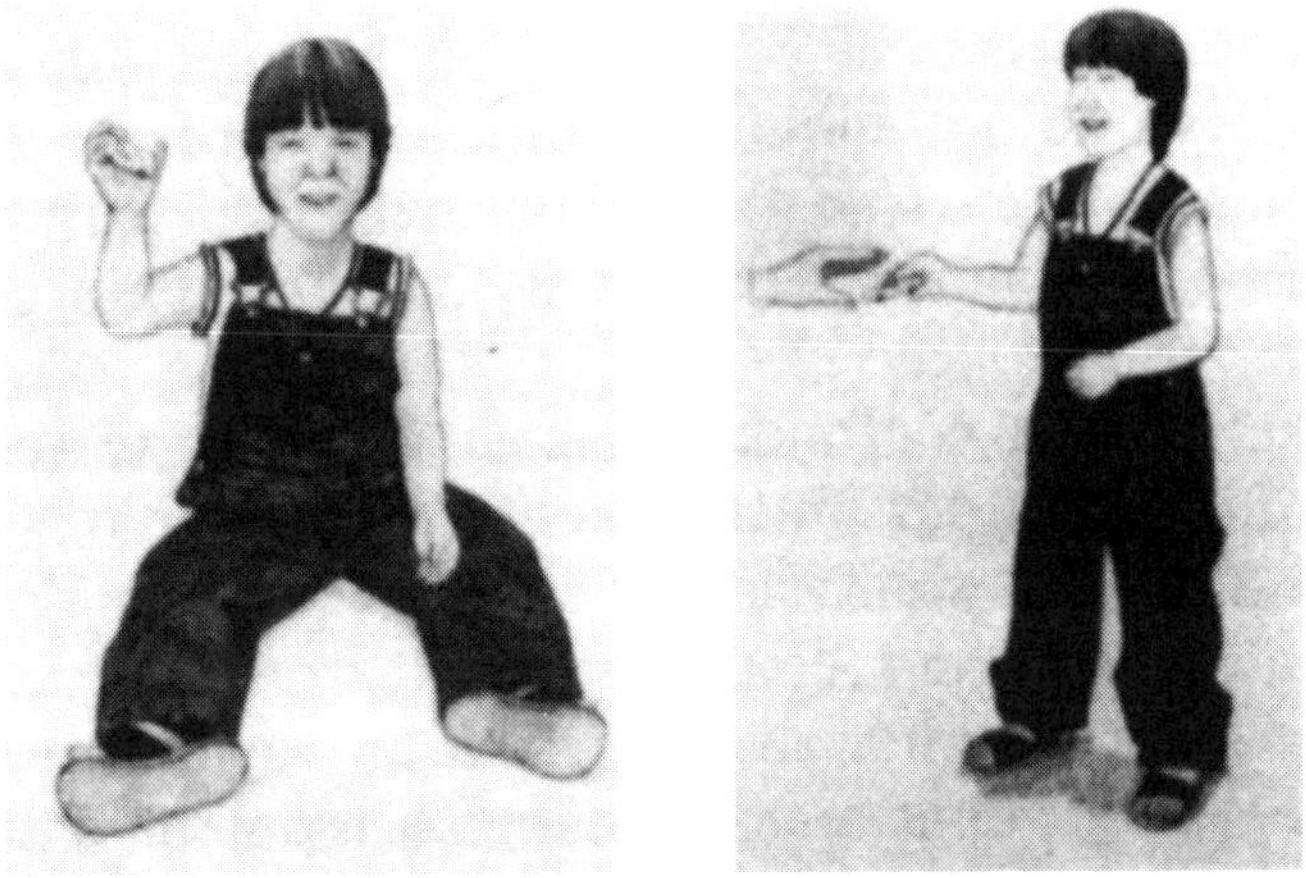

図25　「自動車が見えるようにして Fais-moi voir la voiture.」（A）と言ったときと，「自動車に触らせて（＝自動車を見せて）Fais-moi toucher（regarder）la voiture.」（B）と言ったときの視覚障害児の反応（Landau et Gleitman, 1985）。

pluie.」というような表現は聞かれないが、「オモチャを見つめなさい Regarde le jouet.」とか「雨を見つめなさい Regarde la pluie.」というような発話はよく行われる。もっとも、車のボンネットに手を置いているときには、「車が見える Je vois la voiture.」と言うこともある。

いずれにせよ、視覚障害児は視覚と触覚を混同しないし、ほかの人たちは目が見えることを十分理解している。たとえば、視覚障害児に「ズボンのお尻を見せなさい」というと、くるりと向きを変えて注意を引くために尻を振る。また、目の見える人にオモチャを見せなさいと言うと、オモチャを拾い上げてしばらくそのまま持っている。反対に、「お母さんにオモチャを触らせなさい」と言えば、母親に近づいて行ってオモチャを差し出す（図24／25参照）。

視覚障害児は視覚動詞をかなりうまく操るが、色についてはどうだろうか。青や赤や黄色がどんなものかわかっているのだろうか。目の見える子どもは、大体三～四歳になると色を示す単語を正確に安定して用いるようになる。ちょうどこの時期に、視覚障害児の会話から色の単語が消えてなくなる。せいぜい赤や青や黄色がどんなものか説明を求めるのを耳にする程度である。この事実から、視覚障害児の場合も、健常児の場合も、色を示す単語は、幼い時期は普通表面的かつ不安定に用いられていると考えられる。しかし四歳になると、目の見える子どもの場合、色の意味領域が安定する。一方、視覚障害児は、さまざまな色の単語が固有の視覚的特性を指しているのはわかるが、単語の意味を確定するのは自分には困難だと気づく。視覚障害児にとって、風船や鉛筆やイヌなどは色と呼ばれる視覚的特性を持っているが、それがどんなものかわからない。

確かにこうした点で視覚障害者にハンディキャップがあることは否定できない。しかし、少なくとも視覚がどんなものか理解している以上、色の概念、すなわち、感覚対象に適用される視覚に固有な特性の概念を持っていると言えるだろう。視覚障害者のハンディキャップは単語の意味内容に関係しているにすぎず、単語の用法は理解しているので言語の獲得の障害にならない。視覚障害は、認知的観点からは比較的限定されたハンディキャップにすぎない。

目の見えない幼い娘の前で、ある日母親がほかの子どもの写真の入った封筒を開けた。娘は写真を見たいと言った。写真のツルツルした表面に触ったり、振ったり、なめたり、匂いを嗅いだりした。何分間も夢中で調べたり、説明したり、心配そうに質問したりしてから、この紙切れは自分には関係がないと言った。彼女の言い方によれば、自分の目は「壊れている」からだという。ほかにも同じようにイライラする経験をしてから、ある日、自分以外の人は目でものを見るけれど自分は手だけで見るのだと言った。この少女のことば以上に、視覚障害児に固有な限界が本当はどんなものか的確に示すものがほかにあるだろうか。この子は、外部世界の感覚的経験は限られていたが、兄や姉などに比べて同じくらい頭が良かった。

新しい仮説を目指して

不完全なものではあるが、以上のような聴覚障害児や視覚障害児の研究から、言語の出現を説明するために考え出された、ある種の仮説やモデルは根拠がないことが明らかになる。かつては、人間は視覚データと聴覚的刺激を結びつけることによって単語を学習するのだと主張する研究者もいた。しかし今日では、目の見えない子どもが目の見える子どもと同じように単語を学習することが確認されている。目の見えない子どもは語彙を増やすために特定の感覚情報を利用するが、それ以上に、人間という種に特有の認知構造と言語そのものの形態的制約とによって条件づけられた仮説を作り上げる。語彙の獲得を決定しているこれら三つの要因《パラメータ》のうち、感覚情報だけが環境と感覚器の働きに依存している。認知構造と言語の形態的制約は、視覚や聴覚に障害があろうとなかろうと、人間であれば誰にも共通なものと考えられる。だからこそ、完全にものが見え、音が聞こえても、チンパンジーは本当の意味の言語が獲得できないのである。ジョン・ロック流の経験主義の立場から、観念は感覚的印象のコピーにすぎず、その起源は感覚に存すると主張することは不可能である。視覚障害児や聴覚障害児の精神は空の容器ではない。普通の子どもと同じように、すでに多くの概念や資質で満ちているのである。

言語は人間の本性を構成する遺伝プログラムに従って出現すると考えられる。ほかのいくつかの動物と共有しているが、何か不思議な理由のために人間において特に発達している学習能力のおかげだと言うのはまちがいである。言語の獲得において学習の果たす役割はきわめて大きいが、この学習というのは人間固有の学習形態であり、それは人間という種に特有な大脳皮質の構造によって活性化される。この、まだ間接的な仮説を検証するために、文法や語彙を、また発話の生成と理解の規則をつかさどる大脳の部位を以下で明らかにすることにしよう。すでに見たように、この部位こそがチンパンジーには欠けているのだ。

3 言語器官

言語の局在

人間の大脳の左半球と言語能力の関連性が発見されたのは偶然だった。しかし、十九世紀後半のパリの知的風土が、この発見に好都合なものだったと思われる。多くの病院が大脳組織損傷によって言語を失った患者を収容するにつれて、知能のさまざまな機能が脳のなかで局在しているという考えが真剣に検討されるようになった。ドイツの医学者のガルやフランスの開業医のダックスは、すでに十九世紀初頭にこうした考えを提起していたが、この考えにはじめて臨床的基礎を与えたのはフランスの外科医のブローカだった(13)。

一八六五年ブローカは、何度も観察を行った結果、調音器官の麻痺と知能障害を伴わない言語喪失は大脳の左半球の前部の第三脳回の損傷と関連がある、と学会で発表した。ある能力の獲得は、特定的に局在化した大脳の構造に依存しているというわけである。ブローカの立場は医学界で多くの同調者を生んだ。一〇〇年以上にわたる研究を経て、現在では左半球、特にいくつかの脳回が言語中枢だということは疑う余地がない。

ところが、特に左利きの人々について右半球の損傷が原因で失語症になった症例が神経科医によって報告された。このため、ブローカの理論が有効なのは右利きの場合だけだと誤解されるようになった。左利きの人では言語中枢の役目をするのは右半球である、したがって言語は利き手と反対側の半球にその中枢を持つと誤解されたのだ。心理学の大家のウィリアム・ジェームズは、失語症を引き起こす損傷は右利きの人では左半球にあり、左利きの人では右半球にあると主張した。[14] どちらが利き手かによって、言語の側性化が左右されるというのである。最近では、詳細な実験が行われて、右利きと左利きの境界は従来考えられていたほど厳密ではなく、実際には多くの人が左右両利きだということが明らかになっている。右利きの人の九五%で左半球が言語をつかさどり、左利きの人でも、その比率は約七五%に達する。[15] ブローカの主張通り、ほとんどの場合、言語はまさしく左半球に局在化しているらしい。

交連切開術を施した患者について行ったいくつかの研究によって、以上の見解が確認されて精密になった。この交連切開術という手術は、てんかんの治療で時々用いられるものであるが、両半球の連絡を確保している脳梁の接続部分を切断するものだ。この手術を受けた患者を観察すると、両半球がそれぞれ別々に機能していることが確認でき、それぞれに固有の役割がより正確に評価できる。こうして、文法的処理をつかさどるのは常に左側で、右側は言語処理ではまったく副次的な役割しか果たさないことが明らかになった。[16]

また、ほかの方法でも各半球の役割を評価することができる。神経外科手術を受けようとしている患者の左、あるいは右の頸動脈にアミタール・ソーダ（=アモバルビタール）を直接注射する方法である。[17] この一時的な局部麻酔術は（非常に危険なのであまり行われないけれども）注射した頸動脈の側の半球を短時間使えなくしてしまう。それゆえにこの麻酔術を施すと、各半球に関連した能力が十分に評価できるようになる。この麻酔術によって、失語症患者の損傷に関する観察データが裏づけられている。こうして、右利きの人の言語中枢は左半球にあり、割合は低いが、左利きの人でもそうであることが確認できた（右半球に中枢があるのは、人間全体のわずか四%だという）。

さらに、左利きの人に二つのタイプがあることがわかった。遺伝的要因で左利きになる人もいるようだが数は少ない。ほとんどの場合、子宮内の偶発的事情で左利きになる。妊娠初期にこれが起こると、神経接続の再編成を引き起こすことがあるのである。実験室で、妊娠のいろいろな段階のサルの胎児の脳に損傷を生じさせてみた。その後で、胎児が生まれてくるのを待った。すると、すべてのサルが、損傷をまったく受けていないサルとは異なった脳をしていた。[18] しかし、非常に早期に損傷を受けた胎児だけは、損傷で生じる欠陥を緩和することができた。この場合、損傷を受けた側の半球に割り当てられていた機能を、健康な側の半球が部分的に引き受けていた。この実験結果は、生まれつき左利きの者はほんの少数であり、一部の者が左利きになることを示している。残りの大多数の人の場合は、言語中枢は左半球にある、左半球こそが「言語の器官」なのだと、言ってよい。

精神《エスプリ》は細分化されているのだろうか

フランツ・ジョセフ・ガルは、骨相学という名の理論で科学史上よく知られている。今日では彼の理論は否認されているが、知能面の能力の発達には個人差があり、そうした能力が大脳の発達を決定するだけでなく、頭蓋骨の見かけ上の形態も決定すると主張した。この理論によれば、頭蓋骨の形状から各人の認知能力が結論づけられることになる。科学が反駁したのはまさにこうした結論である。しかしこの結論を別にすれば、それ自体は適切と思われる仮説の先駆者だった。すなわち、精神は一つの均質な実体ではなく、互いに独立した諸能力の総体だという仮説である。この原理のおかげでガルは、現代では特にアメリカの認知科学者のフォーダーが受け継いでいる精神のモジュール性という考え方の先駆者の一人と見なされている。[19]

もっともガルの独創的な説は、[20]フランスの生理学者フルーランスからきわめて厳しい批判を受けた。フルーランスは認識論レベルの反対論に加えて、宗教的理由を持ち出してガルに反論した。[21]フルーランスに言わせると、「魂」が細分化されることはありえない。フルーランスは、ガルの局在論に、脳の働きについて総体論《グローバリスト》的な考え方を対峙させたのだ。[22] 二十世紀になってラシュリーが、フルーランスの見解を復活させた。[23] 彼はネズミの大脳皮質を切除する実験を根拠に、脳は等価値である、すなわち、脳のどの部位もいろいろな認知能力を担うことができるという結論に達した。「専門化」した部位はまったく存在しない、大脳皮質の、ある機能を担う部位が損傷を受けても、無傷の部位がその機能を担当できるようになるのはそのためだというのである。ラシュリーはこの特性を機能の代替作用と命名した。

　今日では、ラシュリーが根拠にした実験ではネズミ特有の能力に関わる行動を利用していなかったことがわかっている。ネズミは実験の対象になった行動を大脳皮質の一部を切除する以前に学習したのである。ちょうど人間の能力を測定しテストするのに、ブリッジや点字の読解を基準に選ぶようなものである。これでは、さまざまな能力が大脳にもともとどのように書き込まれているのか理解するのにまったく役に立たない。

　フルーランス説とラシュリー説の信用が失墜すると同時期に、心理学者たちによってガルが再評価されるようになった。骨相学的見方を取り除いたガルの局在論が、今日、神経心理学者の間で有力なのは、認知能力と脳の構造の関係の研究を行う神経心理学という学問は、ある能力は脳の特定の部位に基礎を持っていると仮定しなければ生産的になり得なかったためであろう。事実ガルは、精神の諸能力は、あるタイプの情報の処理を専門に行う、さまざまな「モジュール」として組織されていると考えていた。こうした考え方は、これらのモジュールが脳のなかできわめて局在化された根っこを持っていると認めるのとほとんど変わりがない。

シンフォニーを聴いたり、絵画や景色を見たり、算数の問題を解いたり、小説を読んだりするとき、われわれの精神は均質で統一された唯一の活動を行っているように見える。しかし実際には、これらの作業のそれぞれは、いくつかの専門化したシステムを作動させているのである。

そのことは、たとえば大脳皮質の頭頂部分や側頭部分の特定の損傷が、人間のさまざまな能力にどんな影響を及ぼすかを調べるとすぐにわかる。たとえば、大脳皮質に損傷を受けた患者のなかには、読んだり、映画を見たり、周囲で起きていることを見てとることはできるのに、親しい人の顔が見分けられない人がいる。身近な人が誰なのか知るために着ているものや声の特徴に頼らなければならないのである。写真を見てコカ・コーラのビンかミネラル・ウォーターのペリエのビンか簡単に見分けられるのに、ミッテラン大統領と自分の祖母の写真は区別できない(24)。

大脳皮質の損傷によって影響を受けることがあるのは、顔の認知のモジュールだけではない。たとえば、事故がもとで色の知覚を失った画家がいる。視覚はあらゆる点で正常だったが、世界が白黒に見えたのである(25)。赤と緑は黒く見え、黄色と青はほとんど白く見える。画家なので、ゴッホやルーベンスがあれこれの絵でどんな色彩を用いているかは正確に説明することは「知って」いたが、頭のなかで想像しても色彩は見えなかった。かつて自分の知っていた世界ともはや何の共通点もない世界に対して、この画家はどんなに困難を味わったことだろうか。ほかの人が「ネズミ色」に見え、食べ物はいつも色艶がなく不健康に見えた。想像のなかでさえ、トマトは黒く、サラダ菜はダークグレーで、レモンは白っぽかった。次第に米など色のない食べものしか食べなくなり、実質的には夜の生活をしていた。結局彼は彫刻と白黒の絵画に方向転換した。

同じような現象が、運動知覚に影響を及ぼすことがある。X夫人には運動が見えなかった。たとえば、紅茶をカップに注げなかった。液体が凍結しているように見え、紅茶がカップに満ちるのが見えなかった。また、自分の周りで人が移動するのが見えなかった。「みんなが突然あちこちに現れるのですが、私には動きが見えません」と彼女は述べた。彼女は人ごみを避けた。たとえば、通りを横断できなかった。自動車が目に入っても速度が判断できなかった。「車を見るとはじめはとても遠くにあるように見えます。でも、私が道路を渡ろうとすると、突然すぐそばに姿を現すのです」と彼女は述べた。

以上のことから、視覚は、別々に機能する分化したメカニズムに基づいていることがわかる。独立した一つのサブ・システムが、たとえば色の知覚を担い、別のサブ・システムが運動知覚を担っているのである。

視覚とまったく同様に、言語もわれわれにはひとまとまりの能力に見える。言語はほかの高次元の能力と切り離せないようにさえ思われる。しかし一世紀以上も前から、特に左半球に局在した大脳皮質の損傷が、特別な影響を言語能力に及ぼすことが知られている。言語を理解する能力を失う者もいれば、発話の能力を失う者もいる。また、損傷がもっとひどい場合は、これらの能力を二つとも失う者もいる。十九世紀以来、神経心理学者はこうした症状を大脳皮質の損傷部位と結びつけようと努めてきた。こうして、大脳皮質の前部の損傷が発話障害、ブローカ失語症を特に引き起こし、後部の損傷が、むしろ言語理解の障害、ウェルニッケ失語症を引き起こすと考えられた。今日では症状と機能不全がより正確に記述されるようになり、こうした大ざっぱな分類にあまり重要性のないことが判明している。その代わり、さらに絞りこんだ記述によって、どのようにして種々な外傷性障害が、言語システムのなかのきわめて固有な、特定の要素に限定された機能喪失を引き起こすのかが分かるようになった。たとえば単語を同定できない患者がいれば、文法、あるいは読み、あるいは書きに問題のある患者がいる。失語症のすべての様態を詳述することは避けるが、臨床的研究によって、言語情報の処理諸段階をかなり精密に記述することができるようになったと言ってもよい。これら諸段階はそれぞれ特有であり、モジュール化されていると考えられる。

　ブローカが発見したように、脳の外傷性障害のなかには、言語喪失は引き起こすが、ほかの機能には影響を及ぼさないものもある。たとえば左半球にひどい損傷を負った失語症患者で、依然として推論や計算はできるケースがある。とはいえ、言語と音楽の場合は、両方とも聴覚に基づいているので、人から言われていることを理解するのが困難な患者は、音楽作品を認知するのも同じように困難だと思われるかもしれない。しかし、それは間違いだ。いくつもの有名な例が証明している。

　盲目の有名なパイプオルガン奏者兼作曲家が七十七歳で脳梗塞になった。左半球の損傷が原因で失語症になったのである。単語を復唱したり、文を作ったりすることができなくなった。しかし、彼の音楽的能力は無事だった。以前と同じように耳で楽譜を解読した。さらに驚くべきことに、点

図26　A：楽譜　B：同じ楽譜を点字にしたもの　C：点字の楽譜を文字で転記したもの。患者は点字の楽譜は演奏できるが，Eの「le père」（＝父《ペール》）という名詞句を表した点字を読めなかった。「ル……パ……ル……タ……ル・フレール（＝兄弟）……ラ……ル・パール……イ・リ・ヤ・ペ（＝“p”がある）」と読んだ（Signoret ほか, 1987）。

字で書かれたテキストがほとんど読めなくなっていたのに、点字の楽譜は読めたのだ。点字システムでは、音符を表す記号と文字を表す記号が同じなので、この食い違いはよけいに驚異的だった。要するに、使われているコードの性質は関係がない、左半球が言語能力を受け持つのに対して、音楽的能力は能力は右半球が受け持っているということになる（図26参照）。

別のプロ音楽家の患者の例は右の説を補強する。この人は右利きの指揮者だった。ベニスのラ・フェニーチェ劇場やミラノのスカラ座で長年指揮した人である。六十七歳で脳梗塞になり、左半球に損傷を受け、言語能力をすっかり失ってしまった。そして、その後の六年間ことばを回復することはなかった。ところが彼の音楽的能力はほとんど無傷だった。音符を口で言うことはできなかったが、歌ったり演奏することはできた。オーケストラのメンバーとコミュニケーションをするには身振りに頼るほかになかったが、急速に回復して、非常に細かなミスにも気が付く、さすがにプロらしい指揮者として返り咲いた。彼が指揮したヴェルディの『ナブッコ』は批評家に高く評価された。

この音楽家の場合、最初の脳梗塞による損傷は言語中枢のある左半球にしかダメージを与えなかった。六年後、二度目の梗塞で右半球の一部が壊れた。この時は回復できずに死亡したので、彼の音楽的能力を調べることはできなかった。しかし、音楽の能力を奪うほかのいくつかの損傷の症例から、音楽能力の中枢は大脳の右半球にあることが確認されている。(26)

以上を踏まえると、言語能力は、運動能力や知覚能力に還元できないだけでなく、認知とも一緒にできないことになる。音楽を理解したり、生産したりするような、言語によく似た作業でさえ、言語とは別のものなのだ。言語は自律的に機能する専門化したシステムなのである。

すでに述べた交連切開術の例から、言語とほかの心的機能に関連性のないことがわかる。交連切開術を受けた患者の場合、片方の半球だけに情報を提示することができる。たとえば、ある単語のイメージが左半球にしか伝わらないようにすることができる。(27)被験者はその単語が読め、それに相当するモノを指し示すこともできる。しかし、それができるのは、右手を使う場合に限られる。つまり、右手が左半球に、つまり単語を「見た」半球に、直接つながっているということになる。

これと反対に、右半球に単語を提示すると、被験者は単語を読むことができないばかりか、何も見なかったとさえ言う。だが単語に相当するモノを左手で指し示すことはできる。この場合、言語をつかさどる左半球は提示された単語を「見」なかったので、被験者はことばでは答えられないのである。(28) 要するに、被験者が右半球で知覚し生産するものを基にして被験者の行動を判断すると、被験者の言語能力は非常に劣っていて、ある種の失語症患者に似ているという結論になる。逆に、左半球が制御している内容で被験者の行動を判断すると、言語能力を完全に持っているという結論になる。

なぜこのようなことが起こるのだろうか。なぜひとりの人間が失語症でもあれば失語症でもないということがあり得るのだろうか。実際には、同一の人間における心的能力のこのような分離は部分的なものであり、きわめて特殊な実験的条件の下でしか起こらない。普通は両半球はまとまって機能する。両者の間にいくつもの連絡手段があるからだ。たとえば目の動きは同じ視覚情報を両半球に同時に伝達する。また情報は運動を媒介にして循環する。たとえば、間違った答えを言って、眉を上げてすぐに訂正する患者を見たことがある。おそらく、正しい答えを知っていた右半球が眉を上げさせ、この運動が左半球に間違いを連絡して、答えを訂正させたのだろう。こういった現象は健康な人でもよく起きる。

いずれにせよ、こうした驚くべき観察からして、われわれの心的能力を分割不可能な全体的なまとまりと見なすのは非生産的である。神経心理学の研究を手がかりにすると、われわれの心的装置は、たとえば、顔の知覚とか言語とかといった、独立した自律的諸能力をもって構成されているようだ。そもそも言語そのものが一枚岩でない。非常に特殊な障害の例がそのことを示している。たとえば、接続詞の用法は喪失したが、名詞や形容詞の用法は覚えているという患者がいる。また、果物・野菜、または木など、ある意味領域だけを喪失してしまう場合もある。(29) 単純で均質に見える作業を行うのにも、独立し専門化した多くのサブ・メカニズムが動員されるのである。そして、システムのほかの部分は正常に機能を続けているのに、これらのサブ・メカニズムが「故障」することもあるのである。

素朴心理学ではこうした現象の説明はできない。こういった現象に直面すると、良識も長年の経験で培われた洞察力も役に立たない。われわれの認知システムのある部分は機能単位、つまりモジュールに分けられていること、そして、これらのモジュールはそれぞれ特定の能力をつかさどっており、認知システムのほかの部分で起きていることを気にせずに自律的に作動していることを認めなくてはならない。研究が進めば進むほど、われわれの知能は、壺に入ったゼラチンのように区別のない、等価値の諸部分から構成された全体ではなく、自律性を持った多くの機能に分割されていることが明らかになってくる。ガルの直観は正しかったのだ。すでに述べたように、より現代的な形でフォーダーがガルの直観を復活させたのである。(30)

フォーダーの見解に従うと、ひとつの機能、つまりモジュールは身体器官にたとえることができる。われわれの身体はそれぞれ独自の機能を持った器官から構成され、これらの器官が相互作用によって身体全体の働きに寄与する。ただしモジュール同士が交換するのは、液やエネルギーではなく情報である。したがって、モジュールはそれぞれ、コンピュータサイエンスから借用した概念

（表示、データ構造、記号操作など）を用いて、少なくともごく大まかに記述することができるような抽象的器官であると言うことができる。モジュールは、ある意味では肝臓や心臓よりもコンピュータ・プログラムに似ている。しかし、実際の器官と同じように、モジュールにはそれぞれ固有の機能がある。モジュールは心的装置全体を循環する情報の一部のみを処理する。また、かなり限定された、予め決定されたコミュニケーション経路《チャンネル》のみを使用する。モジュールは、実直だが、あまり融通がきかない、自分の分野ではエキスパートのようなものだ。さらに、身体の器官とまったく同じように、認知モジュールは種に固有な遺伝プログラムに導かれて、発達し、組織される。そしてまた、言語の例からわかるように、モジュールは脳全体に配置されているのではなく、それ特有の神経構造（回路）、および（または）大脳皮質の領域に関わっているのである。

こうした見地からすると、われわれの心理現象は中枢的な知能で制御されているという想像はもはや許されない。各モジュールの用いる情報は限定されていて、活動の幅は狭い。もはや上位の知能を想定する必要はない。「知能的」と言えるような行動を示すのはシステム全体である。いくつかの部分でもなければ、特別な一部分でもない。

モジュールの数はどれくらいなのだろうか。どのように組織されているのだろうか。フォーダーの仮説の一つによると、たくさんの専門化されたシステムがあり、これらが大モジュールにまとめられている。そしてこれらモジュールのそれぞれがあるタイプのデータ（たとえば言語）の高速かつ自動的な処理を専門的に担当している。各モジュールが中央処理ユニットに情報を伝え、このユニットが、さまざまな入力、そしてまた、そのほか入手可能な知識を比較検討し、長期的な行動計画を練り上げることを可能にするのである。

以上のような非常に複雑なモジュール構成《アーキテクチャ》は言うまでもなく、まだ詳しく研究されていない。この研究分野はまだその揺籃期にあり、自然科学や論理学や数学に比べて数世紀も遅れている。心的装置に関するこうした機能主義的モデルは、何よりもまず一つの指針なのである。こうしたモデルによって仮説を立て、実験によって検証することが可能になる。あれこれのシステムやあれこれの情報交換の存在は形而上学的公準ではない。理論の美しさや完璧さよりも、その理論が実験で一つずつ解明すべき問題を理論によって提起する可能性を秘めているかどうかのほうが重要である。

言語が人間に固有な大脳構造に根ざした特有なモジュールであるのなら、言語の習得は遺伝形質によって正確に決定されたメカニズムに依存しているに違いない。とすると、新生児を観察すれば、そのことの証拠になる基本的能力が見つかるはずである。人間にもっとも近い動物であるサルと異なり、人間だけが自分の脳の可能性に従って言語を獲得することができることを示したので、いまや赤ん坊における言語の出現の様子そのものを探求することにしよう。

4　赤ん坊はどのようにして言語に到達するのか

生まれたばかりで、何が自分を待ち受けているのかも、また、自分を取り巻く世界についても何も知らずに静かに眠っている小さな存在の赤ん坊は、どのようにして言語に到達できるのだろうか。実際、子どもはほんの三、四年で話せるようになる。ところが、おとなだと、二、三年日本で過ごしても日本語は身につかず、語学教師につかなくてはならない。しかし、子どもは一人でなんとかなるものだ。ほかの点ではもっとも限られた能力しか持たない子どもが、たちどころに有能になる。ともかく、外国語を学ぶ平均的なおとなも顔負けするほどだ。それというのも、子どもが必要な知識を早く楽に獲得できるように大脳器官があらかじめ設定しているからだ。

すでに見たように、こうした大脳の装置が、環境のデータ、すなわち、視覚情報、また音を処理し、その結果、モノが同定され位置づけられ、モノの移動が評価される。このように聴覚システムも加わって、一貫性があり秩序のある知覚世界が作り上げられる。これはすべての高等動物に当てはまる。しかし人間の場合、聴覚システムにはさらに別の重要な役割がある。音は話しことばの最適な媒介手段である。人間は音によって情報をコード化して交換しているのであり、文化や知識や思考を発達させて伝達しているのである。

単語の認知、母語の同定

赤ん坊は実験室で生活しているのではない。実験室のような理想的な条件で、完全な言語信号だけを聞いているわけではない。それどころか赤ん坊の環境は、あらゆる種類の雑音に満ちている。ことばが喧騒やいろいろな物音と混じり合った不分明な混沌のなかから、赤ん坊はどのようにして話すことを習得するのに適した刺激を抽出できるのだろうか。どのようにして単語と、歌のメロディーや叫び声やバイクの音や水道の音とを区別するのだろうか。言語が習得できるのだから、当然赤ん坊には、人間の声帯の発する音を探知するメカニズムがそなわっているのではないだろうか。

赤ん坊が生まれつき非常に発達した聴覚を持っていることはすでに確認した。[31] 赤ん坊は音の聞こえる方向を向くだけでなく、ボリュームの違う音調を弁別し、音をメロディーと声に組織化する。生後四ヵ月の赤ん坊が、ほかの物音や無音状態よりも、ことばを聞くのを好むことも確認した。[32] こうした結果から、赤ん坊には言語信号に注意する傾向があることがわかる。しかしそれでは、話し手が誰でも同じなのだろうか。このことを調べるためにわれわれは、赤ん坊がさまざまな話し手、特に自分の母親を認知する能力に着目した。[33] 生後三ヵ月半の赤ん坊は他人の声よりも母親の声により多くの注意を示す。われわれの実験室では、もっと早い時期にこの結果を得ることができた。[34] 母親が自然な調子で話すほど、赤ん坊が注意を向ける度合いが高くなる。ところが、ある文章を終わりから反対方向に読んで自然なイントネーションを出せないようにすると、母親の声に特別の注意を示さなくなる。赤ん坊は特にイントネーションに反応するようだ。つまり、生後四ヵ月の赤ん坊は、文章を普通に読んだものよりも、英語で母親語（motherese フランス語では mamanais）と呼ばれるスタイルで話すのを聞くのを好む。[35] 母親語とは世界中の母親が赤ん坊に話しかけるときの話し方で、声の調子がかん高く、イントネーションが誇張されている。

　母親の声の認知に関する最初の研究は、生後二〜三ヵ月の赤ん坊で行われた。しかし数年後に、アメリカの研究者が生後数日の赤ん坊でも似たような好みのあることをつきとめた。[36] ただし、生後十二時間の時点では結果ははっきり現れない。[37] この種の好みを示す正確な時期がいつであるかはともかく、赤ん坊がさまざまな自動言語認識装置をはるかに超えた成績を挙げることを認めないわけにはいかない。

　赤ん坊が人の声に対応しない雑音《ノイズ》をすべて排除できるのは、もっと正確に言うなら、母語のイントネーションと韻律《プロソディー》を認識できるのは、話す人間への好みがあるからであろう。母親の声がある言語の規則性を決定するモデルになるのだろう。

　しかし、この説明で問題がすべて解決するわけではない。以上のような観点をとると、赤ん坊がフランス語を話す母親の発話とヴェトナム語しか話さない祖母の発話を同列に置いたら、どんなことになるだろうか。実際、こうしたケースはまれではない。多くの新生児が多言語の環境に置かれる。こうした場合、新生児はどのようにして整合的な規則を引き出せるのだろうか。すべてをごちゃまぜにして、一部の人たちが考えるように、言語習得が遅れるのではないだろうか。赤ん坊は二つの言語を区別することができるのかどうか、できるとしたら何歳からかを調べなければならない。

すでに述べたように、赤ん坊は生後数ヵ月あたりから、自然物や人工物の雑音を区別できる。しかし、何歳ごろから母語と外国語を弁別できるようになるのだろうか。このことを調べるため、完全なバイリンガルの女性に、同じ物語をフランス語とロシア語で話してもらい録音した（図表11参照）。英語とイタリア語のバイリンガル話者についても同一の録音をした。[38] この素材は一五秒のシークェンスに切られ、まず一方の言語、次に他方の言語というように、赤ん坊に交互に提示された。生後四日の赤ん坊と二ヵ月の赤ん坊を調べた。生後四日の赤ん坊はフランスで、二ヵ月の赤ん坊は合衆国でテストした。はじめは、生後四日の赤ん坊にはロシア語とフランス語を区別できないだろうと思われた。一方、母語にすでに二ヵ月間触れているもう一つのグループは、イタリア語と英語が区別できるだろうと予想された。

実際には両方のグループとも、母語と新しい言語の間の刺激の変化を弁別できることが明らかになった。さらに、生後二ヵ月の赤ん坊は母語と別の言語を区別するが、どちらにも特に好みを示さなかった。ところが、生後四日の赤ん坊では明らかな好みが観察できた。さらに実験を行えば、両

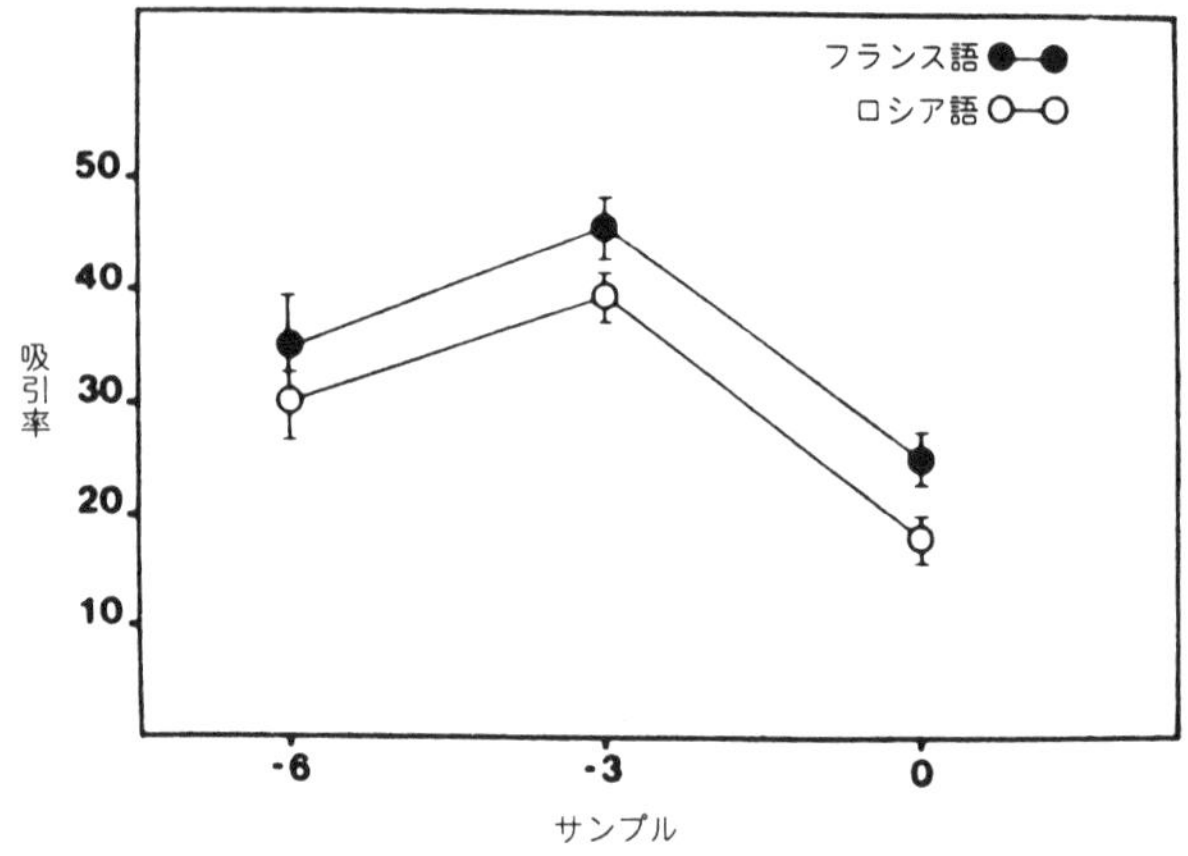

図表11　バイリンガルの同一人物がフランス語とロシア語の文を発音したときの生後四日の新生児の吸引率（Mehlerほか、1987及び1988）。

方のグループの差が解明できることだろう。一つの仮説として、生後二ヵ月の赤ん坊はすでに母語に関連するすべてのパラメータを抽出していて、その上で新しい言語に対応できるのだと考えられる。

もし赤ん坊がいくつかの言語を区別できるとすると、いかにしてかということが問題になる。どんなパラメータがそのような差異化と分類を可能にするのだろうか。生後四日の新生児にフランス語の音韻が習得できるとは考えられない。そうではなく、おそらく、フランス語とそうではないものを同定する手がかりになる単純な聴覚データを用いているのだろう。たとえば、発話の全体的な高さや平均的エネルギーである。この仮説を調べるために、テストに用いた録音テープを逆方向に回転させてみた。こうすると、イントネーションやメロディーやほかの聴覚的細部は変るけれども、声の高さや信号のエネルギーといった絶対的なパラメータは変わらない。もし赤ん坊が、フランス語とロシア語、または、英語とイタリア語を区別するのに絶対的なパラメータに依拠しているのなら、逆回転した録音テープを聞いても同じ行動を保持しているはずである。ところが、逆方向に録音を再生すると、もはや二つの言語を区別せず、またどちらにも好みを示さなかった。つまり赤ん坊は、音声信号の複合的で動的な特性に依拠しているのである。

これらの特性のひとつがイントネーションである。フランス語のような言語には、メロディーとともに固有のリズムとアクセントがある。L'arvonette ratoupi lu pluc notuir tincaudiment というような文をフランス語話者が発音すると、この文に含まれているいかなる単語も実在しないのにフランス語のように聞こえる。それはこの文がフランス語に固有のイントネーションで発音することができるからだ。英語やほかのすべての自然言語についても同じである。

われわれは、生後四日の新生児に先ほどの実験と同じシークェンスを聞かせた。ただし、四〇〇ヘルツ以上の周波数の音を除去するフィルターにかけてから聞かせた。この操作によって、何語の音かはわからなくなるが、イントネーションは変わらない。ちょうど頭を浴槽に沈めて会話を聞いているのに似た状態になる。こうするとフランス語かどうかは認知できるが、単語はまったくわからない。[39] このような操作をしても、新生児はロシア語とフランス語を区別する。同じような実験が合衆国で生後二ヵ月の赤ん坊で行われたが、やはり英語とイタリア語が区別できた。

赤ん坊がどんな音声要因を用いているのかもっと詳しく知るために、さらに実験をしなくてはならないだろう。しかし、英語とスペイン語を比較した場合も、同じ結果が得られている。[40] ところで、赤ん坊が二つの言語を区別することができるのは、すでにそのうちの一つに親しんでいる場合のみであることも判明している。であるから、フランス人の赤ん坊は英語とイタリア語が区別できないし、アメリカ人の赤ん坊はフランス語とロシア語が区別できない。

話せるようになるずっと前から、赤ん坊は節や文を特徴づけるイントネーションに反応する。このことは、生後六～十ヵ月の赤ん坊が休止《ポーズ》にどう反応するか調べた研究が立証している。赤ん坊は発話のどの位置に休止が置かれるかに反応する。統辞的境界に一致した句切り方に好みを示すのである。[41] もちろん、赤ん坊が母語のシンタックスをすでに身につけていると言ったら誤りになるだろう。むしろ、統辞的境界はイントネーション、リズム、メロディーと結びついた聴覚要因と相関しているというべきであろう。すでに生後六～十ヵ月で母語のこうしたプロトタイプ的要因が抽出されていて、母語の規則性に抵触する発話と規則性を尊重する発話の同定に用いられるらしい。

つまり、赤ん坊はきわめて早い時期から相対的によく似た刺激のグループどうしを比較して、話者によって変わる表面的バリエーションよりも、聞こえてくる音の言語的整合性に注意を集中することができる。言語に到達せしめ、母語を習得せしめるこのメカニズムは非常に早期に作動し始める。しかし「早期」というのは、「誕生時」という意味なのだろうか。

多くの研究者によると、胎児はすでにかなりのことを、特に母親の声に関して、学び始めているという。母親の声の振動は羊水に伝えられるという。また、胎児が特に周波数の低い音を聞き取ることも知られている。[42] 誕生後、子宮内で聞いた音を好むのはそのためであろう。[43] しかし胎児は、誕生後に感覚界で自分を方向づけるのに役立つ規則性を、どのようにして引き出すのだろうか。これこそ心理言語学が探求すべき謎である。

いずれにせよ、少なくとも誕生の時点で、人間の脳が自然言語を獲得するための専門化した構造を備えていることは明らかだ。ことばを識別し、ことばをほかの雑音より好むようになるのはこうした構造のおかげである。雑音よりもことばを好む選択作用は、ことばに固有のスペクトル特性《パラメータ》に依存しているのであって、基本的な聴覚的特性だけに関連しているのではない。もしそうだとするなら、ネコのように人間と同じタイプの聴覚器官を持つ動物も、自分の種に固有な音より人間のことばにもっとはっきりと好みを示すことだろう。事実は逆で、それぞれの種はその種のメンバーだけが発する音に反応する特別な感覚を発達させるのである。そしてその音を大脳皮質の専門化した領域が処理しているのである。また、それぞれの種に固有な信号を優先的に同定できるのは、おそらく、それらの信号が、その動物自身が発することのできる音に一致しているからなのだろう。動物はある音を聞いて、まさにその音を発するための調音上の動作として頭のなかでその音を表象するのだろう。一方、それ以外の音は聴覚的に表象するだけなのだろう。この仮説は、人間のことばの知覚にも当てはまると思われる。[44]

こうした種に固有なモデルに従って音を選択する能力は、おそらく大脳に、そして、とりわけわれわれが言語器官と呼ぶものに基盤を持っている。とはいえ、大脳の機能の非対称性は、生得的なものなのかどうか、それとも環境との相互作用の結果生じたものなのかどうかということは問題になりうる。ブローカはフランスの胎生学者のグラチオレの見解を引き継いで、「左半球の方が早く発達するために、われわれは、はじめの試行錯誤の時期に、もっとも複雑な物的知的行動をごく自然にこの左半球で行うようになる。これらの行動のなかには当然、言語、とりわけ話しことばを用いての、思考を表現するような活動も含まれる」と主張した。(45) 最近の例では、レネバーグが、言語機能は左半球に漸進的に移動するという考え方の代弁者となった。「言語の発達の初期段階では、両半球は同等な役割を担っているようだ。左半球の優位現象は右半球の関与が少しずつ低下していくことの結果だと思われる」とレネバーグは主張している。(46)

しばらく前から、胎児の両半球が、すでに妊娠六ヵ月目からきわめて非対称的なことが知られている。しかし、もろもろの機能的非対称の出現についてさらに多くのことがわかり、これらの非対称性はすでに誕生時に検知できるという結論が出せるようになるには多くの研究が必要だった。われわれの実験室では二分聴の技術を用いた。これは二つの別々の音をそれぞれ片耳に同時に提示する技術である。成人では右耳で聞いた音節の方が一般的によく知覚され、よりよく保持されることが観察される。神経心理学者によると、右耳が言語について優れているのは、ことばが左脳で処理されることと、それぞれの耳が反対側の半球とより緊密に連結されていることが原因だという。二分聴で音符や和音を聞かせると、今度は左耳が優位な非対称性が観察されるのはそのためだろう。音楽は右半球と結びついたメカニズムに依存しているのである。

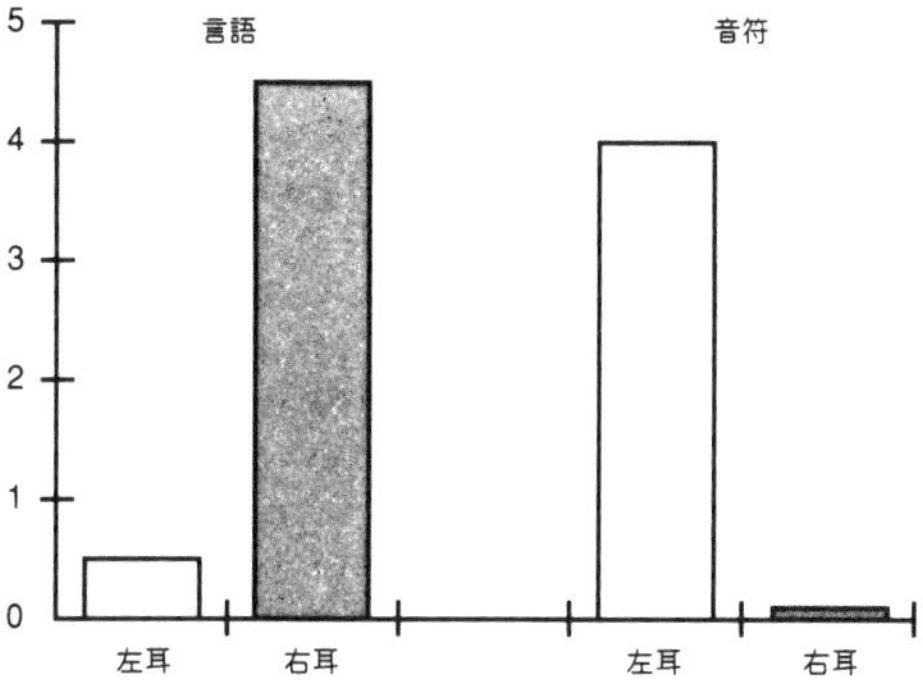

図表12　ある音節を左右それぞれの耳で聞いたとき，新生児は左よりも右の音節を変化させたほうが強く反応する。反対に二つの音符を提示すると，右よりも左の音符を変化させたほうが強く反応する。この反応は，言語に対して右耳が，また音符に対して左耳がそれぞれ優位なことと一致している (Bertoncini ほか, 1989)。

二分聴によって、新生児における機能面の非対称性を評価することができた。[47] 新生児は生後四日以前でも、言語的最小対比《ミニマル・コントラスト》が右耳に示されると、より敏感に反応する。反対に音符は、左耳がよりよく識別する。**図表12**は音符と言語音について得られた対照的効果を示したものである。聴覚刺激が言語的か音楽的かによって、それぞれ特殊な処理を行うように大脳皮質の特別な構造があらかじめ配置されているのである。別の方法でも同じような結果が得られている。[48] 左半球に優先的に配置された構造のなかに埋め込まれている大脳皮質の装置によって、ことばを搬送する音響信号に注意が向けられる。その次に、まだ十分に解明されていないメカニズムによって、新生児は母語に対応する音を瞬時に同定する。こうなってはじめて、この生得的能力のおかげで赤ん坊は話すことを習得することができるようになるのである。[49]

一九六〇年代と違って現在では、子どもは大きくなって、チェスや地理やかけ算の九九を学ぶように言語を学ぶ、という考え方は成り立たなくなった。話すことを教えるのに、アメとムチで脅したりすかしたりする必要はないのである。精神は、基本的な能力の獲得を生得的に可能ならしめるような、モジュール的かつ機能的な構造で構成されているのである。

とはいえ、赤ん坊の資質は、言語的な感覚情報の探知を可能にするメカニズムに留まらない。実験的研究によって、ほかの、もっと高度な能力を持っていることが明らかになった。

話しことばの知覚単位

イントネーションや声の特徴のような全体的データによって言語を知覚するだけでは不十分である。言語を習得するには単語が認知できなくてはならない。ところで、たとえば"poisson"(魚《ポワッソン》)という単語は、ささやくのであろうが、大声で発音するのであろうが、子どもが発音しようが、おとなの女性または男性が発音しようが、同じものを意味している。この単語は、意味を決定するいくつかの分節《セグメント》でできている。分節(ここでは音素)をたった一つ間違えただけで、ほかの語になってしまう。この単語の例では、"poison"(毒《ポワゾン》)になる。

単語を同定するのに必要な切片に、音節《シラブル》と音素《フォネーム》がある。音素は二つの単語を識別することを可能にする最小単位である。たとえば、/p/と/b/、または/r/と/l/はフランス語では異なった音素である。フランス語は"pain"(パン)と"bain"(風呂)や"laide"(醜い)と"raide"(固い)を区別するからだ(ほかの言語にもこうした区別があるとは限らない)。こうして書かれたテクストが文字列でできているのとまったく同じように、話しことばの流れが基本音の列で構成されていることは直観的に自明なことだと思われる。では、音素はどのようにして知覚されるのであろうか。第二次世界大戦以来、ハスキンス研究所やカロリンスカ研究所、マサチューセッツ工科大学など多くの研究センターで、音素がいかにして音響信号にコード化されるのかを発見しようと大変な努力が払われた。当初、研究者たちは、音響信号と音素の間に単純な対応関係があり、そのため、話しことばを書きことばに自動的に書き換えること、また、その逆もできると考えていた。しかし、トップクラスの科学者が何十年も研究を進めた結果、このおめでたい楽観主義は徐々に影をひそめた。確かに多くのことが知られるようになったが、われわれはまだ子音の音響的不変要素を探し求めている段階にある。

問題は非常に複雑である。目の前の話し手が誰であろうと、話し手に外国なまりがあろうとなかろうと、発声に欠陥があろうとなかろうと、人間がことばを認知し、音素を検出し、単語を同定するのは、どのようにしてなのだろうか。この操作にはきわめて複雑な過程が関与しており、しかもその大半は無意識的に遂行される。これは認知科学が教えてくれたことの一つである。つまり、人間は非常に複雑な多くの作業をごく自然に意識せずに行っている、そして、もっとも優秀な科学者でもそうした作業を解明するのに苦労している、ということなのだ。

音響信号の中の言語基礎音はどのようにして同定されるのだろうか。音節/pa/のなかの音素/p/は、発音したのが男性か女性か子どもかによって異なった音響特性を持つ。われわれには常に同じ/p/が聞こえているように感じられるが、音響特性は実はコンテクストによって大きく変化する。しかも、ある音素の出現する構造が複雑になるにつれ、その音素の発音は曖昧で不分明なものになる。[50] 数十年にわたる研究を経ても、いまだにわれわれには/p/, /t/, /k/, /b/, /d/, /g/といった子音の音響特性を特徴づけることができない。だとすると、いったい赤ん坊はどのようにして、音響信号中の副次的バリエーション（話し手の声と口調）を無視しうるほどまで安定したことばの表象に到達することができるのか、しかもなお、母語の語彙を構築することを可能ならしめるような音韻情報を保存することができるのか、ということが問題になる。何人かの研究者が、音節がそうした表象にあたる、と述べている。[51]

成人に対しても、音節は知覚上特別な役割を持っているようだ。"bateau"（船）のような単語では、聞き手は音素/b/よりも音節/bat/をすばやく同定する。[52] もし音素がシークェンスで、つまりひとつずつ順々に知覚されるものなら、この結果はどう説明したらいいのだろうか。文字の読めない人でも同様の現象が見られることを証明した研究がある。[53] 文字の読めない人は、"bateau"で音節/bat/には反応するが、音素/b/には反応しない。ではなぜ、われわれの予想に反して、むしろ長く複雑な分節がすばやく容易に認知されるのだろうか。

子どもや文字の読めない人にとって、音素は音節と比べると副次的なものでしかないようだ。彼らにとって単語は音節でできている。同様に中国人は表意文字しか読まないので音素の観念がない。語彙は音声単位から構成されるという考え方は、話しことばの知覚的処理から生じるのではなく、学校で教えられる書きことばのシステムに由来する。要するにこの考え方は、「進化した」経験的なものであって、自生的で自然なものではない。

とはいえ、すべての言語が、繰り返し現れ、ことばの流れを構造化する、有限で比較的限られた数の分節《セグメント》を使用する。たとえばフランス人が話すのを聞くと、ある時間的規則性が現れる。つまり、母音の長さがだいたい一定である。だが英語は違う。英語では母音の長さはアクセントがあるか否かで変化する。日本語では拍《モーラ》という単位(音節より短く、音素よりも長い単位)が、周期性を画している。こうした違いがあるにもかかわらず、何人かの研究者は、音節を、ことばの知覚の拠り所となる普遍的原子とみなすことを提唱している。ヤーコブソンは、子音と母音が交互に連続することがすべての言語の音構造で根本的役割を果たすと考えた。(54) /vtvt/や/qvqv/のような長い子音の連続はあり得ず、北東シベリアのコリャーク語(Koryak)や北米インディアンのベラクーラ語(Bella coola)などの言語で子音の長い連続が報告されている例では、専門家が転記する際に母音を脱落させたのである。母音と子音の交替は音節の基礎である。したがって、母音と子音の交替が普遍的だと主張するということは、音節分化も同様に普遍的だと主張することを意味する。

われわれの実験が示す例のように、「子音/母音/子音」と交替する音節を提示すると、赤ん坊はたとえば/pat/と/tap/を識別しているのがわかる。(55) この例の場合、音素の順序だけが変化している。ところが、赤ん坊は個々の事象の順序を識別することはできない。赤ん坊は、要素の順序が変わるにつれて変化する全体的特徴（たとえばメロディーであるが、これは演奏される音符の順序に従って変化する）[56]に依拠しているのに違いない。したがって、/pat/と/tap/は識別できるけれども、個々の音素について表象は持っていないようだ。むしろ赤ん坊は、まとまった実体である音節を表象してほかの音節と区別する。この仮説はゲシュタルト派心理学の主張に似ている。この学派によると、人間がある三角形をほかの三角形と識別するのは、ひとつひとつの角度とひとつひとつの辺の長さを順々に比べることによってではない。全体的な形をほかの形と瞬時に区別して把握することによってである。しかし、音節の場合、そのことをどう立証したらいいのだろうか。

われわれの別の実験では、先ほどの/pat/と/tap/の/a/を/s/に近い合成音に取り替えて、/pst/と/tsp/という刺激を与えた。これらは音節とは言えない。子音と母音の交替をまったく含んでいないからである。自然言語には、こうした三つの子音だけで構成された単語の例はない。しかし、こうした音は合成できるし、間投詞の中にはこうした音が存在する。これらの音がどの言語にも見られないのは、身体的に、または調音的にこうした音を発するのが不可能なためではない。おそらく、われわれの言語器官そのものの構造に関係しているのであり、感覚器官とは関係がなさそうだ。この実験では、赤ん坊は合成された/pst/と/tsp/という二つの刺激を識別できないことが判明した。以上の二つの実験では、音素の順序を同じ仕方で変化させている。しかし、赤ん坊が音節を相手にしたのは最初の実験においてだけである。

自然言語には三子音だけで構成される単語は存在しないが、“*abstrait*”（「抽象的な」）のように、三つ、もしくはそれ以上の子音のかたまりを含む単語は多い。このように子音のかたまりだけが異なる単語を、赤ん坊は識別できるのだろうか。/pst/と/tsp/という「ニセの音節」の前後に合成によって母音をつけ足して、たとえば/upstu/や/utspu/という、言語的に完全に容認可能な音連続を作った。もし新生児が成人と同じようにことばを知覚するのなら、この二つを区別して、最初の刺激は/up/と/stu/という音節の連続と聞きとり、二番目の刺激は/ut/と/spu/という連続として聞きとるに違いない。この場合、最初の刺激と次の刺激を識別するには、赤ん坊は二つの音節のうちの片方だけを覚えておけばいいことになる。[57] 果たして、すべてはこの仮説通りに運んだ。単語に関係する音を組織するとき、新生児の場合も音節がもっとも重要な役割を担っている。

だが、赤ん坊は本当に音連鎖を音節に切り分けているのだろうか。複数の音節のまとまりを構成要素に分割できるのだろうか。含まれているモノの数だけが異なるいくつかの集合を赤ん坊が弁別できることをわれわれは知っている。[58] この能力を利用して、音節数の異なる辞項《アイテム》を赤ん坊がどのように知覚するか検査できないだろうか。もしこれがうまくできるなら、赤ん坊には“/mati/, /copu/, /deta/”のようなリストと“/napigo/, /dusaki/, /fumashu/”のようなリストが識別できるはずである。われわれの実験では、音声的組成はきわめて多様だが、すべて二音節の辞項のグループとすべて三音節の辞項だけで構成したグループを提示した。[59] 赤ん坊が二つのグループを弁別できるとすれば、複数の音節でできた連鎖を、基本的構成要素に分解することによって、組織することができることになる。

実験では最初に、女性の声が読む自然な複数音節の連続を赤ん坊に聞かせた。するとこの二つの集合を識別した。しかしこれらのリストは、含まれている辞項の音節数が異なるだけではなく、音節の長さも異なっていた。そこで、成人が聞いた場合も刺激の音質や知覚可能性が保たれるようにしつつ、刺激の長さは等しくした合成音を用いて音節の長さの偏差を補正することが必要になった。この場合もやはり、赤ん坊は音節の集合を区別した。複数音節のグループを、基本的音節に切り分けることによって、処理しているのだ。

もし音節が本当に知覚の原子であり「ゲシュタルト」であるなら、赤ん坊は、視覚的世界で観察されたのと同じような知覚の恒常性を示すはずである。成人はある音節の最初の二〇ミリ秒（＝一〇〇〇分の二〇秒）が提示されると、子音と母音を同定できることが知られている。[60] この極端に短い時間の長さは、普通の音節の一〇分の一以下である。にもかかわらず、たとえ話し手が分節は時間的シークェンスとして構成されていると思っていても、被験者は出だしから音節とその構成要素の情報に到達できるのである。

こうした能力は学習の成果である可能性がある。繰り返し音節を聞いた結果、習慣と予測で非常に微妙な手がかりを抽出することができるようになるのかもしれない。これを調べるために、われわれは生後四日の赤ん坊に/ba/, /da/, /ga/や/bi/, /di/, /gi/といった音節を短くした音でテストした。平均三〇ミリ秒の刺激を用いたのであるが、赤ん坊は短くした/ba/と/da/を、また/ba/と

/bi/を区別できることがわかった。[61] つまり、音節処理には最小限の学習しか必要ないことになる。音節を構成する音素に依存する、音節の間の等価グループが自然に構成されるようだ。

このように聴覚についても、視覚で観察したような、ある種類の知覚の恒常性が認められる。事実、最近の実験で、ある母音のプロトタイプか、それにきわめて似た音に馴れた赤ん坊は、この母音がかなり違った形で生起した場合でも認知することが明らかになった。[62] 不完全な母音のモデルに馴れた赤ん坊は一般化が困難になる。プロトタイプを操作するこの素晴らしい能力は、チンパンジーには見いだされない。このことは、ことばの知覚と表象は人間と動物で非常に異なることを立証すると思われる。[63]

だが、談話の知覚される速さが変化する場合はどうなるのだろうか。普通の条件のもとでは、成人は一分間当たり約二一〇〜二二〇音節を発する。これを話の内容の明瞭さに影響を与えないで五〇〇音節まで高めることも容易にできる。また、デジタル技術およびコンピュータ技術によって、声の音色や相対的高さなどの性質を変えずに陳述の速度だけを変えることもできる。発音時間を半分にしても、単語を正確に同定することができる。[64] 聴力では、話し手による差異に対してと同じく、速度が大幅に変化してもそれに耐える知覚の恒常性が存在する。この恒常性が自生的なものなのか、または学習によるものなのか今後見極めなくてはならないだろう。残念なことに、この分野の実験の大半は成人のみを被験者にしている。したがって、話せるようになる以前から、赤ん坊が発音時間が違うが同一の音節を認知することができるかどうか確認するのは難しい。しかし、速度を変えて繰り返さないと子どもが単語を理解したり覚えられなくて困っている親がいるという話は聞いたためしがない。

成人に関して、音響信号の長さが変化するとどんな知覚効果が起きるのかかなりよく知られている。たとえば、子音の分類が後に来る母音の長さによって左右されることがある。同一の物理信号が/ba/と聞こえたり、母音が長いと/wa/と聞こえたりする。さらに、信号に先行するコンテクストを発音するスピードがカテゴリー化に影響することがある。[65] われわれの知覚システムは個々別々の発音速度に適応しているかのようなのである。赤ん坊で行った実験からも、これとよく似た結果が得られた。[66] 速度や話し手の変化による音響変化をわれわれが無視することができるのはどんなメカニズムによってなのかを解明するためには、まだ多くの研究が必要である。しかし、このメカニズムがいかなるものであれ、それが赤ん坊の段階からすでに機能していることは確かである。

したがって、音節の処理のためであれ、音素の処理のためであれ、新生児には誕生後の学習に依存しない資質が備わっていると考えられる。もちろん、コチコチの経験主義者はせっぱ詰まって、多分、新生児は子宮内で学習するのだろうと言い張るかもしれない。不可能とは言わないが、蓋然性は低い。[67] というのも、胎児の聴覚システムは妊娠三〇週目以前はまだあまり発達していないからだ。さらに、三〇週目になってようやく聴覚が適切な情報を脳に伝達できるようになっても、羊水のために音声信号はひどく変形してしまうことを考慮にいれなくてはならない。劣化した刺激とまだ十分に機能しない聴覚器官で、一体どうやって胎児が正確な学習を行うことができるのだろうか。子宮内録音が立証するように、胎児はもっぱら胃のゴロゴロいう音やいろいろな雑音を聞いているのである。獲得内容が経験だけに基づくのだとしたら、胎児は話しことばについて奇妙な観念を持つことだろう。とはいえ、子宮内で話しことばに接するという考え方もしりぞけられない。問題は、徐々に発達していく脳がそうした経験をどう利用できるのかということだ。

胎児はすでに音響世界に接している。しかし、この音の世界のなかで自分を方向づけることができるためには、あの音ではなく、この音に注意を向けさせる優先の参照システムが必要である。ここでもまた学習理論につきものの堂堂巡りに出会うことになる。学習理論はこうしたメカニズムのうちに万能の説明原理を見るわけだが、このメカニズムが出現する過程を説明できない。それゆえ、赤ん坊は多くのことを学習しなくてはならないとしても、すでに多くのことを知っている、と結論づけなければならない。

音と言語カテゴリー

赤ん坊が、音響的に非常に異なるさまざまな音を安定した表象に分類する能力を備えていることはいま見た通りである。実際赤ん坊は、話し手による違いや話す速度の変化による違いを無視することに少しも困難を覚えない。これこそ、母語の単語を習得するための必要条件の一つである。ところで、赤ん坊は成人が行うことができる、きわめて微妙な識別行為を実際にすべて行っているのだろうか、それとも、まずは音を大まかなカテゴリーに分類し、後でそのカテゴリーを洗練させていくのだろうか。

一九七〇年代のはじめに、新生児の言語知覚に関する最初の研究の一つが公表された。これはおそらく今日までもっとも頻繁に引用されている研究である[68]。われわれは今日では、新生児が生後数日のころから非常に発達した能力を備えていることを知っている。しかし当時は、アイマスの研究は新しい分野を切り拓くものであった。彼の研究はこの分野の実験のモデルになった。アイマスらは、生後一〜四ヵ月の赤ん坊の音声カテゴリーの知覚を調べたのである。

知覚カテゴリーの概念が音に適用できたのは、シンセサイザーが開発された結果である。シンセサイザーがなかったら、たとえば/p/と/b/の間に位置する音は得られない。シンセサイザーのおかげで、音響的特徴が/p/と/b/の間で連続的に変化するあらゆる音の列が得られる。しかし実際には、われわれはこうした音の変化を聞き取らない。なぜなら、われわれは、これらの変化を/p/と/b/のどれか一つのカテゴリーと同一化するからである。つまり、少なくとも子音については、われわれは音を境界のはっきりした大きなカテゴリーに分類していると考えられる。あるカテゴリーのなかでは被験者はプロトタイプ的な音が聞こえると自信を持って答える。境界では不確かになり、答えは隣接するカテゴリーのどちらかに分かれる。しかし、どの実験でも、また話し手が誰でも、境界は安定している。音は、物理的には切れ目のない連続体を構成しているが、不連続に知覚されるのである。つまり、われわれの知覚は音をカテゴリーに切り分け、あるカテゴリーからほか

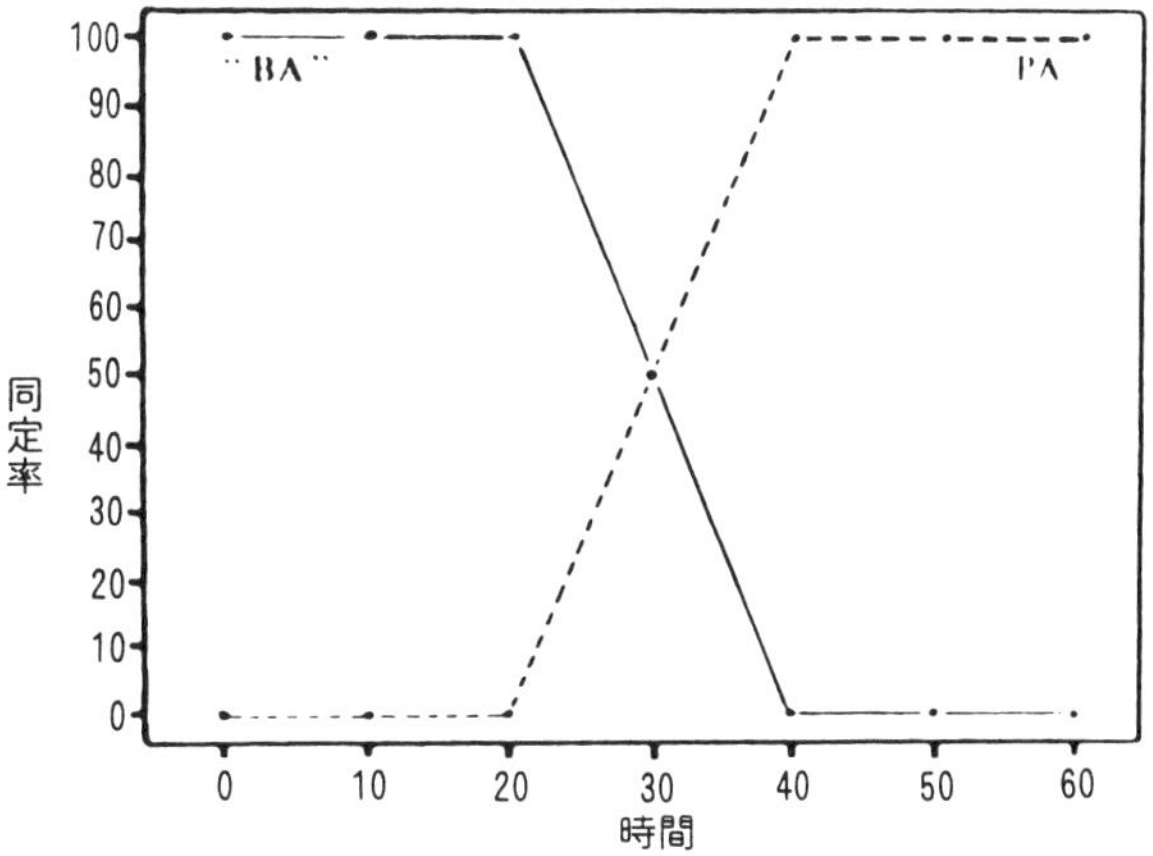

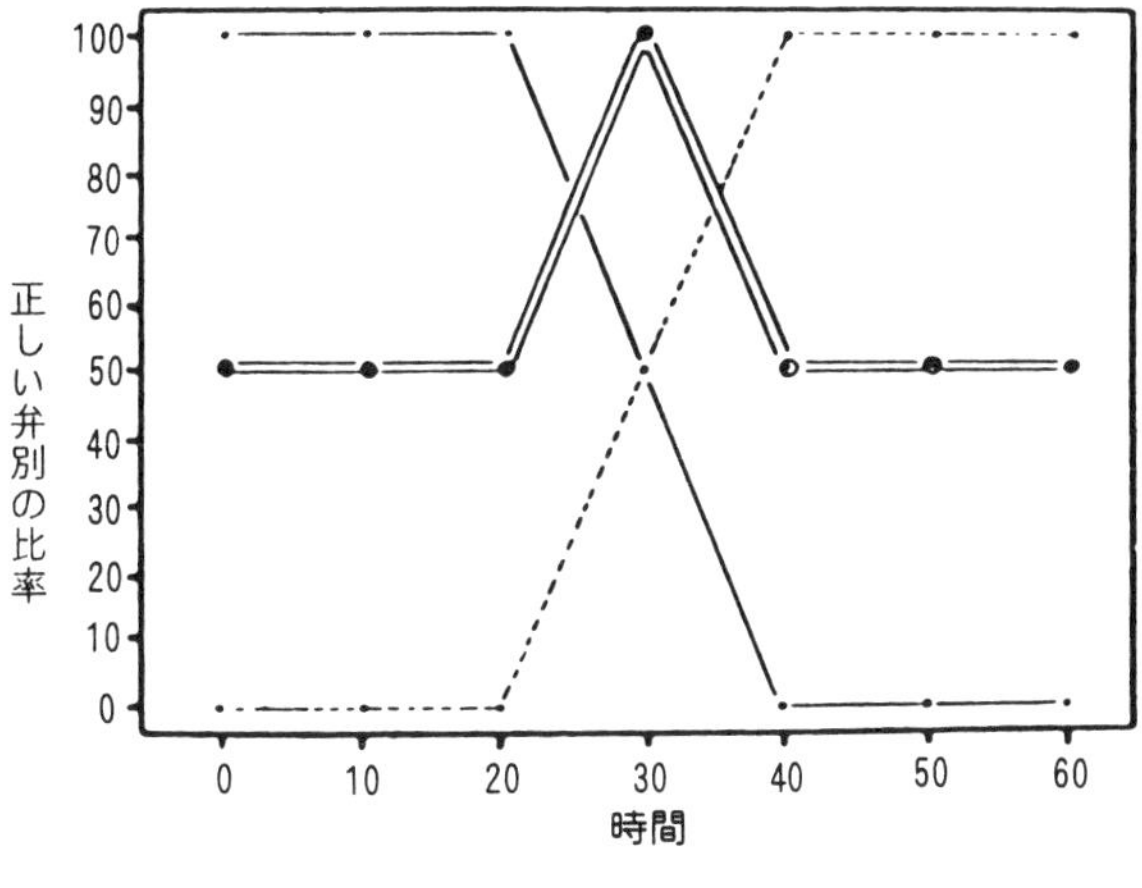

図表13　上のグラフは，調音装置でいったん設定した音の出始める時間（[英] voice onset time ＝ VOT）と，それにつれて変化する合成音の名称を示している。音は物理的に連続した変化が可能だが，耳に聞こえる音は急激に変化する。下のグラフで示されているように，物理的連続をカテゴリーに分けるとき，二つの音を弁別する能力は境界部分で最大になる。

のカテゴリーにジャンプするのである（図表13参照）。

アイマスのグループが問題にしたのは、新生児が成人と同じようにカテゴリーを用いて言語音を知覚しているかどうかということだった。彼らは、たとえば音節/pa/の一つの形を数分間赤ん坊に聞かせて馴れさせた。その後で、このモデルと物理的に異なるが、成人が/pa/と知覚する音と、モデルの/pa/とは同じ大きさの物理的差異があるが、/ba/と聞こえる声とを聞かせてみた。すると、成人とまったく同じカテゴリーを持っているかのような反応をすることが明らかになった。赤ん坊は自然言語の音素を識別し、成人と同じように音素をカテゴリーに整理しているのである（図表14参照）。

アイマスが用いた方法はその後広く用いられて、自然言語における対比を聞き分ける指標となる、もっとも微細な区別を識別できることが明らかになった。しかし、こうした結果は、実はそれほど驚くべきものではない。周知のように、ヒキガエルにはハエのセンサーがあり、ネコにはネコの鳴き声に敏感な細胞があり、カナリヤには種に特有のさえずり声に反応する神経細胞がある。自然な考え方をすれば、人間もこれと同様に、ことばを知覚するための特別なセンサーを備えているということになるだろう。残念ながら、この説を裏づけるのは非常に難しい。なぜなら、われわれ人間はわれわれ脊椎動物の耳の感度がもっとも良くなる領域を中心にして、カテゴリーを作ったというのが本当らしいからである。実際には、動物も微細な音響的識別を行っている。ただし動物は、赤ん坊と同じやり方で言語音を分類する生得的傾向は持っていない(69)。たとえば、日本産のウズラが、

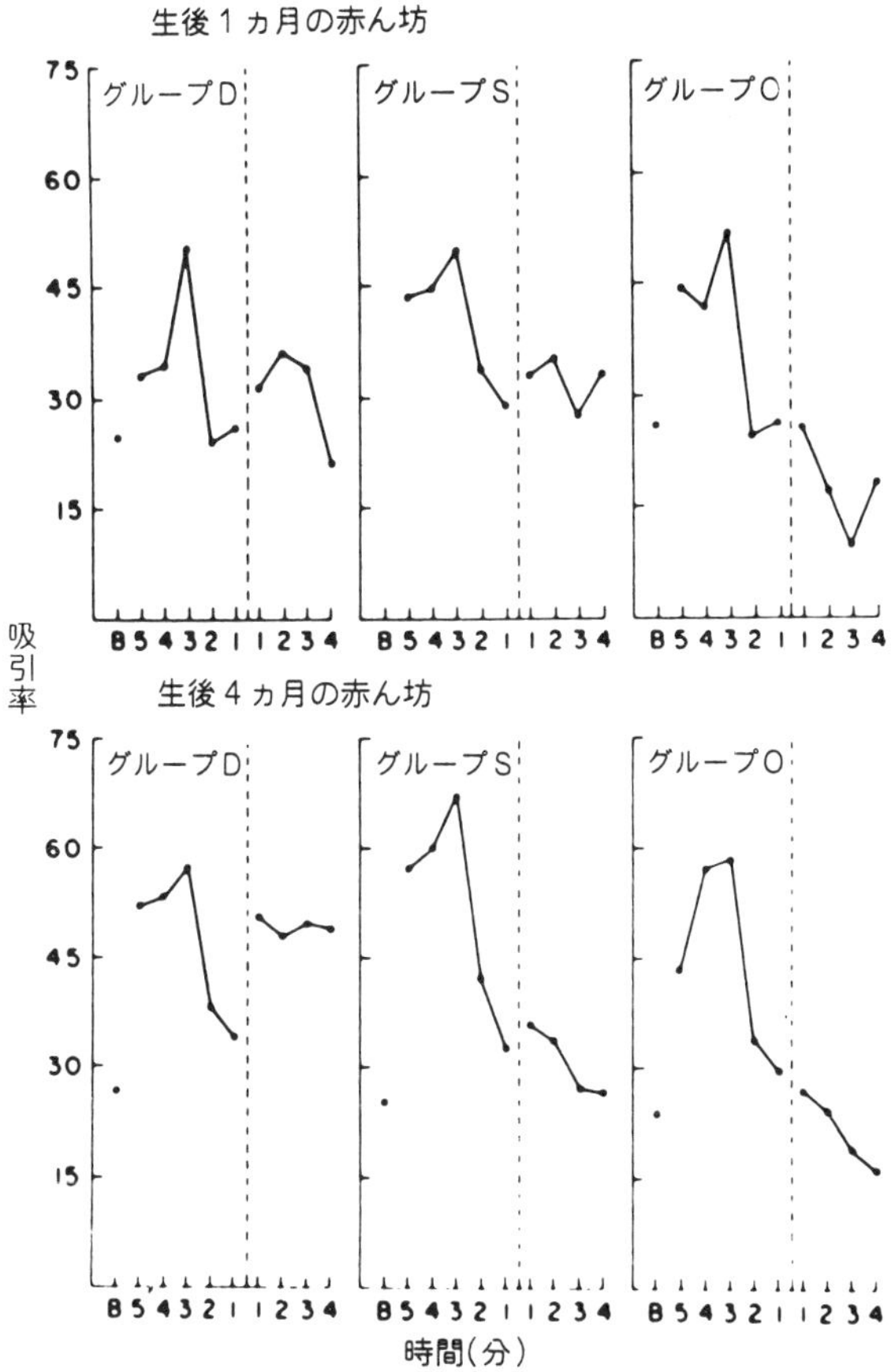

図表14　Eimas ほかの実験結果（1971）。馴化期とテスト期で，Dグループは，20ミリ秒の差があるが，成人に/ba/ と /pa/に聞こえる刺激を受けた。Sグループは，20ミリ秒の差があるが，両方とも/ba/か/pa/のどちらかにしか聞こえない刺激を受けた。統制群のOグループは，馴化期とテスト期で同一の音声を聞いた。

ある音節が音素/d/で始まる度にキーを押すことを習得するためには、四千回から一万二千回も訓練しなくてはならない[70]。幸いなことに、赤ん坊はわれわれが行ったような実験にはじめて直面しただけで、カテゴリー化を行ってくれる。

ことばの単位の感性は人間という種に根づいたものだという説はわかりやすく、また多くの研究が立証した結果と一致する。パトリシア・クールは、人間が、たとえば母音/i/のさまざまな発音を知覚し、それらの知覚をこのカテゴリーのプロトタイプに還元することを明らかにした。この点で人間は、母音のプロトタイプを持たないサルと異なっている[71]。言語は種の進化の遅い段階で現れた。そのため、言語は聴覚システムのきわめて敏感な部分に音声カテゴリーを確立したというのが妥当な説明のようだ。したがって、音声カテゴリーを欠いていても、人間と同じ識別ができるように動物を訓練することができるという事実は、なんら驚くことではない。

このことから今日では、ことばの知覚システムは音響特性を知覚するためのより原初的なシステムに接ぎ木されている、という考え方が主流になっている。つまり、ことばの知覚システムを性格づけるいくつかの特徴は、より一般的な音響原理から派生していることになる。さらにカテゴリーによる知覚は、非言語的な音や楽音にも当てはまる[72]。しかしそれは、カテゴリーによる知覚が言語に、またそれゆえに人間に特有なものではないという意味ではない。音の位置づけは、聴覚行動の時間・スペクトル分解の微妙な特性に基づいている。しかし、音の位置づけにはそれ特有の演算が要求され、ほかの目的に使用できない情報が用いられる。これは、言語音の分類についても同じである。言語に固有な要因が存在する。以上のことから、言語カテゴリーの同定に用いられる基準はわれわれの遺伝形質の一部だと結論づけられるだろう。

これまでに述べた調査方法を武器にして、新生児が行うことのできる音声識別のレパートリーがどんなものか研究することができる。新生児は世界中の言語で用いられている対比の一部分を持っているだけなのだろうか、それともすべての対比を持っているのだろうか。

生後一ヵ月の赤ん坊が最小対比を識別する能力は素晴らしい。調音点の対比（/p/, /t/, /k/）[73]、調音様式の対比（閉鎖音と鼻音（/d/と/n/）、閉鎖音と流音（/d/と/l/[74]、/l/と/r/）[75]）、母音の対比（/a/か/i/、/i/か/u/）、鼻母音と非鼻母音の対比（ãと/an/）[76]を識別する。すべての対比を実験したわけではないが、新生児はすべての自然言語に現れ得るすべての対比に成人とまったく同様に反応すると大多数の研究者が認めている。

忘却による学習

新生児が自然言語に固有な音を処理する一連の能力は驚くべきものだが、これは母語の音に限定されない。フランス人の赤ん坊はすべての言語の音をカテゴリー化することができる。

“*poème*”という単語の/p/音は、帯気音でも無気音でも発音できる。英語風のアクセントで少し気取った調子で発せられても、やはり同じ単語として聞こえる。ところが、ヒンディー語では帯気音/p/と無気音/p/の対比は単語の間の差異を示す。ある言語の単語をまだ知らない場合、その言語に関与的な対比をどのようにして習得するのだろうか。これこそ赤ん坊が解決しなくてはならない問題の一つだ。

すでに見たように、生後二ヵ月の赤ん坊は/r/と/l/を容易に識別する。ところが、たとえば日本人の成人はこの区別が大いに苦手である。赤ん坊は成人と同程度の才能があるのではない。成人以上の才能があるのである。言語の習得は、実は、ある対比を選択し、非関与的な別の対比を忘れるという部分的喪失だと言える。日本語に接触することによって、日本人は/r/と/l/の対比の感性を失う。トロント生まれの赤ん坊と英語話者の成人について、英語とチェコ語の音声対比に関する実験が行われたことがある。赤ん坊は両方の言語の対比を識別できたが、成人は英語に特徴的な対比しか識別できなかった。ケニアのキクユ族の新生児にキクユ語と英語の対比をテストしたところ、両方とも識別できることがわかった。[77]

赤ん坊は一体何ヵ月目ころからある種の対比を無視し始めて、成人と似た反応を示すようになるのだろうか。カナダで行われた研究によると、どうやら生後十~十二ヵ月ごろのようだ。[78]この研究の結果は図表15で示してある。

ある場合にはさまざまな年齢の被験者を用い、また、ある場合には同一の被験者を時間を追ってテストした研究がいくつか行われた。いずれも同じ方向の結果が出ている。すなわち、生まれたばかりの赤ん坊はすべての対比を弁別するが、生後八~十ヵ月ごろになると、この能力を母語の対比

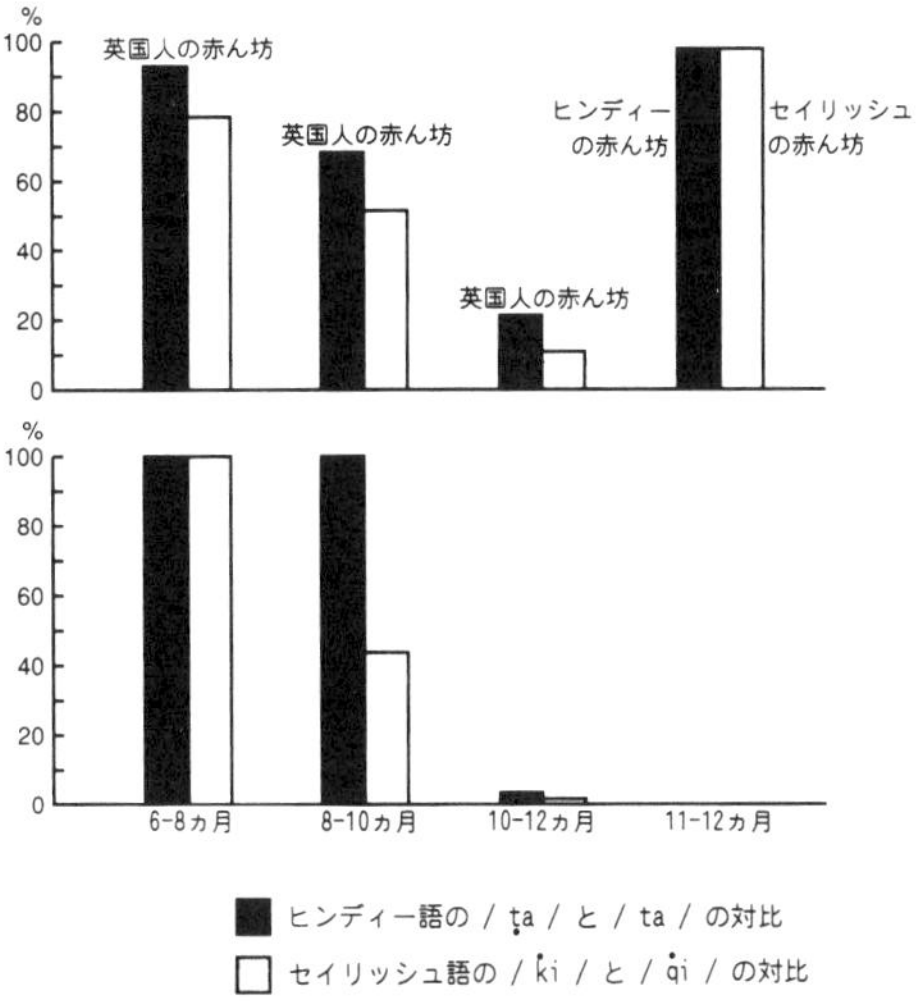

図表15 Werker 及び Tees（1984）、Werker ほか（1981）の二つの実験。年齢で分けた三つのグループの子どもについてのもの。子どもの言語環境ごとに、ヒンディー語と北米インディアンのトンプソン語の対比を識別した人数。上のグラフでは、年齢グループは別々の子どもから成っている。下のグラフは同じ子どもを時間を追って調査したもの。この二つの検査で赤ん坊が段階的に母語と異質な対比の識別能力を失っていく様子がわかる。

にしか示さなくなる。生後十二ヵ月では成人と同じ反応を示し、もはや外国語の対比は弁別しない。

こうした喪失はどういう性質のものなのだろうか。赤ん坊のとき頻繁に聞かなかった対比に対する聴覚感性が失われるということなのだろうか。喪失は神経感覚的なものなのだろうか、それとも注意と認知能力に関係したものなのだろうか。どうやら後者の理由を支持すべきであるようだ。西欧の諸言語に存在するものと大きく異なる南アフリカのヅールー族の言語の吸着音のように、われわれの言語では用いられない対比を弁別する能力について、最近ある研究が行われた(79)。このような言語音を一度も聞いたことのない者は、たとえばフランス語や英語に存在するが、単語の区別には使用されることのない帯気子音は識別できても、聞いたことのない音の識別はうまくできないに違いないと予想される。しかし、そうではない。成人の英語話者は、発音条件や聞き取り条件がきわめて悪くてもこの「舌打ち音」を聞き分ける。さらに、十二ヵ月の赤ん坊は母語で非関与的な対比は忘れるが、吸着音のような未知の音に対する感性を喪失してないのである。母語の対比と「競合」する、あるいは同一の次元を共有し合う対比だけが一歳ころに失われる。それ以外の対比は、母語に等価のものが存在せず音声処理を妨げることがないので、成人と同様に赤ん坊にも知覚できるのである。

したがって、能力の喪失は感覚的なものではない[80]。特別な実験条件の下では、成人の英語話者でもヒンディー語の対比（無気音で無声の子音で、調音点が一方はそり舌音、他方は歯音）、あるいはトンプソン語の対比（調音点が一方は声門軟口蓋、他方は声門口蓋垂）を弁別できるようになる。このように、神経の接続の劣化による回復不能な知覚喪失は認められない。外国語の対比が無視されるのは、むしろ、認知面の発達のある段階で、聞こえた音を記憶にコード化するのを可能にする新しい表象システムが出現するからだ。依然としてきわめて微妙な弁別を行うことができるのだが、母語の音声コードが優位に立つのである。日本人が/r/と/l/を別のものと知覚せず、隣接する分節を区別するために/r/と/l/を用いないのは、日本人がよく注意してもこれらの音素を識別できないからではない[81]。

いずれにしても、音声対比に対する感性は母語で用いられる音素が優位を占めるようになる形で衰える。きわめて厳密な実験条件の下においてのみ、そうした能力の喪失は回復不能ではないし、神経知覚器の劣化によるものではないことが確認できる。思春期以降に新しい言語を学習し発音をマスターするのがきわめて困難なことは別に驚くことではない。教養や知能は関係ない。大切なのは年齢である。二五歳を過ぎてから外国語を習得するのは困難であり、母語のように話すのは不可能になる。いくつかの文を完璧に発音することはできるようになる。フランス語話者のオペラ歌手が自分のパートをドイツ語やイタリア語で完璧に歌えるが、そんな彼らも、話すときはひどいなまりがあるのはそのためだろう。ことばを知覚したり発したりする様式は、周囲で話されている言語が何語かによって、ある年齢で固まる。それ以降は、すべてが多かれ少なかれ自動的に進行する。

しかし、赤ん坊はどのようにしてこうした音の対比や音素や音節が分類できるのだろうか。どのようにして、これらを適切な言語と関連づけるのだろうか。英語話者がたまたま、キクユ語やタイ語の音素に相当する音を発することがある。成人はこうした音を聞いても注意を払うことはない。英語には非関与的であるからだ。しかし、赤ん坊は違う。どうして赤ん坊は、自分に聞こえる音から一人一人が勝手に疑似言語を作り上げて、大混乱のなかに放り込まれてしまわないのだろうか。なぜバイリンガルの赤ん坊は、二つの言語が混じり合ったものを聞いて、そこに秩序を導入することができるのだろうか。自分の回りで用いられている語彙をまだ習得していないのに。もし子どもが音を混ぜこぜにしてしまうとしたら、話すことを習得できるのは、型にはまった単一言語の小さな共同体に閉じ込められた子どもたちだけだろう。ほかの子どもたちはなすすべを知らなくなることだろう。

実際には、赤ん坊はごく早い時期から話しことばのなかの統計的規則性を把握するようである。

ある種の音はほかの音と一緒に頻繁に現れる。事実、音の発出頻度は、ある言語で用いられる諸言語カテゴリーの中心に近づけば近づくほど高くなる。反対に、発出頻度は二つの言語カテゴリーの境界あたりで低くなる。ある言語が使われる度合いが低くなると、それにつれてその言語の基礎カテゴリーに近い音の頻度が低下する。こうした「生得的統計」という比喩によって、赤ん坊が母語に弁別的でない音を少しずつ無視するようになる傾向が説明できるかもしれない。

だからこそ、バイリンガルや、場合によっては三ヵ国語併用《トリリンガル》の環境に生まれた赤ん坊が、自分の身の回りで話されている言語を混同しないで同時に習得できるのだろう。英仏系のハーフの子どもが、フランス語の語彙と英語のシンタックスを用いることはけっしてない。同様にバイリンガルの人の場合、会話中にある言語から別の言語に移るとき、それぞれの言語の厳密な規則に従っている。[82] したがって、言語獲得のメカニズムは何らかの形で純粋に音声的・韻律的特性に導かれているに違いない。その結果、諸言語が早期に分離され、新しい発話はそれが所属する言語のなかに自動的に配分されるようなる。このメカニズムが生後四日の赤ん坊ですでに認められることは前に見た。

しかしこのことは、思春期以前に第二言語や第三言語を習得することが容易だという意味ではない。われわれの実験室で発見した興味深い事実を利用した最近の研究からそのことがよくわかる。[83] フランス語話者は、分節 /ba/ を単語 balcon より単語 balance の中で早く見つける。分節 /bal/ は balance より balcon の中のほうが見つけやすい。フランス語話者の被験者にとって、単語の最初の音節は、ほかの、それより短い、あるいは長い分節よりも認知しやすいのである。このことは英語話者の被験者にはあてはまらない。[84] フランス語話者はことばの連鎖を音節に区切ることによって単語に到達するが、英語話者の場合は事情が異なる。こうしたメカニズムはほかの言語を使う場合にも適用される。たとえばイギリス人はフランス語を話すとき、単語を音節に区切ることができない。一方、フランス人が英語を使うときは単語を音節に区切る傾向を示す。

では、バイリンガルの場合はどうなるのだろうか。たいていは、出生地がどこであれ、国際結婚で生まれ、二ヵ国語をまったく同じように話せる人と考えよう。「バイリンガル」とは、二ヵ国語をまったく同じように話せる人と考えよう。こうした子どもは、フランス語の音連鎖は音節に区切り、英語は別のやり方で音を区切って処理するのだろうか。ある研究によると、バイリンガルの子どもの行動には非常に幅があることが明らかになっている。[85] そこでわれわれは、バイリンガルの子どもにいくつか質問して、今後一ヵ国語しか用いられないとしたら何語を選ぶのか調査した。少なからぬ数の子どもが返答に窮したが、英語優位の被験者とフランス語優位の被験者に分けることができた。こうしてフランス語優位の被験者は音節化を用い、英語優位の被験者は音節化を行わないことが判明した。

したがって、非常にバランスの取れた条件の下におかれても、バイリンガルの人が、二つの、完全に単一言語的《モノリンガル》な行動を並置したように行動することはけっしてない。常に優位な言語が現れる。このため二つの言語のうちの一方は、いくつかの点で別の言語として処理されることになる。非常に早期であっても、われわれは第二言語を第一言語（すなわち、ほんのわずかな差であれ母語の地位を享受している言語）のように習得することはけっしてない。母語という媒介《バイアス》を通して行われる言語獲得は、学習の一般的過程とは別の専門化したメカニズムに基づいているのである。

＊　　＊　　＊

赤ん坊は、自然言語で用いられているすべての最小の差異を弁別することができる。赤ん坊は、話者やイントネーションや話す速度の変化を識別し、同時に、これらの変化を、大ざっぱな形で記憶している音節と関連づけることができる。[86] 普通はことばの全体的なパラメータに反応するが、適切な条件の下では発話を伝える音声信号のもっと細かな側面にも注意を向けることができる。赤ん坊がことばに対する生得的資質を備えていることはもはや疑問の余地がない。しかし非常に早期に、環境との接触によって、統計的規則性を取り込んで、母語となる言語に関与的なカテゴリーに自分の注意を限定するようになる。おそらく、ことばの総合的な特性は、特殊な特性より早期に獲得されるのだろう。イントネーションやそのほかの音声特性は生まれて二、三週間以前に、母音は六ヵ月以前に、また子音は満一歳になるまでに、それぞれコード化される。この、生まれつきの柔軟性の段階に続いて、諸構造が固まって一層有効になる時期が来る。そうなると、脳は普遍的モデルに従って機能するのみであることをやめて、文化的な多様性と特殊性の世界に参入する。同様に、大脳皮質の損傷がきわめて幼いときに起こっても、言語の習得に重大な影響を及ぼさないことがあるが、第一言語獲得の時期が過ぎてしまうと、結果は取り返しがきかないものとなる。[87] こうして脳は、生物学者が本能的学習と呼ぶものによく似たメカニズムのおかげで、われわれが言語を習得することができるように構造化されているのだと考えられる。[88] これこそが、人間性の基本的要素の一つ、たぶんもっとも本質的な要素である。

人類がコミュニケーションを行い、社会を築き、文化を伝達するためにきわめて重要な道具である言語は、遺伝的に伝えられる資質と人間の脳に固有な能力が基礎になっている。言語が出現するのは、脳に何もかもすべて学習する能力があるためではないのである。

結論　人間性と認知科学

人間という種に特有の心的能力は何なのだろうか。この問題はむかしは思弁やサロンのおしゃべりの種にすぎなかったが、この三十年ほどの間に、真に科学的に考察することができるようになった。その意味で、人間の行動と心的能力の研究は新時代に入ったことになる。言語学や心理学や神経生理学や情報科学など多くの学問分野から生まれた経験科学的な研究方法によって、事実によって反証可能な理論を練り上げること、常識に基づいた素朴心理学や、皮相な観察に基づく経験主義に着想を得たアプローチと袂を分かつことがようやく可能になった。

1　生気論の終焉

すでに見たように、素朴心理学は常識に基づいている。日常生活では素朴心理学の所見には頼るまいとしたり、無視できたりする人は誰もいないだろう。しかし、素朴心理学から導き出される、大ざっぱで間違いの多い直観は、行動を科学的に説明しようとする際には何の役にも立たない。もはや素朴物理学や素朴化学のレベルに留まろうとする科学者はいまい。ところが、素朴心理学は相変わらず人間諸科学に非常に大きな影響力を及ぼしている。人間諸科学は、物体が落下するのは「物体が下のほうを好むからだ」と主張していた時代の自然科学のレベルを脱し切れていないかのようだ。

素朴心理学は唯一不可分の特質ないしは実体、すなわち知能が人間にあると見なす。そしてこの知能を、すべての行動を説明する基本原理に仕立て上げる。すでに見たように、こうした考え方は循環論法で何の説明にもならない。それなのに、知能を実体的原理と考える傾向はまだ根強く生き残っている。その証拠に、知能は数量化し測定することができるという考え方がある。「知能テスト」の影響力を見れば、この前科学的とでも言うべき概念に現在もどれほど重みがあるかよくわかる。だが、この考え方は危険である。個人や集団の自然な序列化を可能にする唯一の客観的尺度があると示唆する考え方だからだ。ここからどんな脱線が起きるか想像がつく。

こうした思考様式は、地球は平らで宇宙の中心に位置していると考えたり、自然発生を信じたりするのと同様、根拠がない。知能は実体的原理ではなく、記憶や言語や心的表象や知覚や注意といった、一つ一つ別々の能力の集合である。そして、これらの能力がまたそれぞれ多くの専門化した過程に依存しているのである。「生命」と同様、知能は測定可能な量ではない。知能も生命も均質ではなく、両方とも種々雑多で独立した多くの現象を包含しているのである。このため「知能指数」とか「生命指数」とかの尺度を設定することは馬鹿げている。ちょうど、社会的地位を大腿骨の大きさや心臓の容積と結びつけたり、給料を心的表象の回転速度や短期的記憶力の良さに基づいて決めたりするのと同じようなものだ。(1)

生物学は自らの領域から生命原理の概念を締め出した。生物学が関心を寄せるのは、生物が個々の機能を果たしたり、自分の種に特徴的な特性を子孫に伝えるのを可能にするメカニズムだけである。心理学も、知能を根本的説明原理と見なして有り難がるのをやめて、知能的行動の構成要素だけに関心を持つべきである。困難な点を分割すること、問題にまるごと正面から取り掛かろうとはしないことこそ、そもそも科学的手続きの本来のあり方なのだ。われわれが探求していることを、一連のもっと定義のはっきりした、もっと控え目なサブ問題に分割して、一歩一歩進んでいかなくてはならない。こうすれば、次の段階で現象全体の複雑さがもっと良く理解できるようになるだろう。

心理学と認知科学はそのインスピレーションの源をどこに求めるべきなのだろうか。すぐに、物理学よりも生物学から着想を得るべきだと思われる。心理学では、似たような原因と似たような作用を持っているが、不変の物理的基礎を割り当てることができない行動を観察することがある。ソバーは、生物学の中心概念にもこうした特徴があることを証明した。(2) ダーウィンの適者生存の概念は、シマウマがライオンから逃げられる可能性が問題なのか、それとも昆虫がＤＤＴに免疫になる可能性が問題なのかによって違ったものになる。これらの生物はそれぞれ、ある能力に応じて選択されているが、シマウマの脚の資質と昆虫の消化管の資質の両方に共通する物理的基礎を見つけようとしても無駄だ。ところで機能的概念は、生物学と同様に認知心理学でも中心的な役割を果たしているように思われる。しかし、物理学ではそうではない。物理学でなく、生物学や認知科学で中心的であっても、この機能的概念には生気論的要素はまったく含まれていない。なぜなら、物理的に異なる二つのシステムが同一の機能を持つことはあり得るけれども、物理的に同一の二つのシステムは、当然、同一の機能を持つからである。

認知科学は、理論情報科学や生成言語学のような分野からも大いに学ぶべきことがある。これらの学問は、純粋に機械的な操作によって複雑な行動を分析する道具を与えてくれるからだ。これらの学問はまた、物質的システム（コンピュータ以上の物質的システムがほかにあるだろうか）が非常に複雑で、また予測困難な行動を示すことがあることを教えてくれる。

同じ一つのコンピュータが、（電気作用の点で）非常によく似た二つの物理的状態でまったく異なった行動を示すことがある。逆に、メモリの電気作用の配分が非常に異なるのに、非常によく似た行動を示すことがある。しかしながら、これらのコンピュータは、それらが展開しうるデータ構造と、これらデータ構造を処理する仕方というレベルで見れば、まったく正常に機能していることになる。したがって、心的過程を、内的表象に機械的に働きかける一つないし複数の抽象的機械になぞらえることによって、心的過程の解明が可能になるかもしれない、という期待を情報科学は持たせてくれる。生成言語学は、こうしたコンピュータ・モデルを言語に適用して成功した例の一つである。

本書で、心的表象、記憶、空間知覚、言語処理、推論、行動計画などについてなされたすべての研究を紹介できなかったことは言うまでもない。本書の目的はこうした研究を網羅的に説明することにはなかった。むしろ、例をいくつかあげて、心理現象研究の新しいアプローチのしかたを解説し、この方法が適切であることを示すことにあった。われわれの素朴な思い込みに反して、精神についていては、包括的な原理を持ち出したりせず、それ自体が知能を持たない諸メカニズムの存在だけを認めて、研究しなくてはならない。行動主義者は、真に科学的な心理学に不可欠なこうしたアプローチの重要性をすでに感じていた。しかし、きれい好きすぎて、心的状態とか内的表象とかといったものを一切すっかり排除してしまったため、産湯と一緒に赤ん坊まで捨ててしまったのである。すでに見たように、モジュール形式という考え方を採用すれば、この障害を回避することができる。

「精神」を構成するさまざまなシステムは、それ自体は「知能を持たない」諸手続きによって厳密に統御された機能を持つ自律的メカニズムなのである。こうした立場に立つとき、「自然主義的《ナチュラリスト》」で「機械論的《メカニスト》」なアプローチがその力を発揮する。

2 合理主義の復活と人間の恒常性

百五十年前、われわれが所有している魂は脳のなかに含まれているなどと主張する者がいたら、途方もない異端者にきまっていた。百年前、ひとびとは自分に備わったいくつかの機能は脳の属性だと見なす権利を獲得した。しかし依然として、人間の本質や情動や個性はまだ「精神」の領野に属していた。今日では、人間とは何かについてまだ神秘に包まれているが、人間の心理現象を研究するとき、たとえ研究の方法が生物学の方法とかけ離れているように見えても、われわれが対象とするのは生物学的現象である。

人間の認知装置はそれぞれ別々の自律的要素で構成されているという考えがいったん受け入れられると、今度はそれら要素の起源が問題になる。人間諸科学で長いこと支配的だった伝統では、われわれの能力は文化的・社会的環境に由来している、それゆえ人間のプロトタイプなるものを考えるのは邪道であると主張されていた。しかし、すでに見たように、人間の諸能力の科学的研究では、種のすべてのメンバーの認知装置は同一だと考えるほうがよい。「人間性 nature humaine」という概念は、認知科学における研究の指導原理にならなくてはならない。本書はそのことを立証しようとするものであった

諸認知能力は、思春期から老衰や老人病になるまでずっと安定している。そのためこれらの能力は、すべての人間において同等であると見なして研究し記述することができる。記憶や注意や言語の特性を機能的・形態的・生物学的観点から研究し、言語学や論理学などの研究分野と関連づけなくてはならない。さらに、認知能力が人間の神経システムにどのように埋め込まれているのか検討しなくてはならない。

心的能力は、一つのプロトタイプ、すなわち「理念化された人間 être humain idéalisé」を定義していると考えられる。(3) すべての人間が一つの自然言語をマスターし使用することを可能にする文法を持っていること、自分の欲望や信念に応じた行動の計画を立てることを可能にする生得的論理、公理、原理を持っていることは容易に確認できることではないだろうか。すべての人間が、自分の出会う状況を表象することができること、またその状況を表象する能力そのものを表象することができることは自明なことではないだろうか。(4) だとすると、言語学や論理学や数学は、部分的には人間の大脳の能力に関する理論なのである。大脳の能力は、環境がわれわれの遺伝形質に及ぼす選択的安定化のおかげで現実化する。環境はだから、われわれが為すこと考えることのすべてを説明し

ない。環境は種に特有な資質が実動的な知的能力に発達する際にある役割を演じるのである。たとえば生成言語学が認知科学に重要な貢献をするのはそのためである。ある人間がどのようにして「普遍文法」から中国語、フランス語、ヘブライ語といった個別文法に移行し得るのかを説明するのは、まさに生成言語学である。

本書は、特に心的機能の「初期状態」の研究が認知科学にとって重要なことを示した。人間である以上、赤ん坊は一定の遺伝形質を担っている。新生児において研究することができる初期状態は可能態の領域を定義している。それに対し、「安定状態」の研究、すなわち、人間のプロトタイプの恒常的で特徴的な諸認知能力の研究は、可能態に対して選択作用を及ぼす環境のなかでの実現可能態の領域を明らかにする。

人間は一定の遺伝形質を持って、したがって、その遺伝形質を表現する能力を持って生まれてくる。「人間に生まれる」ということは、ある安定した状態に達するために生まれるということを意味する。このテーゼはしかし、検討しなければならない、いくつかの問題を提起する。ある人間が生得的に、あるいは病気などである能力を欠いていたら、その人をもはや人間と見なさなくてもよいのだろうか。口のきけない人、目の見えない人、精神障害者、または、年をとって障害のある人は、人間という種に属するのだろうか(5)。この問題は簡単に見えて、実は簡単ではない。概念のなかには、たった一つの属性で定義できるものもある。たとえば、ある数が奇数か偶数か、素数かどうか見極めること、言い換えると、特定のサンプルが一般的概念と一致するかどうか見極めるのは簡単である。これに対して、概念の多くはいくつもの属性の組み合わせであるので、それほど簡単に定義できない。たとえばテーブルとは何か正確に述べるのは難しい。用途が参考になる。われわれがそこで作業をするもの、あるいはそこで食事をするもの、それをテーブルと呼ぶわけである。それでは、子どもがテーブルに傷をつけて遊んでいたら、なんと呼ぶことになるのだろうか。傷ついたテーブルとでも言うことになるのだろうか。子どもがノコギリで脚を一、二本切ってしまったらどうだろうか。まだテーブルだろうか。あなたはその物体をごみ箱に捨ててしまうかもしれない。もうテーブルではなく、役に立たない木切れ、残骸にすぎないということで。

人間についても同じことが言えるのだろうか。テーブルは単純で取り換え可能なモノである。人間は複雑で独自の存在である。われわれの態度は違ったものでなければならない。人間に固有の能力が一つ欠けているからといって、目の見えない人は人間であることをやめたりしない。とはいえ、われわれには特にケガをした人や体の弱い人に対して同情する傾向があるので辛い立場に立たされる。大切なお年寄りが死にかけているのを目の当たりにしたらどうなるだろうか。このお年寄りを正常に機能するのを停止した実用品と見なすことはできない。だからといって、苦しむままにしておくべきだろうか。生まれたばかりの赤ん坊に遺伝的障害のあることがわかっているときも同じことが当てはまる。こうした問題に対して、われわれは誰でも多かれ少なかれはっきりした意見を持っている。本書がめざしたのは何か別の意見を提示しようなどという大それたことではなく、考察や議論の枠組みを提供することにあった。こうした枠組みがなければ議論は単なる臆見の不毛な衝突にすぎなくなってしまう。

人間性という概念は、もう一つの反論に立ち向かわなければならない。すなわち、人間は一人一人独自な存在であり、「理念化された人間」とか普遍的な安定状態とかには還元できないという反論である。しかし、文化や個人が多様であっても、これら多様な文化や個人を可能にしている一般的メカニズムは、おおよそのところ同一なはずである。われわれはだから、この安定状態を記述するよう努めるべきなのである。例外的な個人が言ったりしたりしたこと、たとえばアインシュタインの理論やバルチュスの絵を基にするのではなく、相手が文字の読めない人であれ、大学教員であれ、または政治家であれ、オーストラリアの未開民族であれ、いずれの能力も同一であるレベルで研究すべきである。

確かに、眼鏡がなければ目が見えない人は何か欠けているように見える。ずば抜けた音楽的記憶を持っている人は優秀に見える。もちろん、ひとは一人一人違う。これは否定できない。しかし、こうした違いをすべて記述しようとしたら、これまでのどの百科事典よりも大部な本が必要になるだろう。世界そのものと同じくらい広大で中身の詰まった、無限のページ数の本が必要になるだろう。一人一人がその本で自分の属性、特質の網羅的リストを読むことになるだろう。しかし、新たに人が誕生するたびに記述の作業をやり直さなくてはならない。仕事は永遠に終わらない。

現実の複雑さと多様さに埋没するのではなく、現象を単純な、それゆえに一般的な要素に分析することによってはじめて、科学は始まり進歩するのである。真の意味で説明的な心理学理論を確立する途上で、人間のプロトタイプという概念はまさに単純化を可能にし、進歩を約束してくれる。しかし、すべての人間は同一だという主張は理にかなっているのだろうか。普遍的人間性という概念は、誰もが普通に観察することと矛盾するのではないだろうか。

単純化がまちがいであること、それどころか危険であることもある。ある医師が類似性だけに関心を持つあまり、血液中の抗原の多様性は無視するように部下たちに言ったとしよう。彼の病棟では輸血による死者が続出するだろう。ほかの医師や当局、そしてマスコミも、おそらくこの医師に釈明を求めるだろう。彼はこう白状することだろう。「間違えました。でもなによりも運が悪かったんです。差異というのは大部分偶然的なもので、あまり重要でない要因に関係したものです。でも、重要な規則性が隠れている差異もあり得ます。見込み違いでした……」。さまざまなタイプの変異をどう分類したらいいのだろうか。本質的な変異と表面的な変異をどう区別したらいいのだろうか。われわれはどうしたらこの医師と同じようなミスを犯さないと確信が持てるだろうか。

科学は、段階的に、普通は誤りをただすことによって、また単純化を提起することによって進歩する。ラマルクが獲得形質の遺伝という説を考え出したとき、データの有効な単純化を提起したように見えた。しかし、現代の生物学ではラマルク説は誤りだったことがわかっている。ニュートンが提起したすべての物体は真空中を同じ速さで落下するという説は、力学の強力な単純化だった。この単純化によって、科学の目ざましい進歩が可能になった。ラマルクの単純化は直観的には正しく見え、ニュートンの単純化は誤っているように見える。しかし、真実はその逆だ。どの仮説が正しいのか先験的に判断するのは難しい。

人間性の概念を擁護し、人間のプロトタイプの特徴を明らかにするということは必ずしも、個人差を配慮する心理学はすべて駄目だという意味ではない。研究の進歩を可能にする別の道を提起しているにすぎない。人類始まって以来、ある人間がほかの人間とそっくり同じだったことは一度もない。二人の人間の指紋が同じだったことも一度もない。しかしだからといって、すべての指紋に共通な特性を記述することの妨げにはならない。確かに指紋は一人一人異なるが、それは限られた範囲の可能性のなかの相違だ。同じように、手はすべて互いに異なるが、どの手も指はすべて五本で、どの指も親指以外は趾骨が三つある。現実が蔵しているのは無限の差異だけではない。現実は恒常的な特徴も示してくれる。これこそ、諸科学が研究対象とすべきものであり、科学的企ての正当性を基礎づけるものだ。

科学者が自分の観察している個々人の器官に固執するのをやめて、器官の一般的で不変のモデルを作り上げたとき、解剖学は科学になった。血液型は個々の人間を分類し差異を明らかにするのに役立つが、この血液型を発見したのは、差異にのみ注目する研究者ではなく、赤血球に運ばれる抗原の一般的特性を記述しようとした研究者である。ひとたび血液の基本的組成が決まると、ある種の血液型の不適合は遺伝形質に関連したある抗原が原因だということが明らかになったのである。しかし解剖学者も、先ほどのうっかり者の医者が陥った落とし穴にはまらない保証はない。彼も同じ危険に身をさらしている。解剖学でも、理論の単純化によるミスを取り除くように務めなくてはならないのである。

以上のことから、心理学はかなりはっきりした二者択一を迫られている。科学になることを諦め、いわば、個人差を永久に数え上げ続けることに甘んじるのか、それとも、個人差を無視して現実の表象を単純化して示そうとするのか、いずれか選択しなくてはならない。陽気なジャズマンと人づきあいが悪く何事にも上の空の数学者を区別しているものは、両者に共通なものに比べると微々たるものだ。二人とも、視覚的刺激や聴覚的刺激を認知し、安定したモノの出現する三次元の世界を構築し、音を位置づけ、物理的大きさを較べることができる。二人とも、記憶し、計算し、発話を行い理解することができる。両者が人類のほかのすべてのメンバーと共有する能力のリストは、長いものになるだろう。人間とは本当は何なのか提示しようとするのなら、心理学は人間に共通した、こうした特徴に専心しなければならないのである。

個人差を無視するからといって、認知科学が行き詰まることはない。逆である。認知科学はしかし航路を定めながら進む必要がある。そして、進歩に必要な単純化を発見し、仮説の説明力を向上させ、ますます増大する複雑さを図式の中に包み込み、誤った単純化を排除することに努めなければならない。行く手に落とし穴は多いが、これはどんな科学も辿る道である。科学は豊かさや不測のものを奪い去り、現実を無味乾燥なものにしてしまうというのは誤りだ。観察した多様性を、現象を説明し、組織化し、予測するための法則と突き合わせることこそ科学的記述の役目なのだ。理論的単純化によって世界の表象が貧弱になることはない。逆である。理論的単純化は、単純化しなければ隠れたままになっている局面を明らかにする。こうした明らかになった局面がさらにほかの仮説を、より強力な説明モデルを要求するのである。心理学もこの点では例外ではない。普遍的な人間性の存在を認めることは、人間を貧弱にすること、人間一人一人を無味乾燥で退屈な図式に還元することではない。むしろ、人間とは何なのかをついに発見するチャンスを自らに与えるということなのである。

訳者あとがき

本書はJacques Mehler, Emmanuel Dupoux : *Naître humain*, Editions Odile Jacob, 1990の翻訳である。

いま入手できるのは一九九五年に同じ出版社の"Opus"叢書に収められた版であるが、両者の間に異同はない。初版をそのまま縮小翻刻している。

それに対し本書の英訳 *WHAT INFANTS KNOW : The New Cognitive Science of Early Development*, Blackwell, 1994では、フランス語版にない節が増補されていたり、一部に変更が加えられていたり、削除されていたりしている。そのような場合には、著者を代表するメレール氏と相談の上、原則としてあとから出版された英語版に沿って翻訳した。ただし煩瑣にわたるのを避けるためいちいち断らなかった。

＊　＊　＊

お読みいただければ分かるとおり、本書は、四十年ほど前から目覚ましい発展を遂げてきた認知科学の成果を――乳幼児の視覚、聴覚、空間と物体の認知、自己および他者の認知、そして言語獲得のレベルで――多数の具体的な実験例を挙げつつ叙述し、同時にこの先端科学の土台を成す科学認識論、さらには人間観を展開した、一般教養書である。

フランス語では les sciences cognitives とほとんど常に複数形で、英語でもしばしば the cognitive sciences と表記されることからも窺えるように「認知科学」は、知の形成と運用の諸過程を解明することを目的とする、そして神経科学、心理学、言語学、人類学、コンピュータ科学などにまたがる、すぐれて学際的・総合的な科学である。

認知科学は、五〇年代にアメリカで主流であった行動主義心理学に反発したジェローム・ブルナーとジョージ・ミラーが提案して一九六〇年、ハーバード大学に認知研究センターが設置されたときに誕生したと言ってよい。後にブルナーは認知科学派の思考についての考え方をあまりに機械主義的と批判するようになったが、この二人は、ノーベル賞を受賞した経済学者ハーバート・サイモン、神経学者ドナルド・ヘッブ、言語学者ノーム・チョムスキー、哲学者ヒラリー・パトナムと共に、認知科学の始祖と見なされている。彼らの揚げた狼煙は、いささか古い比喩を用いると、まさに燎原の火のように広がり、三十数年後の今日、アメリカとイギリスの主要な大学のすべてに研究単位ないし研究計画が存在するという。人工知能開発の進歩や「二十一世紀は脳の世紀」と言われる風潮と無縁ではないだろう。

本書の著者ジャック・メレールは、一九八二年以来、フランスの社会科学高等研究院教授、八六年以来、国立科学研究機構（CNRS）の認知科学・心理言語学研究所所長を務めている。しかし（右のような認知科学の誕生と発展の経過を知れば納得がいくが）彼の研究者としての形成は、フランスではなく、イギリス、特にアメリカでなされた。心理学の輝かしい伝統にもかかわらず、認知科学においてはフランスはむしろ後発国であり、メレールはそのフランスに認知科学を導入した先駆者の一人であると言うべきなのであろう。

ジャック・メレールは一九三六年、スペインのバルセロナに生まれたが、早くアルゼンチンに移住し、中等教育を終えた後、五八年にブエノスアイレス大学で化学の学士号を取得した。その後、イギリスのオクスフォード大学（五八―五九年）を経てロンドン大学（五九―六一年）に学び、理学士号を取得した。さらにアメリカに渡り、ハーバード大学の認知研究センターの研究助手になり、六四年、心理学の学位を取得した。その後、同センターの給費研究員（六四―六五年）、マサチューセッツ工科大学心理学科の研究員（六五―六七年）として過ごした。まさに認知科学の誕生の場に立ち会ったわけである。

フランスに研究の場を得たのは六七年で、国立科学研究機構（CNRS）研究員に採用された。八二年以来の現職は右記のとおりであるが、内外での活躍は目覚ましいものがあり、国内ではパリ第八大学、エコル・ノルマル・スュペリユール、パリ第六大学、外国ではブリュッセル自由大学、ニューヨーク市立大学、カリフォルニア大学、ラトガーズ大学、ペンシルバニア大学、バルセロナ大学などで教育研究活動を行っている。また八三年以来、MIT認知科学センターの協力研究員にもなっている。

他方、共著者のエマニュエル・デュプーは一九六四年パリ生まれ。エコル・ノルマル・スュペリユール卒業後、八九年にメレールの指導の下、認知心理学の学位を取得した。現在は社会科学高等学院助教授である。メレールと同じく、ラトガーズ大学、ペンシルバニア大学で、また、アリゾナ大学、さらにはドイツのマックス・プランク研究所で研究活動を行った経験を持っている。

ジャック・メレールは今日までにすでに三、四回来日している。最初に訳者たちが会ったのは、一九九三年十二月、獨協大学が主催した「言語音の認識と音韻論」をテーマとする国際フォーラムの際であった。この会議は、日本の他、アメリカ、オランダ、カナダ、スペイン、フランス、ドイツ、ベルギー、台湾から、認知科学、心理言語学、音韻論、実験音声学、工学、医学の諸分野の研究者が参加した大規模なものであった。休憩の時間、訳者たちもメレールと懇談する機会を得ることができたが、フォーラム開催の主導者であった波多野誼余夫教授とは長年の交流をつうじて親密な間柄であることを知った。

二回目に会ったのは九六年十二月で、科学研究費重点領域研究「心の発達——認知的成長の機構」グループに招聘されたとのことである。このときは訳者のひとり増茂が会って、翻訳の進行状況を報告した。

はじめに述べたように本書は一般教養書であるが、その著者は認知科学の最先端をリードする研究者であることがお分かりいただけたかと思う。波多野教授のご教示によると、専門家の間では、ヨーロッパを代表する認知心理学の学術誌として定評のある *COGNITION, International Journal of Cognitive Psychology* の精力的な主幹としても知られているとのことである。

*　*　*

本書の英語版には、メレールが「謝辞」のなかでその名を挙げているロンドンの医学研究カウンシル・認知発達部門のジョン・モートンの評言が転載されている。

ジャック・メレールとエマニュエル・デュプーはここ二十年間の幼児の実験的研究の精髄を科学的厳密さと著者たちの人柄が見事に反映した書物の形で提示することに成功している。読者は幼児の立場から世界を見、そして聞くことができるだろう。さらに、何が遺伝子によって与えられるものであり、何が学習されるものであるかを知ることだろう。……本書は思想の最前線を広範な読者層にわかりやすく説いた書物である。

また、マサチューセッツ工科大学認知神経科学センター所長スティーヴン・ピンカーは「興味深く、よくまとまった、科学的に精確でアップトゥデイトな本である。……メレールとデュプーは生き生きした事例とメタファー、そして的を射た言い回しを駆使している」と述べて推薦している。

このピンカーは一九八八年にメレールと *Connections and symbols*, MIT Press を共同編集しているから旧知の間柄であるが、メレールの本の英訳が出た一九九四年に *The Language Instinct* を著し大評判を取った。わたくしの手元にあるのはペンギン・ブックスのペーパーバック版であるが、「まえがき」の謝辞の中で、「サイバースペースをつうじて」いろいろな質問に答えてくれた人々の一人としてメレールの名前を挙げている。いまや、同じ専門の研究者どうし、コンピュータ・ネットワークをつうじて時空の距離なしの交流をしていることがここでも確認できる。

ピンカーの著作は言語の構造と機能を、メレールと同じく言語生得説（『言語本能』説）に立ちつつ、機知とユーモアにあふれた筆致で縦横無尽に論じたものである。まことに「おもしろおかしい」本であるが、内容のレベルの高さと科学的精確さについては日本におけるチョムスキー研究の第一人者である原口庄輔・筑波大学教授が「解説」で保証しておられる。原文のニュアンスを見事に掬い取った椋田直子氏の才気煥発な歯切れのよい翻訳が出ているので、ぜひ一読をお勧めする

（『言語を生み出す本能』上下二巻、ＮＨＫブックス）。

メレールの本は一九九〇年の出版だが、昨年、同じ出版社から次の本が出た。

Bénêdicte de Boysson-Bardies : *Comment la parole vient aux enfants*, 289p. Editions Odile Jacob, 1996

著者のボアソン＝バルディはパリ第五大学・実験心理学研究所教授で、幼児の言語獲得を専門とする心理言語学者であるが、冒頭の謝辞の中で、自分に認知科学を手ほどきしてくれた二人の人物の一人としてメレールを挙げ、また、本の一部に目を通し、助言してくれた者たちの一人としてデュプーの名を引いている。

文字どおりには「いかにしてコトバは子どもたちにやってくるか」という意味のタイトルから窺えるように、この書は、誕生から二十四ヵ月までの間に幼児が言語にアクセスしていく諸段階を、多くの実験例に依拠しつつ、きわめて手堅く生真面目に（「ピンカーと違って」と付け加えるべきか？）記述している。本書第Ｖ部の延長線上にある、そしてその後の研究成果をも取り込んだ書である。できれば訳者たちの手で翻訳紹介したいと考えている。

＊　＊　＊

本書は、乳幼児の認知行動、言語獲得過程を記述し、新たな学問である認知科学を紹介しているわけであるが、それと同時に、タイトルが示すように「人間として生まれる」ことの意味、人間性の意味を問う野心を隠していない。la nature humaine とは辞書によれば「人間を定義する、人間に固有な性質、属性の総体」のことであるが、古来さまざまな内容が盛り込まれてきた多義的な、ないしは曖昧な表現である。メレールは認知科学を「人間性の科学」であると定義し、その人間性を構成する認知能力や言語能力は人間という種に固有の遺伝形質によって決定されていると主張し、われわれの内部にあってわれわれの心的活動を統御するホムンクルスとしての「意識」の存在を否定する。

このテーゼが哲学に対しゆゆしい挑戦であり得ることを見てとるのは易しい。はじめに認知科学がすぐれて学際的・総合的な科学であることに触れた際、関連する領域の一つとして敢えて「哲学」の名を挙げなかった。しかし、知覚といい、記憶といい、思考といい、言語能力といい、いずれも古来の哲学の主要関心事ではなかったか？　諸学の女王・哲学は十九世紀以来、物理学、化学、生物学などの自然諸科学、歴史学、社会学、人類学、言語学、論理学、そして心理学などの人文諸科学にその領分を浸食され続けてきた。人間の心的活動はそれぞれが一つの能力を担当し、自律的に作動する複数の機能的単位（モジュール）から構成されているのだ、均質な一つの実体としての「意識」は存在しないのだということになると、フランスの高等学校で必修科目である哲学の教科書は大幅に書き換えなくてはならなくなる。いや、そればかりか、これからの時代、神経科学や心理学、言語学、論理学、情報科学などの分野で高度に専門化した実験的・理論的研究にたずさわった経験のない「哲学」者が、世界について、人間性について、単なるおしゃべり以外の、あるいは無知とルサンチマンに発する科学「批判」以外の何を発言しうるのか、ということになりはしないであろうか？　今後はむしろ、個別科学の専門的研究者がそれぞれの分野で得られた科学的な裏付けのある知見を一般的、普遍的レベルに高め、従来、哲学の領分とされてきた問題について発言する形が正常になるのかも知れない。

フランスのエリート校であるエコル・ノルマルで、優秀な学生がフランス文学の研究をめざさなくなって久しいが、だいぶ前から、哲学よりも社会科学を、あるいは本書の著者の一人であるデュプーのように心理学など経験的実験的な学問のほうを志すようになっているのは偶然ではないようだ。

認知科学を構成する諸科学にまったくの門外漢であるわたくしが本書に強い関心を抱いたのは、この本が持っている、そのような哲学的射程をおもしろく思ったためである。メレールはデカルト流の心身二元論に反対であるが、科学方法論においては、デカルトの名を引いてはいないが、徹底したデカルト主義者、合理主義者である。俗耳に入りやすい安っぽい理性批判論が横行する今日、胸のすく思いがする。

＊　＊　＊

一九九三年、東京大学教養学部に大学院総合文化研究科の一環として言語情報科学専攻が新設され、わたくしはその言語習得論講座の所属となり、定年までの三年間を過ごした。言語情報科学専攻には社会人入学制度が設けられたが、増茂和男氏はその社会人第一期生の一人として入学し、わたくしの演習に参加した。そのときに教材として使用したのが本書である。

翻訳の作業は増茂氏がまず訳文を作成し、それにわたくしが手を加え、それを増茂氏が打ち直すという形で進行した。したがって最初から最後まで全面的に二人の共同作業である。

四十数年前同じ高等学校を同期で卒業したというご縁に甘えて、波多野誼余夫教授にはメレール氏に紹介していただいたり、連絡の労を取っていただいたり、さらに専門用語索引に目を通していただくなど、たいへんお世話になった。ここに記して感謝申し上げる。もちろん、訳文・訳語等に不適切な点があれば、それはひとえに非専門家である訳者たちの責任であることをお断りしておく。

大学院の新しい専攻課程の設立のためにまったく何のお役に立つこともできなかったが、発足後は、新しい分野の勉強をさせてもらうという恩恵に浴することができた。教養学部の大学院重点化の総指揮を執られた渡辺守章氏、同氏に協力して言語情報科学専攻の設立に尽くされた山内久明氏、山中桂一氏のお三方に、訳者たちの心からの感謝のしるしとして、まことにささやかではあるが、本訳書を捧げる次第である。

ここ数年間、千人規模の国際会議を準備し開催する仕事に忙殺されてきたため、訳書の完成が大幅に遅れてしまい、たいへんご迷惑をかけてしまったことをメレール氏と藤原良雄氏にお詫び申し上げる。

最後になったが、訳者たちを辛抱強く支えてくださった編集部の山本規雄氏にもお詫びと共に感謝を申し上げたい。

一九九七年九月一日

加藤　晴久

(83) Mehler, Dommegues, Frauenfelder et Segui (1981).
(84) Cutler, Mehler, Norris et Segui (1983).
(85) Cutler, Mehler, Norris et Segui (1989).
(86) Beroncini, Bijeljac-Babic, Jusczyk, Kennedy et Mehler (1988).
(87) Lenneberg (1967).
(88) Gould et Marler (1987).

結論　人間性と認知科学

(1) このことは，多くの研究で定期的に行われているＩＱテストが無効だとか，誤った科学の一例だとかいう意味ではない。実際には，ＩＱテストは，「被験者の持っている，相互に関連性のない，時間で区切られた，ひとまとまりの人工的作業に集中して取り組む協調性と能力」のようなものをきわめて正確に反映する。こうしたことは「知能」とは関係のないものかもしれないが，たとえば，ある実験作業についてさまざまな母集団の達成度を比較する際に，照査したくなる変数ではある。
(2) Sober (1984).
(3) この命題は，認知科学の合理主義的な潮流の発展をチョムスキーの後を追って1950年代からたどってきた者にとっては親しみのあるものだ。
(4) 多くの理論家が，この驚くべき再帰的表象能力に気づいていた。しかし，この概念がすべての認知理論にとって重要だということを主張したのは，Dan Sperber だった。
(5) Müller-Hill (1989)。

変化を弁別できることがわかっている。
(58) Starkey et Cooper (1980), Starkey, Spelke et Gelman (1983), Strauss et Curtis (1981), Moore, Benenson, Resnick, Peterson et Kagan (1987).
(59) Bijeljac-Babic, Bertoncini et Mehler (近刊).
(60) Blumstein et Stevens (1980).
(61) Bertoncini, Bijeljac-Babic, Blumstein et Mehler (1987).
(62) Grieser et Kuhl (1989).
(63) Kuhl (1991).
(64) Dupoux et Mehler (1990).
(65) Miller et Liberman (1979).
(66) Miller et Eimas (1983).
(67) Northern et Downs (1974).
(68) Eimas, Siqueland, Jusczyk et Vigorito (1971).
(69) Kuhl et Miller (1975).
(70) Kluender, Diehl et Killeen (1987).
(71) Kuhl (1990).
(72) Miller, Weir, Pastore, Kelly et Dooling (1976).
(73) Eimas (1974).
(74) Miller et Eimas (1983), Eimas et Miller (1980b).
(75) Eimas (1975).
(76) Trehub (1976).
(77) Trehub (1976), Streeter (1976), Werker, Bilbert, Humphrey et Tees (1981).
(78) Werker et Tees (1983).この本の原本（フランス語版）が刊行されて以来，少なくとも母音については，12ヵ月という年齢を引き下げて再検討しなければならないかもしれない。P. Kuhl ら（1992）は，生後6ヵ月の赤ん坊が自分の周囲の言語の母音に反応することを明らかにした。母音の質はスウェーデン語と英語では同一ではない。Kuhl らは，スウェーデン人の赤ん坊とアメリカ人の赤ん坊の行動が，母音については生後6ヵ月までに違ったものになることを証明した。こうした差異を説明するには，赤ん坊はすでに生後6ヵ月までに母語の母音に関与的な特性を引き出している，と見なすしかない。
(79) Best, McRoberts et Sithole (1988).
(80) Werker et Tees (1984).
(81) Mann et Liberman (1983).
(82) Joshi (1985).

(30)　Fodor (1983).
(31)　Eisenberg (1976), Aslin (1987), Aslin, Pisoni et Jusczyk (1983).
(32)　Colombo et Bundy (1983).
(33)　Mills et Meluish (1974).
(34)　Mehler, Bertoncini, Barrière et Jassik-Gerschenfeld (1978).
(35)　Fernald (1985).
(36)　DeCasper et Fifer (1980).
(37)　Spence et DeCasper (1987).
(38)　Mehler, Lambertz, Jusczyk et Amiel-Tison (1987), Mehler, Jusczyk, Lambertz, Halsted, Bertoncini et Amiel-Tison (1988).
(39)　この信号は母親の声を知覚するときに胎児が聞くものに似ている。
(40)　Bahrick et Pickens (1988).
(41)　Hirsh-Pasek, Kemler Nelson, Jusczyk, Druss et Kennedy (1987).
(42)　Querleau et Renard (1981).
(43)　Spence et DeCasper (1987), Lecanuet, Granier-Deferre, DeCasper, Maugeais, Andrieu et Busnel (1987).
(44)　Liberman (1970), Liberman et Mattingly (1985).
(45)　Lecours et Lhermitte (1979), p.29.
(46)　Lenneberg (1967).
(47)　Entus (1977), Vargha-Khadem et Corballis (1979), Bertoncini, Bijeljac-Babic, McAdams, Peretz et Mehler (1989).
(48)　Best (1988).
(49)　Entus (1977) が行った研究はまだ詳しくは公表されていないが，同様の結果になった。一方，Vargha-Khadem および Corballis (1979) は，生後10週ごろに機能的非対称性が存在しないことを示唆する結果を得た。Bertonciniら(1989) は，より精密な実験テクニックを用いた。そのため，ここで記述した行動を観察することができた。
(50)　Ohman (1966).
(51)　Mehler (1981), Mehler, Dupoux et Segui (1990).
(52)　Savin et Bever (1970), Segui, Frauenfelder et Mehler (1981).
(53)　Morais, Cary, Alegria et Bertelson (1979), Morais, Bertelson, Cary et Alegria (1986).
(54)　Jakobson et Waugh (1980).
(55)　Bertoncini et Mehler (1981).
(56)　Trehub et Chang (1977).
(57)　Jusczyk et Thompson (1978)，さらに Gottlieb et Karzon (1985) が行った実験のおかげで，赤ん坊が二音節の辞項のうちの片方の音節内の

うした決定要因に限られるわけではない。

V　言語の生物学的基礎

(1)　Kellog et Kellog (1933).
(2)　Hayes (1951).
(3)　Premack et Schwartz (1966).
(4)　Gardner et Gardner (1969).
(5)　Seidenberg et Pettito (1979).
(6)　Premack (1971, 1976).
(7)　Lane (1979) は聾唖者の言語の起源に関する優れた歴史的研究である。
(8)　Lane (1979), pp.83-84.
(9)　Klima et Bellugi (1979).
(10)　Peritto et Marentette (1991).
(11)　Brown et Bellugi (1964).
(12)　Landau et Gleitman の魅力的な著作 (1985) を参照のこと。
(13)　Broca (1865).
(14)　James (1893).
(15)　Segalowitz et Bryden (1983).
(16)　Sperry (1974).
(17)　Wada (1949).
(18)　Goldman-Rakic (1985).
(19)　Fodor (1983).
(20)　Gall (1835).
(21)　Flourens (1842).
(22)　Lashley (1950).
(23)　Benson, Segarra et Albert (1974).
(24)　Sacks et Wasserman (1987).
(25)　Signoret, van Eeckhout, Poncet et Castaigne (1987).
(26)　Basso et Capitani (1985).
(27)　一方の半球だけにデータを提示するため次のような方法がとられた。それぞれの網膜の右側は解剖学的に左半球とつながっているので（左側はこの反対），ある単語を注視点の左か右で一瞬パッと照らすことによって，片側の半球だけが刺激されるようにすることができる。
(28)　こうした現象に関する議論は Sperry (1974) を参照のこと。
(29)　Warrington et Shallice (1980, 1984).

(12) Maurer et Barrera (1981).
(13) Morton et Johnson (1991), Dannemiller et Stephens (1988).
(14) Johnson et Morton (印刷中), Morton et Johnson (1991).
(15) Barrera et Maurer (1981).
(16) Field, Cohen, Garcia et Greenberg (1984), Bushnell et Sai (1987).
(17) Bertenthal, Proffitt et Cutting (1984).
(18) とはいえ，われわれの思考が100パーセント有効ではないこともある。本書の著者の一人は，飛行機のパイロットをあまり信頼していない。しかし，恐れがあるからこそ，危険を回避するのに役立っているのだと思われる。要するに，われわれはトカゲと大差のない存在なのである。
(19) Woodruff et Premack (1979).
(20) Wimmer et Perner (1983).
(21) ピアジェの研究業績，また並びに，ピアジェの体系に対する主な批判の文献リストが，ロワヨモンのシンポジウムの記録〔邦訳『基礎人間学(上・下)』(1979，平凡社)〕に収められている。このシンポジウムで，チョムスキーとピアジェの間で論争があった。Piatelli-Palmarini (1980) を参照のこと。
(22) Mehler et Bever (1967).
(23) Wellman et Bartsch (1988).
(24) Mehler et Bever (1967), Mehler (1971, 1974, 1982).
(25) MacGarrigle et Donaldson (1974-1975).
(26) 子どもは成人レベルの信念・欲望を発達させなくてはならないと述べている文献はあまり信用できない，と最近フォーダーが主張した。子どもは成人と同じ信念・欲望の心理学を持っているのだが，できるだけ難しい計算をしないようにしているのだという。
(27) Leslie (1987).
(28) Dasser, Ulbaek et Premack (1989).
(29) Fodor (1975).
(30) われわれはマムシや木を同類と見なすことはない。こうした資質を持っているからこそ，われわれは独りで生きていけるようになるまで子どもを保護しようという気持ちになるのである。そうだからと言って，人間は「善良な未開人」ではない。社会的規模で見ると，犯罪や戦争を繰り返している。言語や知覚が生得的な資質に基づいているとしても，『オデュッセイア』や中世の『バラ物語』が，人間の遺伝形質の一部を成していると言うのは馬鹿げている。人間は，遺伝形質を基にして，自由裁量や創造性が備わった構築物を練り上げる。これは社会的関係についても同様である。人間存在は社会で生きるように定められている。かといって社会生活がこ

(32) Diamond et Goldman-Rakic (1989) の考え。
(33) Bower (1977).
(34) Aronson et Rosenbloom (1971).
(35) Spelke (1981).
(36) Spelke (1976).
(37) Spelke et Owsley (1979).
(38) 赤ん坊には，ことばと一つ一つの顔の動きが対応するという観念があるのだろうか。MacKain, Studdert-Kennedy, Spieker et Stern (1983)は，すでに生後五ヵ月で，顔の映像と「ママ (mama)」,「ズズ (zouzou)」といったシラブルが関連づけられることを示した。Kuhl et Meltzoff (1984)は，単母音についても同じ現象を観察した。
(39) Lewkowicz (1985).
(40) Meltzoff et Borton (1979).
(41) Bahrick (1988).
(42) Starkey et Cooper (1980).
(43) Treiber et Wilcox (1984), Strauss et Curtis (1981).
(44) Antell et Keating (1983).
(45) Starkey, Spelke et Gelman (1983).
(46) Wynn, K. (1992)

IV　自己と他者

(1) Peiper (1963) は，例として Buhler et Hetzer，また Guernsey et Kaila の研究を引用している。彼らは皆，新生児に模倣行為が認められると報告している。
(2) Maratos (1973, 1982).
(3) Hayes et Watson (1981), Koepke, Hamm, Legerstree et Russell (1983), McKenzie et Over (1983).
(4) Abravanel et Sigafoos (1984), Fontaine (1984), Field, Cohen, Garcia et Greenberg (1986).
(5) Meltzoff et Moore (1977, 1983).
(6) Tinbergen (1953).
(7) Bower (1979), p.304.
(8) Jacobson et Kagan (1979).
(9) Meltzoff (1988).
(10) Goren, Sarty et Wu (1975).
(11) Maurer et Young (1983).

III 世界とモノ

(1) Piaget (1966).
(2) Held, Birch et Gwiazda (1980).
(3) Fox, Aslin, Shea et Dumais (1980).
(4) Gibson (1966).
(5) Yonas et Granrud (1985).
(6) Held, Birch et Gwiazda (1980).
(7) Abramov, Gordon, Hendrickson, Hainline, Dobson et Laboussier (1982).
(8) Held (1985).
(9) Bower, Broughton et Moore (1971).
(10) Yonas, Bechtold, Frankel, Gordon, McRoberts, Norcia et Sternfels (1977).
(11) Alégia et Noirot (1978, 1982).
(12) Aronson et Rosenbloom (1971).
(13) Wertheimer (1971).
(14) McGurk et Lewis (1974), McGurk, Turnure et Creighton (1977), Butterworth et Castillo (1976).
(15) Muir et Field (1979).
(16) Clarkson, Clifton et Morrongiello (1985).
(17) Clifton, Morrongiello, Kulig et Dowd (1981).
(18) Boring (1942) の p.263 で引用。
(19) McKenzie, Tootell et Day (1980).
(20) Granrud (1987), Slater, Mattock et Brown (1990).
(21) Day et McKenzie (1973).
(22) Caron, Caron et Carlson (1979).
(23) Slater et Morison (1985).
(24) Kellman et Spelke (1983).
(25) Spelke (1985).
(26) Mehler et Fox (1985) で引用。
(27) Schwartz (1982).
(28) Bower et Patterson (1972).
(29) Bower et Wishart (1972).
(30) Baillargeon, Spelke et Wassermann (1985).
(31) Baillargeon et Graber (1987).

(8) Aslin (1987), Sinott, Pisoni et Aslin (1983), Trehub, Schneider et Endman (1980). Eisenberg (1976) と Aslin (1987) の研究に，赤ん坊の感覚と弁別機能についてきわめて優れた総括が見られる。

(9) Eisenberg (1976).

(10) この差は，視覚と聴覚のそれぞれに対応する神経繊維のミエリン化〔第II部注(36)参照〕状態を比べてみると特に印象的である。

(11) Lewkowicz (1985, 1988)

(12) Whorf (1956).

(13) Berlin et Kay (1969).

(14) Lantz et Stefflre (1964) 並びに Lenneberg (1967).

(15) Bornstein, Kessen et Weiskopf (1976).

(16) Bornstein (1985).

(17) Oxbury, Oxbury et Humphrey (1969).

(18) Bomba et Siqueland (1983).

(19) Bomba (1984).

(20) Fisher, Ferdinandsen et Bornstein (1981), Bornstein, Ferdinandsen et Gross (1981).

(21) Bornstein et Krinsky (1985).

(22) こうした説を実際に提唱している実験者もいる。

(23) Ehrenfels (1890).

(24) Herlse et Page (1988).

(25) Köler (1959), Koffka (1935).

(26) Bertenthal, Campos et Haith (1980).

(27) Antell et Carton (1985).

(28) Van Giffen et Haith (1984).

(29) Milewski (1979).

(30) Slater, Morison et Rose (1983).

(31) Bower (1967, 1972).

(32) Kellman et Spelke (1983).

(33) Milewski (1976).

(34) Bushnell (1979).

(35) Ghim Hei-Rhee et Eimas (1988).

(36) 神経繊維（＝軸索）が絶縁・保護の鞘（＝ミエリン）で被われる過程。

(37) Chang et Trehub (1977), Demany, McKenzie et Vurpillot (1977), Mehler et Bertoncini (1979).

(15)　Ewert (1987) のまとめを参照のこと。
(16)　Pavlov (1972).
(17)　Skinner (1959).
(18)　この用語は紛らわしい。というのも，この用語は，不思議な力が自分を動かしていつも同じ行動を繰り返させていると，ハトが考えているかのように暗示しているからである。むしろここでは，オペラント条件づけが根本的に知能を欠いた性質のものだということを示している。
(19)　Lawrence et De Rivera (1954).
(20)　別の言い方をすれば，このチンパンジーは食べ物を得るために「巡回セールスマン」(Menzel, 1973) の難問を解決する。
(21)　Piaget (1973), p.23.
(22)　Lorenz (1958).
(23)　Changeux (1983).
(24)　Marler (1970), Marler et Peters (1982), Notebohm (1984), Changeux et Dehaene (1984).
(25)　Gregory (1987).
(26)　Chomsky (1975).
(27)　Lenneberg (1967).
(28)　Walk et Gibson (1961).
(29)　Changeux et Dehaene (1989).
(30)　Amiel-Tison et Grenier (1986), Peiper (1963).
(31)　Zelazo, Zelazo et Kolb (1972).
(32)　Siqueland et DeLucia (1969) が，さまざまなタイプの刺激に対する馴化の差異が有意義であることをはじめて示した。
(33)　Held ほか (1980) は，Fantz (1963) が案出したもう一つの方法（＝選好注視法）を用いた。

II　見ることと聞くこと

(1)　Gwiazda, Brill, Mohindra et Held (1978), Gwiazda, Wolfe, Brill, Mohindra et Held (1980).
(2)　Adams (1987).
(3)　Shepherd, Fagan et Kleiner (1985).
(4)　Annis et Frost (1973).
(5)　Adams et Maurer (1984).
(6)　Thomas et Autgarden (1966).
(7)　Schneider, Trehub et Bull (1980).

原　注

I　人間の行動を説明する

(1)　Galaburda, Rosen et Sherman (1989).
(2)　Norman (1988).
(3)　Reason (1989).
(4)　Bruce (1988).
(5)　さらにLoftus (1979) は，尋問のときに，「壊れた（その）街灯を見ましたか」といった質問で暗示して，街灯や塀などの，実際に存在しないモノを目撃者の記憶に挟み込ませるのが可能なことを示した。一週間後にテストされると，目撃者は自分が見た通りではなく，尋問のときに暗示をかけられた無関係の要素を付け加えて場面を再構成する傾向を示した。
(6)　この箇所はS. Moscovici (1981) の社会的な影響に関する多くの研究に負っている。
(7)　Loftus (1979).
(8)　Hadamard (1945).
(9)　Freud (1971).
(10)　Humphrey (1951) によって，この作業についてすぐれた記述が行われている。
(11)　Ericsson et Simon (1984).
(12)　人工知能研究の創始者の一人が，教え子の一人に休暇中の宿題として視覚の問題を解決するように命じたことがあった。
(13)　知識の抽出や専門家知識のコンピュータ化は現在では一つの工学（テクノロジー）になっている。これを専門にする人は自らを「コグニティシヤン」と称している。名前と実体は異なり，「コグニティシヤン」という名称は認知科学（シヤンス・コグニティヴ）とあまり関係がない。
(14)　行動主義者のある者たちはこの点できわめて明快である。たとえばLieberman (1984) は，「チョムスキーの不変の核の形態規則は煎じ詰めればトカゲがしっぽを動かすしかたと関係づけることができる」と述べている。

childhood in the perception of non-native speech sounds. *Canadian Journal of Psychology, 37,* 278-86.

Werker, J. F. & Tees, R. C. (1984). Cross-language speech perception: Evidence for perceptual reorganization during the first year of life. *Infant Behavior and Development, 7,* 49-63.

Werker, J. F. & Logan, J. S. (1985). Cross-language evidence for three factors in speech perception. *Perception and Psychophysics, 37,* 35-44.

Wertheimer, M. (1971). Psychomotor coordination of auditory and visual space at birth. *Science, 134,* 1692.

Whorf, B. L. (1956). *Language. Thought and Reality.* Cambridge, Mass.: MIT Press. (『言語・思考・現実』池上嘉彦訳, 1993年, 講談社学術文庫)

Wimmer, H. & Perner, J. (1983). Beliefs about beliefs: Representation and constraining function of wrong beliefs in young children's understanding of deception. *Cognition, 13,* 103-28.

Woodruff, G. & Premack, D. (1979). Intentional communication in the chimpanzee: The development of deception. *Cognition, 7,* 333-62.

Wynn, K. (1992). Addition and subtraction by human infants. *Nature, 358,* 749-50.

Yakovlev, P. I. & Lecours, A. R. (1967). The myelogenetic cycles of regional maturation of the brain. In A. Minkowski (ed.), *Regional Development of the Brain in Early Life.* Oxford: Blackwell.

Yonas, A., Bechtold, G., Frankel, D., Gordon, F. R., McRoberts, G., Norcia, A., & Sternfels, S. (1977). Development of sensitivity to information for impending collision. *Perception and Psychophysics, 21,* 97-104.

Yonas, A. & Granrud, C. E. (1985). The development of sensitivity to kinetic, binocular and pictorial depth information in human infants. In D. Ingle, M. Jeannerod & D. Lee (eds.), *Brain Mechanisms and Spatial Vision,* Dordrecht: Martinus Nijhoff Press.

Zelazo, P. R., Zelazo, N. A., & Kolb, S. (1972). "Walking" in the newborn. *Science, 176,* 314-15.

(『動物のことば――動物の社会的行動』渡辺宗孝ほか訳, 1955年, みすず書房)
Trehub, S. E. (1976). The discrimination of foreign speech contrasts by infants and adults. *Speech Development, 47,* 466-72.
Trehub, S. E. & Chang, H. W. (1977). Speech as reinforcing stimulation for infants, *Developmental Psychology, 13,* 170-71.
Trehub, S. E., Schneider, B., & Endman, M. (1980). Developmental changes in infant's sensitivity to octave-band noises. *Journal of Experimental Child Psychology, 29,* 282-93.
Trehub, S. E., Bull, D., Schneider, B. A., & Morongiello, B. A. (1986). PESTI : A procedure for estimating individual thresholds in infant listeners. *Infant Behavior and Development, 9,* 107-18.
Treiber, F. & Wilcox, S. (1984). Discrimination of number by infants. *Infant Behavior and Development, 7,* 93-100.

Van Giffen, K. & Haith, M. M. (1984). Infant visual response to gestalt geometric forms. *Infant Behavior and Development, 7,* 335-46.
Vargha-Khadem, F. & Corballis, M. (1979). Cerebral asymmetry in infants. *Brain and Language, 8,* 1-9.

Wada, J. (1949). A new method for the determination of the side of cerebral speech dominance : A preliminary report on the intracarotid injection of sodium amytal in man. *Medical Biology, 14,* 221-22.
Walk, R. D. & Gibson, E. J. (1961). A comparative and analytical study of visual depth perception. *Psychological Monographs, 75,* 15.
Warrington, E. & Shallice, T. (1980). Word-form dyslexia, *Brain, 103,* 99-112.
Warrington, E. & Shallice, T. (1984). Category specific semantic impairments. *Brain, 107,* 829-54.
Weiskrantz, L. (1986). *Blindsight : A case study and its implications.* Oxford : Oxford University Press.
Wellman, H. & Bartsch, K. (1988). Young children's reasoning about beliefs. *Cognition, 30,* 239-77.
Werker, J. F., Gilbert, J. H. V., Humphreys, G. W., & Tees, R. C. (1981). Developmental aspects of cross-language speech perception, *Child Development, 52,* 349-55.
Werker, J. F. & Tees, R. C. (1983). Developmental changes across

Slater, A., Mattock, A., & Brown, E. (1990). Size constancy at birth: Newborn infant's responses to retinal and real size. *Journal of Experimental Child Psychology, 49,* 314-22.

Sober, E. (1984). *The Nature of Selection.* Cambridge, Mass.: MIT Press.

Spelke, E. S. (1976). Infant's intermodal perception of events. *Cognitive Psychology, 8,* 553-60.

Spelke, E. S. (1981). The infant's acquisition of knowledge of bimodally specified objects. *Journal of Experimental Child Psychology. 31,* 279-99.

Spelke, E. S. (1982). Perceptual knowledge of objects in infancy. In J. Mehler, E. Walker & M. Garrett. (eds.), *Perspectives on Mental Representation.* Hillsdale, N.J.: Lawrence Erlbaum.

Spelke, E. S. (1985). Perception of unity, persistence and identity. In J. Mehler and R. Fox (eds.), *Neonate Cognition: Beyond the Blooming Buzzing Confusion.* Hillsdale, N.J.: Lawrence Erlbaum, p.87.

Spelke, E. S. & Owsley, C. J. (1979). Intermodal exploration of knowledge in Infancy. *Infant Behavior and Development, 2,* 13-27.

Spence, M. J. & DeCasper, A. J. (1987). Prenatal experience with low-frequency maternal-voice sounds influences neonatal perception of maternal voice samples. *Infant Behavior and Development, 10,* 133-42.

Sperry, R. W. (1974). Lateral specialization in the surgically separated hemispheres. In F. O. Smith & F. G. Worden (eds.), *The Neurosciences: Third Study Program,* Cambridge, Mass.: MIT Press.

Starkey, P. & Cooper, R. G. (1980). Perception of numbers by human infants. *Science, 210,* 1033-35.

Starkey, P., Spelke, E. S., & Gelman, R. (1983). Detection of intermodal numerical correspondences by human infants. *Science, 222,* 179-81.

Strauss, M. S. & Curtis, L. E. (1981). Infant perception of numerosity. *Child Development, 52,* 1146-52.

Streeter, L. A. (1976). Language perception of 2-month-old infants shows effects of both innate mechanisms and experience. *Nature, 259,* 1-8.

Thomas, A. & Autgarden, S. (1966). Locomotion from pre- to post-natal life. *Clinics in Developmental Medicine, 24.* SSMEIU. London: Heinemann.

Thompson, P. (1980). Margaret Thatcher: A new illusion. *Perception, 9,* 483-84.

Tinbergen, N. (1953). *Social Behavior in Animals.* London: Methuen.

文堂出版)

Sacks, O. & Wasserman, R. (1987). *The New York Review of Books.*

Savin, H. & Bever, T. (1970). The nonperceptual reality of the phoneme. *Journal of Verbal Learning and Verbal Behavior, 9,* 295-302.

Schiffman, H. R. (1990). *Sensation and Perception : An Integrated Approach.* 3rd ed. New York : Wiley.

Schneider, B., Trehub, S., & Bull, D. (1980). High frequency sensitivity in infants. *Science, 207,* 1003-4.

Segalowitz, S. J. & Bryden, M. P. (1983). Individual differences in hemispheric representation of language. In S. J. Segalowitz (ed.), *Language Functions and Brain Organization.* New York : Academic Press.

Segui, J., Frauenfelder, U., & Mehler, J. (1981). Phoneme monitoring, syllable monitoring and lexical access. *British Journal of Psychology, 9,* 281-88.

Seidenberg, M. & Pettito, L. A. (1979). Signing behavior in apes. *Cognition, 7,* 177-216.

Sheperd, P. A., Fagan III, J. F., & Kleiner, K. A. (1985). Visual pattern detection in preterm neonates. *Infant Behavior and Development, 8,* 47-63.

Signoret, J.-J.,Van Eeckhout, Ph., Poncet, M., & Castaigne, P. (1987). Aphasie sans amusie chez un organiste aveugle. *Revue de Neurologie, 143,* 182-88.

Sinnott, J., Pisoni, D., & Aslin, R. (1983). A comparison of pure tone auditory thresholds in human infants and adults. *Infant Behavior and Development, 6,* 3-17.

Siqueland, E. R. & DeLucia, C. A. (1969). Visual reinforcement of nonnutritive sucking in human infants. *Science, 165,* 1144-46.

Skinner, B. F. (1937). *Cumulative Record*, A selection of papers, Century Psychology Series, New York : Ace, p.127.

Slater, A., Morison, V., & Rose, D. (1983a). Locus of habituation in the human newborn. *Perception, 12,* 593-98.

Slater, A., Morison, V., & Rose, D. (1983b). Perception of shape by newborn baby. *British Journal of Developmental Psychology, 1,* 135-42.

Slater, A. & Morison, V. (1985). Shape constancy and slant perception at birth. *Perception, 14,* 337-44.

colour anomia, *Brain, 92,* 847-56.

Pavlov, I. (1927). *Conditioned Reflexes.* London: Oxford University Press. (『大脳半球の働きについて——条件反射学』川村浩訳, 1975年, 岩波文庫)

Peiper, A. (1963). *Cerebral function in infancy and childhood.* New York: Consultants Bureau.

Peritto, L. A. & Marentette, P. F. (1991). Babbling in the manual mode: Evidence for the ontogeny of language. *Science, 251,* 1397-1536.

Piaget, J. (1966). *La Psychologie de l'Enfant.* Paris: Presses Universitaires de France. (『新しい児童心理学』波多野完治・須賀哲夫・周郷博訳, 1969年, 白水社, 文庫クセジュ)

Piaget, J. (1973). *Introduction à l'Epistémologie Génétique.* Paris: Presses Universitaires de France.

Piatelli-Palmarini, M. (1980). *Le Langage et l'Apprentissage.* Paris: Le Seuil.

Premack, D. (1971). Language in chimpanzees? *Science, 172,* 808-22.

Premack, D. (1976). *Intelligence in Ape and Man.* Hillsdale, N.J.: Lawrence Erlbaum.

Premack, D. (1988). "Does the chimpanzee have a theory of mind?" revisited. In R. W. Byren & A. Whiten (eds.), *Machiavellian Intelligence.* Oxford: Oxford University Press.

Premack, D. & Schwartz (1966). Preparations for discussing behaviorism with chimpanzees. In F. L. Smith & G. A. Miller (eds.), *The Genesis of Language.* Cambridge, Mass.: MIT Press.

Querleau, D. & Renard, K. (1981). Les perceptions auditives du fœtus humain. *Médecine et hygiène, 39,* 2102-10.

Quinn, P. C., Siqueland, E. R., & Bomba, P. C. (1985). Delayed Recognition Memory for orientation by human infants. *Journal of Experimental Child Psychology, 40,* 293-303.

Quinn, P. C. & Bomba, P. C. (1986). Evidence for a general category of oblique orientations in 4-month-old infants. *Journal of Experimental Child Psychology, 42,* 345-54.

Reason, J. (1989). *Human Error.* London: Cambridge University Press. (『ヒューマン・エラー——認知科学的アプローチ』林喜男監訳, 1994年, 海

Mills, M. & Meluish, E. (1974). Recognition of mother's voice in early infancy. *Nature, 252,* 123-24.

Moore, D., Benenson, J., Reznick, J. S., Peterson, M., & Kagan, J. (1987). Effect of auditory numerical information on infant's looking behavior: Contradictory evidence. *Developmental Psychology, 23,* 665-70.

Morais, J., Cary, L., Alégria, J. & Bertelson, P. (1979). Does awareness of speech as a sequence of phonemes arise spontaneously? *Cognition, 7,* 323-32.

Morais, J., Bertelson, P., Cary, L., & Alégria, J. (1986). Literacy training and speech segmentation. *Cognition, 24,* 45-64.

Morton, J., Johnson, M. H. & Maurer, D. (1990). On the reasons for newborn's responses to faces. *Infant Behavior and Development, 13,* 99-103.

Morton, J. & Johnson, M. (1991). Conspec & Conlearn: A two-process theory of infant face recognition. *Psychological Review, 98,* 164-81.

Moscovici, S. (1981). *Psychologie de Minorité Actives.* Paris: Presses Universitaires de France.

Muir, D. & Field, J. (1979). Newborn infants orient to sounds. *Child Development, 50,* 431-36.

Müller-Hill, B. (1989). *Science Nazie, Science de la mort.* Paris: Editions Odile Jacob.

Norman, D. A. (1988). *The Psychology of Everyday Things.* New York: Basic Books.

Northern, J. L. & Downs, M. P. (1974). *Hearing in Children.* Baltimore: Williams and Wilkins Co.

Nottebohm, F. (1981). A brain for all seasons: Cyclic anatomical changes in song control nuclei of the canary brain. *Science, 214,* 1368-70.

Nottebohm, F. (1984). Vocal learning and its possible relation to replaceable synapses and neurons. In D. Caplan & R. Lecours (eds.), *Biological Perspectives on Language. Cambridge,* Mass.: MIT Press.

Ohman, S. E. G. (1966). Coarticulation in VCV utterances: Spectographic measurements. *Journal of the Acoustical Society of America, 39,* 151-68.

Oxbury, J. M., Oxbury, S. M., & Humphrey, N. K. (1969). Varieties of

Mehler, J. & Fox, R. (eds.) (1985). *Neonate Cognition : Beyond the Blooming, Buzzing Confusion.* Hillsdale, N.J. : Lawrence Erlbaum, p. 122.

Mehler, J., Lambertz, G., Jusczyk, P. W., & Amiel-Tison, C. (1987). Discrimination de la langue maternelle par le nouveau-né. *Comptes Rendus de l'Académie des Sciences de Paris, 303,* 637-40.

Mehler, J., Jusczyk, P. W., Lambertz, G., Halsted, N., Bertoncini, J., & Amiel-Tison, C. (1988). A precursor of language acquisition in young infants. *Cognition, 29,* 143-78.

Mehler, J., Dupoux, E. & Segui, J. (1990). Constraining models of lexical access : The onset of word recognition. In G. Altman. (ed.), *Cognitive Models of Speech Processing.* Cambridge, Mass. : MIT Press.

Meltzoff, A. N. (1988). Infant imitation after a 1-week delay : Long-term memory for novel acts and multiple stimuli. *Developmental Psychology, 24,* 4, 470-76.

Meltzoff, A. N. & Moore, M. K. (1977). Imitation of facial and manual gestures by human neonates. *Science, 198,* 75-78.

Meltzoff, A. N. & Borton, R. W. (1979). Intermodal matching by human neonates. *Nature, 282,* 403-4.

Meltzoff, A. N. & Moore, M. K. (1983). Newborn infants imitate facial gestures. *Child Development, 54,* 702-9.

Menzel, E. W. (1973). Chimpanzee spatial memory organization. *Science, 182,* 943-45.

Milewski, A. E. (1976). Infant's discrimination of internal and external pattern elements. *Journal of Experimental Child Psychology, 22,* 229-46.

Milewski, A. E. (1979). Visual discrimination and detection of configurational invariance in 3-month-old infants. *Developmental Psychology, 15,* 357-63.

Miller, J. D., Wier, C. C., Pastore, R. E., Kelly, W. J., & Dooling, R. J. (1976). Discrimination and labelling of noise-buzz sequences with varying noise-lead times : An example of categorical Perception. *Journal of the Acoustical Society of America, 60,* 410-17.

Miller, J. L. & Liberman, A. M. (1979). Some effects of later-occurring infor- mation on the perception of stop consonant and semivowel. *Perception & Psychophysics, 25,* 457-65.

Miller, J. L. & Eimas, P. D. (1983). Studies on the categorization of speech by infants. *Cognition, 13,* 135-65.

lopment, 6, 127-31.

McGarrigle, J. & Donaldson, M. (1974-75). Conservation Accidents. *Cognition, 3,* 341-50.

McGurk, H. & Lewis, M. (1974). Space perception in early infancy: Perception within a common auditory-visual space? *Science, 186,* 649-50.

McGurk, H., Turnure, C., & Creighton, S. (1977). Auditory-visual coordination in neonates. *Child Development, 48,* 138-43.

McKenzie, B. E., Tootell, H. E., & Day, R. H. (1980). Development of visual size constancy during the 1st year of human infancy. *Developmental Psychology, 16,* 163-74.

McKenzie, B. E. & Over, R. (1983). Young infants fail to imitate facial and manual gestures. *Infant Behavior and Development,* 85-95.

Mehler, J. (1971). Le développement des heuristiques perceptives chez le très jeune enfant. In H. Hécaen (ed.), *Neuropsychologie de la Perception Visuelle.* Paris: Masson & Cie., pp.154-67.

Mehler, J. (1974). Connaître par désapprentissage. In M. Piatelli & E. Morin (eds.), *L'Unité de l'Homme.* Paris: Le Seuil, pp.287-99. (「忘れることによって知ること」滝沢三千代訳,『基礎人間学(上)』荒川幾男ほか訳, 1979年, 平凡社)

Mehler, J. (1981). The role of syllables in speech processing: Infant and adult data, *Philosophical Transactions of the Royal Society, B 295,* 333-52.

Mehler, J. (1982). Unlearning: Dips and drops — A theory of cognitive develop- ment. In T. G. Bever (ed.), *Regressions in Development: Basic Phenomena and Theoretical Alternatives.* Hillsdale, N.J.: Lawrence Erlbaum, pp.133-52.

Mehler, J. & Bever, T. (1967). Cognitive capacity of very young children. *Science, 158,* 141-42.

Mehler, J., Bertoncini, J., Barriere, M., & Jassik-Gerschenfeld, D. (1978). Infant recognition of mother's voice. *Perception, 7,* 491-97.

Mehler, J. & Bertoncini, J. (1979). Infant's perception of speech and other acoustic stimuli. In J.Morton & J.Marshall (eds.), *Psycholinguistic Series II.* London: Elek Books.

Mehler, J., Dommergues, J. Y., Frauenfelder, U., & Segui, J. (1981). The Syllable's role in speech segmentation, *Journal of Verbal Learning and Verbal Behavior, 20,* 298-305.

Lewkowicz, D. J. (1988). Sensory dominance in infants : 1. Six-month-old infant's response to auditory-visual compounds. *Developmental Psychology, 24,* 155-71.
Liberman, A. M. (1970). The grammars of speech and language. *Cognitive Psychology, 1,* 301-23.
Liberman, A. M. & Mattingly, I. G. (1985). The motor theory of speech perception revised. *Cognition, 21,* 1-36.
Lieberman, P. (1984). *The Biology and Evolution of Language.* Cambridge, Mass. : Harvard University Press.
Loftus, E. F. (1979). *Eyewitness Testimony.* Cambridge, Mass. : Harvard University Press. (『目撃者の証言』西本武彦訳, 1987年, 誠信書房)
Lorentz, K. (1958). The Evolution of Behavior. *Scientific American, 119,* 67-78.

MacKain, K., Studdert-Kennedy, M., Spieker, S., & Stern, D. (1983). Infant intermodal speech perception is a left-hemisphere function. *Science, 219,* 1347-49.
Mann, V. A. & Liberman, A. M. (1983). Some differences between phonetic and auditory modes of perception. *Cognition, 14,* 211-236.
Maratos, O. (1973). The origin and development of imitation in the first six months of life. (博士論文). University of Geneva.
Maratos, O. (1982). Trends in the development of imitation. In T. G. Beve. (ed.), *Regressions in Mental Development,* Hillsdale, N.J. : Lawrence Erlbaum.
Marler, P. (1970). A comparative approach to vocal learning : Song development in white-crowned sparrows. *Journal of Comparative Physiological Psychology.* Monograph 71.
Marler, P. & Peters, S. (1982). Developmental overproduction and selective attrition : New processes in epigenesis of birdsong development. *Psychobiology, 15,* 369-78.
Maurer, D. (1985). Infant's perception of facedness. In T. M. Field and N. A. Fox (eds.), *Social Perception in Infants.* Norwood : Ablex.
Maurer, D. & Barrera, M. (1981). Infant's perception of natural and distorted arrangements of schematic face. *Child Development, 52,* 196-202.
Maurer, D. & Young, R. E. (1983). Newborn's following of natural and distorted arrangements of facial features. *Infant Behavior and Deve-*

Köhler, W. (1959). Gestalt psychology today. *American Psychologist, 14,* 727-34.

Kuhl, P. K.(1991). Human adults and human infants exhibit a prototype effect for phoneme categories: Monkeys do not. *Perception and Psychophysics, 50,* 93-107.

Kuhl, P. K. & Miller, J. D. (1975). Speech perception by the chinchilla: Voiced-voiceless distinction in alveolar plosive consonants. *Science, 190,* 69-72.

Kuhl, P. K. & Meltzoff, A .N. (1984). The intermodal representation of speech in infants. *Infant Behavior and Development, 7*, 361-81.

Kuhl, P. K., Williams, K. A., Laard, F., Stevens, K. N., & Lindblom, B. (1992). Linguistic experience alters phonetic perception in infants by 6 months of age. *Science, 255,* 606-8.

Landau, B. & Gleitman, L. (198S). *Language Experience — Evidence from a Blind Child.* Cambridge, Mass.: Harvard University Press.

Lane, H. (1979). *L'enfant sauvage de l'Aveyron.* Paris: Payot. (『アヴェロンの野生児研究』中野善達訳編, 1980年, 福村出版)

Lantz, D. L. & Steffre, V. (1964). Language and cognition revisited. *Journal of Abnormal Social Psychology, 36,* 368-82.

Lashley, K. D. (1950). In search of the engram: *Symposia of the Society for Experimental Biology, 4,* 454-82.

Lawrence, D. H. & De Rivera, J. (1954). Evidence for relational discrimination. *Journal of Comparative Physiological Psychology, 47,* 465-71.

Lecanuet, J.-P., Granier-Deferre, C., DeCasper, A. J., Maugeais, R., Andrieu, A. J., & Busnel, M. C. (1987). Perception et discrimination foetales de stimuli langagiers mises en evidence â partir de la réactivité cardiaque: Résultats Préliminaires. *Comptes Rendus de l'Académie des Sciences de Paris, 305,* 161-64.

Lecours, A. R. & Lhermitte F. (1979). *L'Aphasie.* Paris: Flammarion.

Lenneberg, E. (1967). *Biological Foundations of Language.* New York: Wiley. (『言語の生物学的基礎』佐藤方哉・神尾昭雄訳, 1974年, 大修館書店)

Leslie, A. M. (1987). Pretense and representation: The origins of "Theory of Mind". *Psychological Review, 94,* 412-26.

Lewkowicz, D. J. (1985). Bisensory response to temporal frequency in 4-month- old infants. *Developmental Psychology, 21,* 306-17.

monkey and visual cortex. *Proceedings of the Royal Society, B 198,* 1-59.
Humphrey, G. (1951). *Thinking.* London : Methuen.

Jacobson, S. W. & Kagan, J. (1979). Interpreting "imitative" responses in early infancy. *Science, 20,* 215-17.
Jakobson, R. & Waugh, L. (1980). *La charpente phonique du langage.* Paris : Ed. de Minuit. (『言語音形論』松本克己訳, 1986年, 岩波書店)
James, W. (1893). *Psychology.* New York : Henry Holt. (『心理学』今田寛訳, 1992,3年, 岩波文庫)
Johnson, M. H. & Morton, J. *Biology and Cognitive Development. The Case of Face Recognition.* Oxford : Blackwell.
Joshi, A. K. (1985). Processing of sentences with intrasentential code switching. In D. Dowty, L. Karttunen, A. Zwicky (eds.), *Natural Language Processing : Psychological and Theoretical Perspective.* Cambridge : Cambridge University Press.
Jusczyk, P. W. (1985). On characterizing the development of speech perception. In J. Mehler & R. Fox (eds.), *Neonate Cognition : Beyond the Blooming Buzzing Confusion.* Hillsdale, N.J. : Lawrence Erlbaum.
Jusczyk, P. W. & Thompson, E. (1978). Perception of phonetic contrast in multi-syllabic utterances by two-month-old infants. *Perception and Psychophysics, 23,* 10-109.

Kagan, J. (1971). *Change and Continuity in Infancy.* New York : Wiley.
Kellman, P. J. & Spelke, E. S. (1983). Perception of partly occluded objects in infancy. *Cognitive Psychology, 15,* 483-524.
Kellog, W. N. & Kellog, L. A. (1933). *The Ape and the Child.* New York : McGraw-Hill.
Klima, E. & Bellugi, U. (1979). *The Signs of Language.* Cambridge, Mass. : Harvard University Press.
Kluender, K. R., Diehl, R. L., & Killeen, P. R. (1987). Japanese quail can learn phonetic categories. *Science, 237,* 1195-97.
Koepcke, J. E., Hamm, M., Legerstree, M., & Russell, M. (1983). Neonatal imitation : Two failures to replicate. *Infant Behavior & Development, 6,* 97-102.
Koffka, K. (1935). *Principles of Gestalt Psychology.* New York : Harcourt Brace. (『ゲシュタルト心理学の原理』鈴木正弥監訳, 1988年, 福村出版)

Nicolson.（『インテリジェント・アイ』金子隆芳訳, 1972年, みすず書房）
Gregory, R. L. (ed.) (1987). *The Oxford Companion to the Mind,* Oxford: Oxford University Press.
Grieser, D. & Kuhl, P. K. (1989). The categorization of speech by infants: Support for speech-sound prototypes. *Developmental Psychology, 25,* 577-88.
Guernsey, M. (1928). Eine generische Studie über Nachahmung. *Zeitschrift für Psychologie,* 107, 105-78.
Gwiazda, J., Brill, S., Mohindra, I., & Held, R. (1978). Infant visual response to sinusoidally modulated spatial stimulus. *Journal of the Optical Society of America, 55,* 1154-57.
Gwiazda, J., Brill, S., Mohindra, I., & Held, R. (1980). Preferential looking acuity in infants from 2 to 58 weeks of age. *American Journal of Optometry and Physiological Optics, 57,* 428-32.
Gwiazda, J., Wolfe, J, M., Brill, S., Mohindra, I., & Held, R. (1980). Quick assessment of preferential looking acuity in infants. *American Journal of Optometry and Physiological Optics, 57,* 420-27.

Hadamard, J. (1945). *The Psychology of Invention in the Mathematical Field.* Princeton: Princeton University Press.（『数学における発明の心理』伏見康治・尾崎辰之助・大塚益比古訳, 1990年, みすず書房）
Hayes, C. (1951). *The Ape in Our House.* New York: Harper & Row.（『密林から来た養女――チンパンジーを育てる』林寿郎訳, 1971年, 法政大学出版局）
Hayes, L. A. & Watson, J. S. (1981). Neonatal imitation: Fact or artifact? *Developmental Psychology, 17,* 655-60.
Held, R. (1985). Binocular vision - Behavioral and neuronal development. In J. Mehler & R. Fox (eds.), *Neonate Cognition: Beyond the Blooming Buzzing Confusion,* Hillsdale, N.J.: Lawrence Erlbaum.
Held, R., Birch, E. & Gwiazda, J. (1980). Stereoacuity of human infants. *Proceedings of National Academy of Science USA, 77,* 5572-74.
Herlse, S. H. & Page, S. C. (1988). Towards a comparative psychology of music perception. *Music Perception, 5,* 427-52.
Hirsh-Pasek, K., Kemler Nelson, D. G., Jusczyk, P. W., Cassidy, K. W., Druss, B., & Kennedy, L. (1987). Clauses are perceptual units for young infants. *Cognition, 26,* 269-86.
Hubel, P. & Wiesel, T. (1977). Functional architecture of macaque

Press.（『精神のモジュール形式――人工知能と心の哲学』伊藤笏康・信原幸弘訳, 1985年, 産業図書）

Fontaine, R. (1984). Imitative skills between birth and six months. *Infant Behavior and Development, 7,* 323-33.

Fox, R., Aslin, R. N., Shea, S. L., & Dumais, S. T. (1980). Stereopsis in human infants. *Science, 218,* 486-87.

Freud, S. (1971). *Psychopathologie de la Vie Quotidienne.*（フランス語訳）. S. Yankelevitch. Paris : Payot.（『日常生活の精神病理学』生松敬三・懸田克躬ほか訳, 1970年, 人文書院,『フロイト著作集 4 』）

Galaburda, A., Rosen, G. D., & Sherman, G. (1989). The neural origins of developmental dyslexia : Implications for medicine, neurology and cognition. In A. Galaburda (ed.), *From Reading to Neurons.* Cambridge, Mass. : MIT Press.

Gall, F. J. (1835). *Works. Vols.1-6. : On the Function of the Brain and Each of Its Parts.* Boston : March, Capon & Lyon.

Gardner, A. A. & Gardner, B. T. (1969). Teaching sign language to a chimpanzee. *Science, 165,* 3894, 664-72.

Ghim Hei-Rhee & Eimas, P. D. (1988). Global and local processing by 3- and 4-month old infants. *Perception & Psychophysics, 43,* 165-171.

Gibson, J. J. (1966). *The Senses Considered as Perceptual Systems.* Boston : Houghton Mifflin.

Gleitman, H. (1981). *Psychology.* New York : Norton.

Goldman-Rakic, P. S. (1985). Toward a neurobiology of cognitive development. In J. Mehler & R. Fox (eds.), *Neonate Cognition.* Hillsdale, N. J. : Lawrence Erlbaum.

Goren, C. C., Sarty, M., Wu, P. Y. K. (1975). Visual following and pattern discrimination of face-like stimuli by newborn infants. *Pediatrics, 56,* 544-49.

Gottlieb Karzon, R. (1985). Discrimination of polysyllabic sequences by one- to four-month-old infants. *Journal of Experimental Child Psychology. 39,* 326-42.

Gould, J. L. and Marler, P. (1987). Learning by instinct. *Scientific American,* 256, 72-73.

Granrud, C. E. (1987). Size constancy in newborn infants. *Investigative Ophtalmology and Visual Science, 23,* 5.

Gregory, R. L. (1970). *The Intelligent Eye.* London : Weidenfeld &

Eimas, P., Siqueland, E. R., Jusczyk, P. W., & Vigorito, J. (1971). Speech perception in infants. *Science, 171,* 303-6.
Eimas, P. & Miller, J. (1980a). Contextual effects in infant speech perception. *Science, 209,* 1140-41.
Eimas, P. & Miller, J. (1980b). Discrimination of the information for manner of articulation. *Infant Behavior and Development, 3,* 367-75.
Eisenberg, R. B. (1976). *Auditory Competence in Early Life.* Baltimore: University Park Press.
Entus, A. K. (1977). Hemispheric asymmetry in processing of dichotically presented speech and nonspeech stimuli by infants. In S. J. Segalowitz & F. A. Gruber (eds.), *Language Development and Neurological Theory.* New York: Academic Press.
Ericsson, K. A. & Simon, H. A. (1984). *Protocol Analysis: Verbal Reports as Data.* Cambridge, Mass.: MIT Press.
Ewert, J.-P. (1987). Neuroethology of releasing mechanisms: prey-catching in toads. *Brain and Behavioral Science, 10,* 338-405.

Fantz, R. L. (1963). Pattern vision in newborn infants. *Science, 140,* 296-97.
Fernald, A. (1985). Four-month-old infants prefer to listen to motherese. *Infant Behavior and Development, 8,* 181-95.
Field, T. M., Cohen, D., Garcia, R., & Greenberg, R. (1984). Mother-stranger face discrimination by the newborn. *Infant Behavior and Development, 7,* 19-25.
Field, T. M., Goldstein, S., Vega-Lahr, N., & Porter, K. (1986). Changes in imitative behavior during early infancy. *Infant Behavior and Development, 9,* 415-21.
Fisher, C. B., Ferdinandsen, K., & Bornstein, M. H. (1981). The role of symmetry in infant form discrimination. *Child Development, 52,* 457-62.
Flourens, P. J. M. (1842). *Recherches expérimentales sur les propriétés et les fonctions du système nerveux dans les animaux vertébrés.* (2nd ed.), Paris, Ballière.
Fodor, J. A. (1975). *The Language of Thought.* New York: Thomas Y. Crowell.
Fodor, J. A. (1981). Imagistic representation. In N. Block (ed.), *Imagery,* 63-86. Cambridge, Mass.: MIT Press.
Fodor, J. A. (1983). *The Modularity of Mind.* Cambridge, Mass.: MIT

Dannemiller, J. L. & Stephens, B. R. (1988). A critical test of infant pattern preference models. *Child Development, 59,* 210-16.
Dasser, V., Ulbaek, I., & Premack, D. (1989). Perception of intention. *Science, 243,* 365-67.
Dax, M. (1865). Lésions de la moitié gauche de l'encéphale coïncidant avec l'oubli des signes de la pensée. Gazette *Hebdomadaire Médical et Chirurgical, 33,* 259-62.
Day, R. H. & McKenzie, B. E. (1973). Perceptual shape constancy in early infancy. *Perception, 2,* 315-20.
DeCasper, A. J. & Fifer, W. P. (1980). Of human bonding : Newborns prefer their mother's voices. *Science, 208,* 1174-76.
Dehaene, S., Changeux, J.-P., & Nadal, J.-P. (1987). Neural networks that learn temporal sequences by selection. *Proceedings of the National Academy of Sciences, USA, 84,* 2727-31.
Demany, L., McKenzie, B., & Vurpillot, E. (1977). Rhythm perception in early infancy. *Nature, 226,* 5604, 718-19.
DeRenzi, E. (1986). Current issues in prosopagnosia. In H. D. Ellis, F. Jeeves, F. Newcombe, & A. Young (eds.), *Aspects of Face Processing.* The Hague : Martinus Nijhoff.
Diamond, A. & Goldman-Rakic, P. S. (1989). Comparison of human infants and rhesus monkeys on Piaget's object permanence task : Evidence for dependence on dorsolateral prefrontal cortex. *Experimental Brain Research, 74,* 24-40.
Dodwell, P. C., Humphrey, G. K., & Muir, D. W. (1987). Handbook of Infant perception, Vol.2, *From perception to cognition,* ed. P.Salapalck & L.Cohen, p.55.
Dupoux, E. & Mehler, J. (1990). Monitoring the lexicon with normal and compressed speech : Frequency effects and the prelexical code. *Journal of Memory and Language, 29,* 316-35.

Ehrenfels, C. von (1890). Über Gestalt Qualitäten. *Vierteljahrschrift Wissenschaftliche Philosophie, 14,* 249-92.
Eimas, P. (1974). Auditory and linguistic processing cues for place of articulation by infants. *Perception and Psychophysics, 16,* 513-21.
Eimas, P. (1975). Auditory and phonetic coding of the cues for speech : Discrimination of the (r-l) distinction by young infants. *Perception and Psychophysics, 18,* 341-47.

Bushnell, I. W. R. (1979). Modification of the externality effect in young infants. *Journal of Experimental Child Psychology, 28,* 211-29.
Bushnell, I. W. R. & Sai, F. (1987). *Neonatal Recognition of Mother's Face.* University of Glasgow Report 87/1.
Bushnell, I. W. R., Sai, F., & Mullin, J. T. (1989). Neonatal recognition of mother's face. *British Journal of Developmental Psychology, 7,* 3-15.
Butterworth, G. & Castillo, M. (1976). Coordination of auditory and visual space in newborn infants. *Perception, 5,* 155-160.

Caron, A. J., Caron, R. F., & Carlson, V. R. (1979). Infant perception of the invariant shape of objects varying in slant. *Child Development, 50,* 3, 716-21.
Chang, H. W. & Trehub, S. E. (1977). Auditory processing of relational information by young infant. *Journal of Experimental Psychology, 24,* 324-31.
Changeux, J. P. (1983). *L'Homme Neuronal.* Paris: Editions Odile Jacob. (『ニューロン人間』新谷昌宏訳, 1989年, みすず書房)
Changeux, J. P. & Dehaene, S. (1989). Neuronal models of cognitive functions. *Cognition, 33,* 63-110.
Chomsky, N. (1975). *Reflections on Language.* New York: Pantheon Books. (『言語論：人間科学的考察』井上和子ほか訳, 1979年, 大修館書店)
Chomsky, N. (1988). *Language and Problems of Knowledge.* Cambridge, Mass: MIT Press. (『言語と知識』田窪行則・郡司隆男訳, 1989年, 産業図書)
Clarkson, M. G., Clifton, R. K., & Morrongiello, B. A. (1985). The effects of sound duration on newborn's head orientation. *Journal of Experimental Child Psychology, 39,* 20-36.
Clifton, R. K., Morrongiello, B. A., Kulig, J. W., & Dowd, J. M. (1981). Newborn's orientation toward sound: Possible implications for cortical development. *Child Development, 53,* 833-38.
Colombo, J. & Bundy, R. (1983). Infant response to auditory familiarity and novelty. *Infant Behavior and Development, 6,* 305-11.
Cutler, A., Mehler, J., Norris, D., & Segui, J. (1983). A Language-specific comprehension strategy. *Nature, 304,* 159-60.
Cutler, A., Mehler, J., Norris, D., & Segui, J. (1989). Limits on bilingualism. *Nature, 340,* 229-30.

Bornstein, M. H., Kessen, W., & Weiskopf, S. (1965). Color vision and hue categorization in young human infants. *Journal of Experimental Psychology : Human Perception and Performance, 2,* 115-29.
Bornstein, M. H., Gross, C. G., & Wolf, J. Z. (1978). Perceptual similarity of mirror images in infancy. *Cognition, 6,* 89-116.
Bornstein, M. H., Ferdinandsen, K., & Gross, C. G. (1981). Perception of symmetry in infancy. *Developmental Psychology, 17,* 82-86.
Bornstein, M. H. & Krinsky, S. J. (1985). Perception of symmetry in infancy: The salience of vertical symmetry and the perception of pattern wholes. *Journal of Experimental Child Psychology, 39,* 1-19.
Bower, T. G. R. (1967). Phenomenal identity and form perception in an infant. *Perception and Psychophysics, 2,* 74-76.
Bower, T. G. R. (1972). Object perception in infancy. *Perception, 9,* 15-30.
Bower, T. G. R. (1977). *A Primer of Infant Development.* San Francisco : W.H.Freeman. (『乳児期』岡本夏木・野村庄吾・岩田純一・伊藤典子訳, 1980年, ミネルヴァ書房)
Bower, T. G. R. (1979). *Human Development,* San Francisco : W.H.Freeman.
Bower,T. G. R., Broughton, J. M., & Moore, M. K. (1971). Infants' responses to approaching objects: An indicator of response to distal variables. *Perception and Psychophysics, 9,* 193-96.
Bower, T. G. R. & Patterson, J. G. (1972). Stages in the development of object concept, *Cognition, 1,* 47-55.
Bower, T. G. R. & Wishart, J. G. (1972). The effects of motor skill on object permanence, *Cognition, 1,* 165-72.
Broca, P. (1865). Sur le siège de la faculté du langage articulé. *Bulletin de la Société d'Anthropologie, 6,* 337-93. (『ブロカ』萬年甫・岩田誠編訳, 1992年, 東京大学出版会)
Brown, R. (1976). Reference - In memorial tribute to Eric Lenneberg. *Cognition, 4,* 125-53.
Brown, R. & Bellugi (1964). Three processes in the child's acquisition of syntax. In E. Lenneberg (ed.), *New Directions in the Study of Language,* Cambridge, Mass. : MIT Press.
Bruce, V. (1988). *Recognizing Faces.* Hillsdale, N.J. : Lawrence Erlbaum. (『顔の認知と情報処理』吉川左紀子訳, 1990年, サイエンス社)
Bryden, M. P. (1982). *Laterality : Functional Asymmetry in the Intact Brain.* New York : Academic Press.

Bertoncini, J., Bijeljac-Babic, R., Jusczyk, P., Kennedy, L., Mehler, J. (1988). An investigation of young infants' perceptual representations of speech sounds. *Journal of Experimental Psychology : General, 117,* 21-33.

Bertoncini, J., Bijeljac-Babic, R., McAdams, S., Peretz, I., & Mehler, J. (1989). Dichotic perception of laterality in neonates. *Brain and Language, 37,* 591-605.

Best, C. T. (1988). The emergence of cerebral asymmetries in early human development : A literature review and a neuroembryological model. In D. L. Molfese and S. J. Segalowitz (eds.), *Brain Lateralization in Children.* New York : Guilford Press.

Best, C. T., McRoberts, G. W., & Sithole N. M. (1988). Examination of perceptual reorganization for nonnative speech contrasts : Zulu click discrimination by English-speaking adults and infants. *Journal of Experimental Psychology : Human Perception and Performance, 14,* 345-60.

Bever, T. G., Mehler, J., & Epstein J. (1968). What children do in spite of what they know. *Science, 162,* 921-24.

Bijeljac-Babic, R., Bertoncini, J., & Mehler, J. Les unités de traitement de la parole chez le nouveau-né.

Blumstein, S. & Stevens, K. N. (1980). Perceptual invariance and onset spectra for stop consonants in different vowel environments. *Journal of the Acoustical Society of America, 67,* 648-62.

Bomba, P. C. (1984). The development of orientation categories between 2 and 4 months of age. *Journal of Experimental Child Psychology, 37,* 609-36.

Bomba, P. C. & Siqueland, E. R. (1983). The nature and structure of infant form categories. *Journal of Experimental Child Psychology, 35,* 294-328.

Boring, E. G. (1942). *Sensation and Perception in the History of Psychology.* New York : Appleton Century-Crofts.

Bornstein, M. H. (1985a). Infant into adult : Unity to diversity in the development of visual categorization. In Jacques Mehler & Robin Fox (eds.), *Neonate Cognition : Beyond the Blooming Buzzing Confusion.* Hillsdale, N.J. : Lawrence Erlbaum.

Bornstein, M. H. (1985b). Human infant color vision and color perception. *Infant Behavior and Development, 8,* 109-113.

Aslin, R. N., Pisoni, D. B., & Jusczyk, P. W. (1983). Auditory development and speech perception in infancy. In M. Haith and J. Campos (eds.), *Carmichael's Handbook of Child Psychology : Infancy and Developmental Psychobiology,* New York : Wiley.

Bahrick, L. E. (1988). Intermodal learning in infancy : Learning on the basis of two kinds of invariant relations in audible and visible events. *Child Development, 59,* 197-209.

Bahrick, L. E. & Pickens, J. N. (1988). Classification of bimodal English and Spanish language passages by infants. *Infant Behavior and Development, 11,* 277-96.

Baillargeon, R., Spelke, E. S., & Wasserman, S. (1985). Object permanence in five-month-old infants. *Cognition, 20,* 191-208.

Baillargeon, R. & Graber, M. (1987). Where's the rabbit ? 5.5-month-old infants' representation of the height of a hidden object. *Cognitive Development, 2,* 375-92.

Barrera, M. E. & Maurer, D. (1981). Recognition of mothers's photographed face by the three-month-old infant. *Child Development, 52,* 714-16.

Basso, A. & Capitani, E. (1985). Spared musical abilities in a conductor with global aphasia and ideomotor apraxia. *Journal of Neurology, Neurosurgery and Psychiatry, 48,* 407-12.

Benson, J. F., Segarra, J., & Albert, M. L. (1974). Visual agnosia-prosopagnosia, a clinicopathological correlation. *Archives of Neurology, 20.* 307-310.

Berlin, B. & Kay, P. (1969). *Basic Color Terms : Their Universality and Evolution.* Berkeley, Calif. : University of California Press.

Bertenthal, B. I., Campos, J. J., & Haith, M. M. (1980). Development of visual organization : The perception of subjective contours. *Child Development, 51,* 1072-80.

Bertenthal, B. I., Proffitt, D. R., & Cutting, J. E. (1984). Infant sensitivity to figural coherence in biomechanical notions. *Journal of Experimental Child Psychology, 37,* 214-30.

Bertoncini, J. & Mehler, J. (1981). Syllables as units in infants' speech behavior. *Infant Behavior and Development, 4,* 247-60.

Bertoncini, J., Bijeljac-Babic, R., Blumstein, S., & Mehler, J. (1987). Discrimi- nation of Very Short CVs in Neonates. *Journal of the Acoustical Society of America, 82,* 1-37.

参考文献

Abramov, I., Gordon, J., Hendrickson, A., Hainline, L., Dobson, K., & Laboussier, E. (1982). The retina of the newborn human infant. *Science, 217,* 265-67.

Abravanel, E. & Sigafoos, A. D. (1984). Exploring the presence of imitation during early infancy. *Child Development, 55,* 381-92.

Adams, R. J. (1987). Visual acuity from birth to 5 months as measured by habituation: A comparison to forced-choice preferential looking. *Infant Behavior & Development, 10,* 239-44.

Adams, R. J. & Maurer, D. (1984). Detection of contrast by the newborn and 2-month-old infant. *Infant Behavior & Development, 7,* 415-22.

Alégria, J. & Noirot, E. (1978). Neonate orientation behavior towards human voice. *International Journal of Behavior Development, 1,* 291-312.

Alégria, J. & Noirot, E. (1982). Oriented mouthing in neonates: Early development of differences related to feeding experiences. In J. Mehler, E. Walker, & M. Garrett (eds.), *Perspectives on Mental Representation,* Hillsdale, N.J.: Lawrence Erlbaum.

Amiel-Tison, C. & Grenier, A. (1986). *Neurological Assessment During the First Year of Life.* New York: Oxford University Press. (『0歳児の神経学的評価』福山幸夫監訳, 1989年, 中央洋書出版部)

Annis, R. C. & Frost, B. (1973). Human visual ecology and orientation anisotropies in acuity. *Science, 182,* 729-31.

Antell, S. E. G. & Keating, D. P. (1983). Perception of numerical invariance in neonates. *Child Development, 54,* 695-701.

Antell, S. E. G. & Caron, A. J. (1985). Neonatal perception of spatial relationships. *Infant Behavior & Development, 8,* 15-23.

Aronson, E. & Rosenbloom, S. (1971). Space perception in early infancy: Perception with a common auditory-visual space. *Science, 172,* 1161-63.

Aslin, R. N. (1987). Visual and auditory development in infancy. In J. Osofsky (ed.), *Handbook of Infant Development.* New York: Wiley.

ま　行

や　行

ら　行

わ　行

な　行

は　行

た　行

さ 行

索　引

＊　固有名詞以外の欧文は原則としてフランス語を示したが、イタリック体で英語を併記した項目もある。

あ　行

か　行

著者紹介

ジャック・メレール（Jacques Mehler）

1936-2020。スペインのバルセロナに生まれたが、早くアルゼンチンに移住し、58年にブエノスアイレス大学で化学の学士号を取得した後、イギリスのオクスフォード大学を経て、ロンドン大学で理学士号を取得。その後アメリカに渡り、ハーバード大学の認知研究センターの研究助手に就任、心理学の学位を取得。65年から67年にかけてマサチューセッツ工科大学心理学科の研究員として過ごし、認知科学の誕生の場に立会い、認知科学をフランスに導入した先駆者。67年、フランス国立科学研究機構（CNRS）研究員に採用。82〜2002年、フランス社会科学高等研究院教授、86〜98年、国立科学研究機構の認知科学・心理言語学研究所所長。さらにフランス内外の多数の大学で教育研究活動を行なうと同時に、83年以来、MIT認知科学センターの協力研究員。ヨーロッパを代表する認知心理学の学術誌として定評のある *COGNITION, International Journal of Cognitive Psychology* の精力的な主幹でもあった。

エマニュエル・デュプー（Emmanuel Dupoux）

1964年パリ生まれ。エコル・ノルマル・スュペリユール卒業後、89年にメレールの指導の下、認知心理学の学位を取得。現在は社会科学高等研究院で、認知科学・言語心理学研究室の主任教授。メレールと同じく、ラトガーズ大学、ペンシルバニア大学で、また、アリゾナ大学、さらにはドイツのマックス・プランク研究所で研究活動を行なった経験を持つ。

訳者紹介

加藤晴久（かとう・はるひさ）
1935年生まれ。1958年東大仏文科卒。1960年同大学院修士課程修了。1961～64年、フランス国立高等師範学校に留学。明治学院大学講師を経て、1969年東大教養学部助教授（フランス語）。1990年教授。1996年定年退官し恵泉女学園大学教授。2004年に退職。日本フランス語教育学会会長（1991～97）。国際フランス語教員連合副会長（1992～96）。東京大学・恵泉女学園大学名誉教授。
訳書に、ファノン『黒い皮膚・白い仮面』（共訳、みすず書房）、ブルデュー『市場独裁主義批判』『パスカル的省察』『科学の科学』『知の総合をめざして』（共訳）（以上藤原書店）ほか多数。著書に『憂い顔の『星の王子さま』』（書肆心水）、『ブルデュー 闘う知識人』（講談社選書メチエ）、『『ル・モンド』から世界を読む』（藤原書店）。編著に『ピエール・ブルデュー 1930-2002』（藤原書店）。
フランス共和国芸術文芸勲章 Arts et lettres（シュバリエ）、研究教育功労勲章 Palmes académiques（オフィシエ）受章。

増茂和男（ますも・かずお）
1953年生まれ。元高校教諭。東京大学大学院博士課程単位取得退学。言語情報科学（フランス語教育）専攻。訳書に、ボワソン＝バルディ『赤ちゃんはコトバをどのように習得するか』（共訳、藤原書店）。

〈新版〉赤《あか》ちゃんは知《し》っている——認知科学《にんちかがく》のフロンティア

1997年12月20日　初版第1刷発行
2003年12月30日　藤原セレクション版第1刷発行
2020年8月10日　新版第1刷発行©

訳者　加藤晴久
　　　増茂和男
発行者　藤原良雄
発行所　株式会社 藤原書店

〒162-0041　東京都新宿区早稲田鶴巻町523
電話　03（5272）0301
FAX　03（5272）0450
振替　00160 - 4 - 17013
info@fujiwara-shoten.co.jp

印刷・製本　中央精版印刷

落丁本・乱丁本はお取替えいたします
定価はカバーに表示してあります

Printed in Japan
ISBN978-4-86578-278-3

言語から見えるヨーロッパ全史

西欧言語の歴史

H・ヴァルテール
平野和彦訳

ギリシア、ケルト、ラテン、ゲルマン――民族の栄枯と軌を一にして盛衰を重ねてきた西欧の諸言語。数多存在する言語のルーツ、影響関係をつぶさにたどり、言語同士の意外な接点を発見しながら「ことば」の魅力を解き明かす欧州のベストセラー、ついに完訳！［序］Ａ・マルティネ　図版多数

第41回造本装幀コンクール展入賞

Ａ５上製　五九二頁　**五八〇〇円**
（二〇〇六年九月刊）
◇978-4-89434-535-5

L'AVENTURE DES LANGUE EN OCCIDENT　Henriette WALTER

日本思想の根本は、助詞「は」にある

日本語と日本思想

〈本居宣長・西田幾多郎・三上章・柄谷行人〉

浅利　誠

思想は言語に規定される――母語の文法に正面から向き合った宣長、西田幾多郎、三上章、柄谷行人などの読解から、これまで流布してきた「日本思想の独自性」の虚偽を暴き、日本語で思考するための新たな地平を切り拓く。

四六上製　三一二頁　**三六〇〇円**
（二〇〇八年一一月刊）
◇978-4-89434-614-7

総合人間学としての「ヒト学」の誕生

ヒトの全体像を求めて

〈21世紀ヒト学の課題〉

川田順造編
大貫良夫＋尾本惠市＋川田順造＋佐原真＋西田利貞

二十世紀の惨禍をもたらした「ヒト中心主義」を超えるため、人類学にできることは何か？　〝エイプ会〟の構想を受け継ぎ、自然史の視点から「ヒト学」の創造をめざす討論の記録。

四六上製　二六四頁　**二八〇〇円**
（二〇〇六年五月刊）
◇978-4-89434-518-8

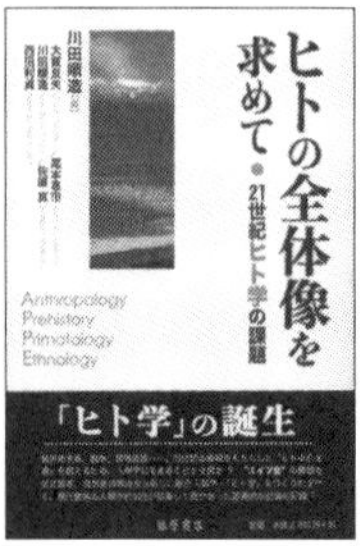

世界中で読まれる決定版

赤ちゃんはコトバをどのように習得するか

〈誕生から2歳まで〉

B・ド・ボワソン＝バルディ
加藤晴久・増茂和男訳

誕生から二十四ヶ月までのわずかな期間で、「バブバブ」（無意味な喃語）から初めての単語、そして文へと、驚くべき進歩を遂げる過程とその多様性を丹念に辿り、「言語習得」という人間の普遍的能力の謎に迫る。

Ａ５上製　二五六頁　**三二〇〇円**　**口絵四頁**
（二〇〇八年一月刊）
◇978-4-89434-608-6

COMMENT LA PAROLE VIENT AUX ENFANTS　Bénédicte de BOYSSON-BARDIES

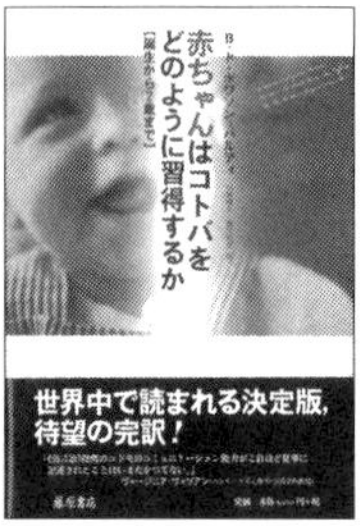